직접민주주의로의 초대

직접민주주의로의
초대

부르노 카우프만, 롤프 뷔치, 나드야 브라운 지음
이정옥 편역

차 례

제1부

스위스의 직접민주주의가 아닌 우리의 직접민주주의를 위하여

2008년 6월의 스위스 직접민주주의 현장에서

"음악교육에도 국가가 관심을 가져야 합니다." 스위스 제일의 국민가수, 어린이 합창단, 음악교사들, 국회의원 등이 따사로운 봄날 한데 모였다. 음악교육을 헌법조문에 넣기 위한 시민발의 캠페인이 벌어지고 있는 2008년 5월 31일 스위스의 소도시 레인펠덴의 풍경이다. 붉은 글씨로 '예(JA)'라고 씌어진 노란 티셔츠를 입고 있다는 것을 제외하면 유럽의 작은 소도시에서 열리는 마을축제 같은 분위기이다. 이런 행사가 스위스 전역 500군데에서 동시 다발적으로 이루어진다고 음악교육 발의 책임을 맡고 있는 '음악교육 시민발의' 대표 헥터 헤르치히가 말했다. 제네바에 있는 바그너 국립극장에서도 오페라 시작 전에 서명을 받을 예정이란다. 스위스 전체에 있는 400여개의 음악학교 관계자들, 아르가우 주(Canton) 출신 상원의원인 크리스틴을 비롯한 여러 의원들이 한데

모인 이유는 스포츠 교육이 헌법에 보장되어 있듯이, 음악교육도 헌법의 보장을 받을 수 있는 헌법개정 시민발의가 성안되기 위해서는 18개월동안 10만 명의 서명을 받아야 하기 때문이다. 스위스 직접민주주의의 심장은 바로 이런 시민발의 현장이다. 2008년 5월 29일부터 6월 9일까지 스위스 직접민주주의에 대한 현장 참관형 워크숍에 참여하고 있는 우리에게는 헌법개정이 시민발의를 통해 이루어진다는 것도 낯설었고, 음악교육 문제가 거론될 정도로 헌법이 구체적이라는 것도 문화 충격이었다. 음악교육 시민발의는 국민투표에 회부하기 위해 성안 중인 사안이었고, 6월 1일은 그간 발의된 다른 안건들에 대한 국민투표를 마감하는 날이었다.

발의안에 대한 국민투표의 현장을 둘러보면서 투표일이 단 하루뿐인 우리와 달리 스위스에서는 3개월이 된다는 것, 우편투표도 가능하다는 것 등 선거와 투표도 제도 운용에 따라 얼마나 다를 수 있는 지를 실감하였다. 가장 놀라운 것은 선거공보가 우리처럼 화려하지 않고 논문에 해당할 정도로 깨알같이 작은 글씨로 빽빽하게 채워져 있다는 점이었다. 광고 전단지 같은 화려한 홍보 책자가 아니라 그야말로 사안에 대한 서술적 설명이 전부였고 사용하는 종이도 신문용지 비슷한 수준이었다. 게다가 사안이 전문적인 토론과 사전 이해 없이는 결정하기 어려운 정책 사안이었다. 선거가 주로 인물 선출로만 이해되었던 우리에게 구체적이고도 추상화된 정책사안을 '예'와 '아니요'로 답변해야 되는 투표용지도 투표 사안도 새롭게 다가왔다.

2008년 6월 1일까지 스위스 아르가우 주 아라우 시민들은 헌법개정을 위한 시민발의안 3가지, 주 단위 사안 2가지, 시 교육위원 선출 등 7가지 사안에 대해 투표를 해야 했다. 국민투표에 부의된 시민발의안은 세 가지였다. 외국인에 대한 시민권 부여 방식을 묻는 〈민주적 시민권 부여를 위한〉시민발의안 1, 시민발의안에 대한 정부 홍보의무 폐지를 묻는 〈행정당국 선전 대신 국민주권〉 시민발의안 2, 〈건강보험의 질과 효율성을 위하여〉라는 시민발의안 3이 그 내용이다. 헌법개정을 위한 시민발의안의 내용을 들여다보면 사안이 만만치 않음을 알 수 있다. 그야말로 해당 사안에 대해 충분히 알고 있지 않으면 투표하기 어려운 내용이었다. 참관단인 우리조차 여러 번 설명을 들어도 사안을 정반대로 해석하는 경우도 있었다. 〈민주적 시민권부여를 받아들이시겠습니까?〉라는 발의안 1번을 예로 들어보자. 이 발의안은 2004년 우파정당인 스위스국민당(SVP)이 주도한 것으로 외국인에게 시민권을 주는 주체를 각 지방자치단체에 위임하는 것을 〈민주적 시민권 부여〉라는 어귀로 압축하여 설명하고 있다. 반대 측의 입장에서는 지방자치단체에 위임하게 되면 현실적으로는 시민권 부여 기준이 임의적이 되어 인종, 종교, 사회적 지위에 따라 차별적이 될 수 있다는 점을 들어, 민주적 시민권 부여가 사실은 비민주적이 될 수 있다는 점을 강조하고 있다. 찬반 논쟁을 구체적으로 접하지 않은 채 〈민주적 시민권 부여〉라는 말만 들었을 때는 '민주적'이 정말 민주적인 것으로 착각하기 십상이었다.

민주주의를 대표하는 정당과 의회를 통하지 않고 시민이 직접 헌법 개정은 물론 의회에서 통과시킨 법안에 대한 개정안을 발의할 수 있는 스위스 직접민주주의가 시행되는 현장에서 받은 느낌은 '유권자가 공부하지 않으면 안 되겠구나!' 하는 것이었다. 스위스의 국영방송과 언론은 직접민주주의를 위한 중요한 시민교육의 매체로 활용되고 있으며, 우리나라에서처럼 돈을 주고 정치광고를 하는 것이 금지되어 있었다. 스위스는 독일이나 미국처럼 별도의 민주시민교육 프로그램이 제도화되어있지 않은 대신, 시민발의와 국민투표라는 제도와 이 제도를 뒷받침해주는 언론의 활동을 통해 직접 실천해 보는 민주시민교육 방식을 택하고 있었다. 발의기간을 길게 잡고 투표기간을 길게 잡은 이유도 사안에 대한 충분한 토의와 심의 기간을 갖기 위한 것이다. 스위스의 직접민주주의는 민주화 이후의 민주화를 심화 발전시키기 위해 거론되고 있는 심의민주주의와 직접 결합되어 있다. 스위스 시민들은 사안에 대해 잘 모르면 차라리 기권을 하는 편을 택하지 사안을 이해하지 않은 채 투표를 하지는 않는다고 당당하게 말할 정도이다.

직접민주제는 대의제라는 자동차에 달린 브레이크와 액셀러레이터

스위스 보통 시민들은 스위스 국회의원과 마찬가지로 국정 운영에 대해 생각하고 결정을 내리고 책임을 지는 셈이 된다. 국민역시 '비상근정치인'이 되는 것이다. 스위스 사람들은 4년에 한 번연방의원을 뽑는 선거를 하지만 수많은 정책 결정 사안들에 대해 3개월에 한번씩 모아서 투표를 한다. 해당 기간 중에 모아진 시민발의안에 대해 투표를 하기 때문에, 앞서 아라우 시민의 예에서 보았듯이 한 번에 여러 가지 사안에 대해 투표를 하게 된다. 법개정이나 국제기구의 가입 등과 관련된 사안에 대해서는 의무적으로 국민투표를 실시해야 한다. 그 외에도 의회가 통과한 입법안에 대해 이의를 제기하고 싶으면 5만 명의 서명을 받으면 해당 법안에 대해 국민투표에 회부할 수 있다. 헌법개정을 발의하고 싶으면 18개월 동안 10만 명의 서명을 받아 제출하면 된다. 스위스 직접민주주의가 작동하려면 일반 시민들이 국회의원이나 정부 당국자

보다 더 앞서 사회의 가려운 부분을 드러내서 발의를 하고 발의안에 서명을 받기 위해 여러 가지 모임을 조직하고 의견을 교환해야 한다. 시민들의 '능동적 참여'와 공공문제에 대한 책임분담의식이 전제가 되어야 한다.

흔히 직접민주제하면 대의제 민주제를 부정하는 것으로 오해하기 쉬운데 스위스 직접민주주의는 대의제 민주제와 보완적이다. 스위스 내각사무처 선거담당부처 대표인 한쓰 우르쓰 윌리씨는 스위스 직접민주제의 두 축인 시민발의를 자동차의 액셀러레이터로, 국민투표를 브레이크로, 정부는 핸들로 비유하고 있다.

스위스 사람들은 비용에 대해 민감하고 낭비를 싫어하지만 선거를 치르는데 들어가는 비용에 대해서는 누구도 시비를 삼지 않는다. 스위스는 독일어 프랑스어 이태리어 등 다언어 국가이다. 따라서 투표용지도 여러 언어로 인쇄해야 한다. 그러나 그 누구도 이러한 번거로움과 비용을 문제시 하지 않는다. 직접민주주의 제도 자체가 스위스 그 자체이기 때문이다. 비용문제에 가장 민감한 기업인들도 직접민주제도가 경제적으로 가장 효율적인 제도라는 연구백서를 발표하기도 하였다. 사회적 갈등의 비용을 고려하면 의사결정의 공정성과 사회적 합의가 주는 경제적 수혜는 값으로 따질 수 없을 만큼 중요하다는 점을 인정하고 있다. 스위스가 국민투표로 유럽연합 가입을 유보하고 유로화 사용을 거부하고 스위스 프랑을 고수했던 선택이 유럽시장 진출을 바랐던 경제인들의 마음을 조급하게 했지만, 최근 글로벌 금융시장의 위기에 비추어 보면 전체 국민의 심사숙고에 의한 결정이 더디지만 안전하다는 것을 다시 확인할 수 있게 된 것이다.

DEMO는 주권자로서 정치생활에 참여하는 자이다

플라톤이 말하는 철인도 기대할 수 없고 프롤레타리아의 이름으로든 부르주아의 이름으로든 독재의 폐해와 비효율성은 역사적으로 이미 입증이 되었다. 그런 의미에서 민주주의는 선택이 아니라 필연이 되었다. 그렇지만 한국에서는 아직도 민주주의가 필수가 아니라 선택사항으로만 인식되고 있다. DEMOCRACY가 민주주의로 번역된 것만 보아도 그렇다. 민주주의가 여러 주의주장, 즉, 'ISM' 중의 하나라는 것이다. 그렇지만 민주주의를 말 그대로 해석하면 DEMO+CRACY, 민(民)이 통치하는 제도이다.

Demo(인민)가 통치하는(cracy) 정치가 데모크라시이다. 그래서 아브라함 링컨은 '인민에 의한, 인민을 위한, 인민의' 정부를 민주정부라고 했다. 그런데 이때의 인민(Demo)은 누구인가? 인민은 변하지 않는 것인가 아니면 시대에 따라 끊임없이 변하는 것인가. 고대 그리스의 직접민주주의에서의 인민은 노예 소유주로서의 시민이었다. 노예는 수적으로는 항상 시민보다 많았는데도 인민에 포함되지 않았다. 또 근대 시민민주주의에서도 재산권이 없고 따라서 납세 대상이 되지 않는 근로계급은 Demo에서 제외되었다. 같은 나라에서 태어나고 같은 나라에서 살고 있다고 해서 모두 그 나라의 인민은 아니었던 것이다. 프랑스 인권선언이 '만인은 평등하다'고 했지만 그 '만인'이 백인 남성만을 뜻하는 것과 마찬가지이다. 그 나라 국적을 가진 자가 모두 그 나라의 인민에 포함되기 시작하는 것은 여성에게도 참정권이 부여되고 보통선거가 실시되고부터이다. Demo가 전 국민적 범위로 확대된 것은 그렇게 오래 전 일이 아니다.

Demo는 주권자로서 정치생활에 참여하는 자이다. 그러나 현실

속에서 민주주의는 대부분의 경우 정당을 통해 자기 자신을 표현하고 있다. 이는 내각제든 대통령 중심제든 다름없다. 그러나 바로 이 때문에 민주주의의 가장 소중한 가치가 파괴되고 있다. 주권자인 Demo가 형해화되고 있는 것이다. 정당은 시민사회의 유일 대표기관이 아니다. 그런데도 정당이 정치무대의 중심에 서서 Demo의 다른 대표들을 정치로부터 배제시키는 데에 성공하고 있다. 그래서 나타난 것이 탈정치화이다. 정치는 우리들의 것이지 당신들의 것이 아니라는 의식이 정치인들에 의해 심화, 확산되고 있는 것이다. 그 결과 한편에서는 개인 생활의 사유화와 함께 Demo가 자신만의 나 홀로 세계로 퇴각하고, 다른 한편에서는 정당들이 좌우할 것 없이 문제 해결의 능력을 상실하고 있다. 정당과 Demo와의 정치 도덕적 관계 단절이 여기에 큰 영향을 미치고 있다고 생각한다.

진짜 DEMOCRACY가 전 세계적으로 등장하기 시작했다

근대 민주주의의 등장과 함께 민주주의를 작동시키는 방식으로 일반적으로 채택된 것이 대의제 민주주의이다. 그런데 1990년대 이후 대의제 민주주의가 직접민주주의의 도전을 받고 있다. 1991년 이후 전 세계적으로 시민발의와 국민투표의 건수가 두 배로 늘어났다. 1991년에서 2006년 사이에 전 세계적으로 실시된 전국단위의 국민투표 585건 중 미국이 100건, 아프리카 64건, 아시아가 40건, 오세아니아가 31건, 유럽이 235건이다. 세계 여러 나라에서 실시되는 국민투표의 주제들은 헌법은 물론 도시계획, 도로건설, 조세 문제 등 다양하다. 경제적 통합으로 시발되었던 유럽통합이 정치적 통합으로 완결되기 위해서는 보다 더 많은 직접민주제를 도입하지 않으면 안 된다는 의견이 지배적이다. 유럽연합 차원에서도 유럽연합 시민 100만 명 이상의 발의안을 유럽연합위원회에 제출할 수 있는 제도가 만들어졌다. 최종발의권은 유럽연합위원회의 손에 있지만, 유럽연합 차원에서 시민발의가 제도화의 초기과정에서 2007년말까지 추진된 유럽 시민발의만 해도 20건에 달한다.

대의제 민주제에 직접민주제적 요소가 보완되기 시작한 이유는 여러 각도에서 살펴볼 수 있다. 우선 정책 결정의 대상이 되는 사안이 예상을 뛰어 넘을 정도로 새롭고 다양해지고 있어 기존 정당의 틀 안으로 수용될 수 없기 때문이다. 더 나아가서 대의제를 통한 정책적 결정으로 위임해 버리기에는 정책결정이 미치는 영향이 너무 중차대하기 때문이다. 의사결정을 내려야 하는 사안의 카이로스적 성격 즉, 개인과 국가의 운명을 결정할 정도로 중요한 성격을 띠는 사안들이기 때문에 DEMOS가 통치의 주역으로 직접 전면에 나서려는 경향이 두드러지고 있다.

직접민주주의를 소개하면 흔히 그리스를 떠올린다. 그리고 자동적으로 직접민주주의는 지나간 과거의 역사유적과도 같은 것, 고대 작은 도시국가에서나 가능한 유토피아로 치부해 버린다. 그러다가 현재 살아있는 제도로 움직이고 있는 스위스의 직접민주제를 이야기 하면 스위스는 인구가 작으니까 가능하겠지라고 다시 남의 일로만 여긴다. 그러나 인구의 크기 보다는 전체를 구성하는 부분들이 각기 독자적인 판단능력을 가진 독자적인 작은 전체인 유기적인 단위로 구성될수록 효율적이라는 것은 익히 알려진 사실이다. 스위스는 2,715+26=1이라고 표현되듯이 스위스라는 전체 1은 26개의 칸톤, 2,715개의 게마인데로 이루어져 있다. 스위스 시민 개개인, 게마인데, 칸톤이 자신과 관련된 정책 사안의 결정에서 주체적으로 결정권을 행사할 수 있는 유기적 단위를 이루면서 하나의 전체를 구성하고 있기 때문에, 다양한 민족과 언어에도 불구하고 1848년부터 연방국가라는 통일체로서의 근대국가를 형성하고 유지할 수 있었던 것이다. 스위스 연방제를 유지시키는 아교역할을 하는 것이 바로 직접민주제인 것이다.

스위스만이 아니라 미국도 직접민주제를 채택하고 있다

스위스 다음으로 직접민주제가 정착된 곳은 근대민주주의의 역사가 오래된 미국이다. 미국의 민주주의는 단순히 대통령과 정치인을 뽑는 것 이상이다. 100여년에 걸쳐서 현대 직접민주주의는 미국 전역에서 시민의 강력한 입법 도구로 발전해 왔다.

미국에서는 1904년 오리건 주에서 처음으로 주민 투표가 진행된 이후로 지금까지 총 2,155건의 주(州) 단위 주민발의가 투표에 회부되었고, 이 중 41%가 통과되었다. 현대적인 주민발의 운동은 지난 1970년대 캘리포니아 주의 세금 감면안과 함께 시작되었다. 1970년대 이후로 주민발의 건수도 그 이전보다 훨씬 늘어났을 뿐만 아니라, 제안된 주민발의 수에 비례하여 주민투표에 회부된 건수, 그리고 주민투표를 통과하여 입법화된 건수도 비약적으로 늘어났다. 1990년대에는 379건이 주민투표에 회부되어, 그 중 167건이 주민투표를 통과하였다. 그리고 2000년부터 2005년까지를 보면 총 223건의 주민발의가 주민투표에 회부되어 이 중 92건이 통과되었다. 1904~2005년까지 미국 50개 주 가운데 23개 주가 적어도 한 번 이상의 주민발의를 진행하였다.

11월 초 전 세계를 달구었던 미국 대통령선거 기간 동안 미국유권자들은 대통령후보 선거인단을 선출하였을 뿐 아니라 깨알같이 씌어진 직접민주주의 발의안에 대해서도 찬반 투표를 했다. 캘리포니아 주에서는 12개의 주민발의안이 투표를 기다리고 있었고, 콜로라도 주에서는 17개의 주민발의안이 주민투표에 회부되었다. 여기에는 초고속철도 채권과 아동병원 기금마련을 위한 채권발행에서부터, 범죄 피해자의 권리 강화에 이르기까지 다양한 안이 주민투표에 회부되었다. 캘리포니아 주의원들의 자의적인 선거구 분구(게리맨더링)를 반대하는 주민발의안 11의 캠페인에 아놀트 슈왈츠네거 캘리포니아 주지사가 나와 전화 캠페인에 직접 참여하는가 하면, 이번 선거에서 관건이 된 동성혼 금지를 합법화하는 발의안 8에 대한 반대 캠페인에 연방의회 하원의장인 낸시 펠로시가 함께하기도 하였다. 콜로라도 주에서는 경영인 측과 노조가 대립하는 발의안이 제시되면서, 양 측간 치열한 캠페인전이 벌어지기도 하였다. 경영인 측 안인 소위 '일할 권리'법안인 '오픈 숍(Open Shop)' 안이 주민투표에 상정되면서, 노조 측에서는 이 안을 부결시키는 것을 이번 가을 최대의 목표로 삼았다. 이들 주민발의안에 대한 찬성 반대 캠페인에 대해 어떤 의제는 초당적 캠페인 방식을 택하기도 하고, 어떤 발의안은 찬반 입장에 따라 당파적인 선호가 분명하게 드러나기도 하였다. 미국의 사례를 통해 스위스처럼 작은 나라에서만 직접민주주의가 작동하는 것은 아니라는 것을 확인할 수 있었다.

대중이 아닌 새로운 'DEMO'가 출현했다

직접민주제에 관련한 또 다른 편견은 보통 시민 일반 개인의 정책에 대한 이해 능력에 대한 불신이다. 엘리트론적 관점에서 보는 대중은 매스미디어의 발신메시지에 따라 부화뇌동하는 동원의 대상이었다. 정치 홍보나 선전 선동에 비판 없이 그대로 좌지우지 당할 수 있다는 점, 단기적인 눈앞의 이익에 눈이 어두워 장기적인 공공의 이익을 보지 못한다는 점이 지적되어 왔다. 때때로 대중은 감성적이고 폭력적인 자극의 선동을 받는 군중으로 돌변한다는 우려도 받아왔다. 무엇보다 히틀러라는 독재자를 투표로 당선시켰다는 점에서 대중의 판단능력은 의심의 대상이 되어왔다.

　이러한 대중 불신의 논리는 대의제 민주주의의 불가피성을 정당화하는 근거로 활용되었다. 그러나 1990년대 후반부터 감성에 좌우되지도 않고 정보와 판단력을 갖는 새로운 정치 주체가 출현하게 되었다. 혹자는 이를 다중(Multitude)이라는 개념으로 부르기도 한다. 어떤 학자는 영리한 군중(Smart Mob)이라는 개념으로 지칭하기도 한다. 그러나 다중이나 영리한 군중이라는 호칭은 여전히 이들이 대중의 일부 또는 군중의 한 변종이라는 의미를 담고 있다. 그런 의미에서 필자는 이들을 즉, 자신의 운명을 좌우하는 정치적 결정을 스스로 내리고자 하는 새로운 정치참여의 주체인 데모스의 적극적 출현이라고 할 수 있다. 데모스의 등장은 직접민주주의 시대로의 진입을 알리는 것이다.

　그러나 직접민주주의로 가는 길은 아직 멀다. 히틀러의 기억이 있는 독일에서는 아직도 연방차원에서는 직접민주제의 제도화를 망설이고 있고, 다른 나라도 직접민주제가 제대로 작동할 수 없는 여러 가지 덫을 깔고 있다. 예를 들면 발의권을 인정한다고 해도 발의 정족수를 너무 터무니없이 높게 잡는다든가, 발의를 위한 서명을 받는 방식에 다양한 조건을 다는 것 등이 그 예이다. 아시아의 대부분의 지역에서 국민투표는 아직 집권자에 의해 정당성을 얻기 위한 도구 또는 복잡한 의사결정의 책임을 떠넘기기 위한 수단으로 오용되고 있다.

유사 직접민주주의 사례들도 귀중하다

2008년 10월 1일부터 10월 3일까지 스위스 아르가우 주 아라우 시에서 열린 제1회 세계 직접민주주의 대회에서 칠레 산티아고대학의 정치학 교수인 데이비드 알트만은 직접민주주의를 좁은 의미로 규정하면서 시민발의와 시민발의에 의한 국민투표(Referendum)가 제도화되어야만 비로소 직접민주주의라고 할 수 있다고 했다. 따라서 주민소환제, 위로부터 기획된 국민투표(Plebiscite), 또는 주민 참여 예산제는 직접민주주의로 볼 수 없다고 주장하였다. 알트만 교수의 주장대로라면 한국에는 아직 직접민주제가 제도화되어 있다고 볼 수 없게 된다. 좁은 의미로 직접민주제를 규정하는 것은 유사 직접민주제와의 구별을 통해 옥석을 가리는 효과도 있고 현재 시행되고 있는 유사 직접민주제인 청원제도, 위로부터 기획된 국민투표, 주민소환제 등을 진정한 직접민주제 방식으로 제도화해야 한다는 과제를 제기한다는 점에서는 긍정적이지만 직접민주주의의 외연을 넓히는 데는 한계로 작용할 수도 있다고 생각한다.

예를 들면 세계적으로 유명한 포르토 알레그레(Porto Aegre)의 주민참여 예산제는 알트만 교수의 표현대로 엄밀한 의미에서의 직접민주제는 아니지만, 민의를 보다 적극적으로 수용하는 것이 어떤 효과를 만들어 내는가를 보여주는 좋은 사례로 참조의 대상이 된다.

1988년 시장선거와 시의회선거에서 승리한 브라질인민당(PT)은 시 예산을 시의회에만 맡기지 않고 시민과 더불어 시민의 직접

참여를 통해 편성하기로 하였다. 신년 예산편성을 위해 3월과 7월 사이 인민당 정부는 시민들과 21차례 회동을 가졌다. 각종 여론조사에 따르면 포르토 알레그레 시민의 85%가 참여예산 시스템이 무엇인지를 알고 있으며, 80%가 이를 지지하고 있었다. 예를 들어 참여예산 시스템이 도입된 지 5년만인 1994년의 경우 1만 1천명의 시민이 예산편성을 둘러싼 정부와의 대화에 참석했다. 그리고 약 1천개의 시민단체, 지역단체가 참여예산 시스템에 등록을 하고 있다. 포르토 알레그레의 이 같은 성공에 힘입어 지금 브라질에는 전국 70개 이상의 도시가 참여예산 시스템을 도입하고 있다.

참여예산제를 도입하면서 다음과 같은 문제에 부딪쳤다. 첫째가 예산 집행의 우선순위였다. 주민의 대부분이 거주하는 빈민가 지역에서는 하수도 시설을 최우선 순위로 내세운 데에 반해 부자들이 사는 지역에서는 도심 녹지 공간의 확대를 주장했다. 사는 형편에 따라 서로 무엇에 먼저 돈을 써야 하는지가 다를 뿐만 아니라 빈민 지역에서는 의견일치가 잘 이루어지지 않고, 의견일치가 이루어지더라도 이를 어떻게 관철해 나가야 할지 아무런 조직도 가이드도 없었다. 둘째가 문제 해결을 위해서는 무엇보다 먼저 시민들의 소극성과 옛 정치관행에 브레이크를 걸고 시민들로부터 보다 적극적인 참여를 이끌어내며, 민주적인 절차를 보장하는 한편 토론을 보다 더 생산적이고 교육적이며 보다 풍부하게 진행해야만 했다. 이를 위해 나온 것이 다음과 같은 3단계의 방책이었다.

1) 사회적, 지리적, 공동체적 관점에 근거하여 시를 16개 구로 나눈 뒤 구 단위로 완전 참여를 조직했다. 그리고 시민과 시민단체 사이에 연계 고리를 만들었다. 이때 적극적으로 참여한 것이 여성권익단체, 건강복지 단체, 문화단체들이었다. 그리고 잇달아

도시개발, 교통운수, 건강, 교육, 문화, 조세, 오락과 여가활용, 금융과 관련된 조직들이 이 연결망에 합류했다. 이에 따라 시의회는 최소한 연 2회의 대규모 시민회의를 주최한다. 여기서 예산 집행 내역이 공개되고 집행된 것과 진행 중인 것에 대해서는 시민들이 이를 검토하고, 진행되지 않은 것에 대해서는 그 이유를 따져 묻는다. 시민들이 시 당국에 공개적으로 비판을 제기하는 것도 이 때이다. 투명성의 보장이 참여예산 시스템을 위한 첫 번째 단계이자 정부와 시민간의 정직한 관계 설정을 위한 기본 조건이기도 하다. 투명성이 보장된 다음 비로소 참여예산 시스템은 그 다음 단계로 나아갈 수 있는데 시민들이 예산 집행의 우선순위를 정하고 그들의 대표를 선출하는 것이 그 다음 단계이다. 그 사이에는 또 하나의 중간 단계가 존재한다. 테마별로, 지역별로 수많은 시민회의가 열리는 것이다. 여기서 시민들은 그들이 바라는 것이 무엇이며 지금 당장 시행해야 할 것이 무엇인지를 밝힌다.

2) 예산집행의 우선순위가 정해지고 테마별, 지역별 시민대표들이 선출되면 시민대표 포럼과 공공사업 및 예산위원회가 구성된다. 공공사업 및 예산위원회는 투자계획과 예산내역을 논하고 예산의 집행결과를 체크하는데 이들은 시당국과의 연계 아래에 정기적으로 주 1회 회의를 가진다. 위원회보다 더 높은 지위를 차지하고 있는 것이 시민대표 포럼이다. 시민대표 포럼은 월 1회 회의를 하며, 위원회에 정보를 제공하고 위원회에서 논의된 사안들을 시민들에게 알리고 예산집행 사항들을 감시 감독하는 것을 그들의 임무로 삼고 있다.

3) 이런 과정을 거쳐 투자계획과 예산 규모가 정해지면 위원회와 포럼의 실무 간사 전원이 정부 기관들과 함께 시의회 회의에

참가하여 사업의 구체 내용, 비용, 기술적 타당성을 논의한다. 이렇게 하여 세입과 세출 규모를 비롯하여 포괄적인 예산안이 확정된다. 그리고 다시 투자계획에 대한 논의가 시작되는데 여기에는 3가지의 기준이 있다. 첫째가 지역별 우선순위(하수도, 교육, 도로포장 등), 두 번째가 각 지역별 인구수이다(인구수가 가장 많은 지역이 높은 점수를 받는다). 그리고 세 번째가 공공 서비스와 사회인프라의 부족함이다(인프라가 빈약한 곳이 높은 점수를 받는다). 이렇게 하여 확정된 최종 투자안과 예산안은 시의회에 공식회부된다. 여기서 직접민주주의와 대의민주주의가 합류를 하게된다.

브라질의 주민참여 예산제는 스위스의 직접민주제와는 다르지만 주민들이 주의 살림살이를 다 알게 되고 정책결정에 공동책임을 진다는 점에서 준비상근정치인 지위에 있다는 것, 견해의 다름을 토론을 통해 조정한다는 점 등 직접민주제의 전제들을 공유하는 것을 알 수 있다. 그러나 특정 정당이 주도한다는 점, 참여의 권리가 법적으로 보장되지 않는다는 점, 모든 사람의 참여가 아닌 시민단체의 대표 등 또다시 선출된 시민들 간의 논의라는 점에서 한계를 분명히 지닌다.

한국의 직접민주제를 향한 장정
직접민주주의의 제도적 장치인 국민발안은 아직 제도화되지 않은 상태이고 우리나라를 비롯한 대부분의 아시아 국가에서는 '청원'의 형식으로만 있고 다양한 방식의 플레비쓰사이트가 때로는 민의를 동원하기도 하고 때로는 민의에 밀려 이루어지기도 하였다.

아직 시민발의와 레퍼렌덤이 제도화되지는 않았지만 한국사회에서의 직접민주제에 대한 요구는 다양한 방식으로 분출되어 왔다. 서구 민주주의 제도를 이식한 초기부터 만민공동회(1898년) 형식이 등장하였고, 짧은 국민국가 건설 과정에서 1895년 동학혁명, 1919년 3.1운동, 1960년 4.19혁명, 1980년 광주민중항쟁, 1987년 6.10민주항쟁으로 직접민주주의적 의지가 고비고비 표출되어 왔다. 그런 때문인지 필자가 직접민주주의라는 단어를 접했을 때 떠오른 이미지는 광장에서 함성을 외치는 시민항쟁이었다. 필자 뿐 아니라 필리핀 친구도 직접민주제하면 아로요 대통령이 계획하고 있는 플레비쓰사이트보다는 마르코스 하야를 가져온 피플 파워가 떠오른다고 말했다. 스위스에서는 분쟁과 갈등을 중재하고 사회적 합의를 얻어내는 기재로 직접민주제가 작동하고 있는 것과 비교하면 직접민주제를 이해하는 맥락이 다 다르다는 것을 알 수 있다.

직접민주제의 중요한 도구인 국민투표는 한국에서는 아직은 위로부터만 기획될 수 있다. 그렇다면 한국에서의 플레비쓰사이트는 한국의 민주주의를 심화시킬 수 있는 기제로 작동하였는가? 이에 대한 대답은 '아니오'였지만, 1987년 10월 제6차 국민투표 이후로는 '그렇다'고 할 수 있다. 6번의 국민투표 중 4번의 국민투표는 박정희 정권에서 시행(1962년, 1969년, 1972년, 1975년)되었고, 5번째는 전두환 정권에서 시행되었다. 전형적인 플레비쓰사이트였다. 1987년 국민투표도 형식은 위로부터 제안되었지만 내용은 6.10민주항쟁의 결과물이었다.

6.10민주항쟁의 결과 양당이 합의하는 헌법이 만들어지고, 그에 근거하여 지방자치제도가 실시되면서 3번의 주민투표제도가 실시되기 시작하였다. 헌법 제117조는 "지방정부는 지역 주민의

복리와 재산 보호와 관련된 업무를 관장하며, 법과 조례의 틀 안에서, 지방의 자율성과 관련한 조례(조항)를 시행할 수 있다"고 명시하고 있다. 지방자치법(13조 2항)에서는 "지방정부의 수반은 특정 중대사안을 주민투표에 부칠 수 있다"고 언급하고 있다(2004년 1월 29일 입법 및 2004년 7월 30일 적용). 아직 주민투표는 자치단체장만이 발의권을 가지고 있는 수준이지만 주민투표로 정책결정을 한다는 점에서는 직접민주적이다.

제주도는 주민투표를 통해 도 행정구조 개편안을 확정지었고, 제주도가 국제자유도시로 거듭나야 한다는 제주도민의 결의를 대변하였다. 중앙정부의 행정적 난관을 뛰어 넘어서 2003제주국제자유도시 마스터플랜을 시행하고자 하는 제주도민들의 직접적 의사 표명은 주민투표라는 제도적 기반에서 나온 것이었다.

지역수준에서 시행된 주민투표는 핵폐기물 처리장 부지 결정과 같은 정책을 시행하는 데 따른 난관을 해결했다. 핵폐기물 관리프로그램은 80년대 중반으로 거슬러 올라간다. 부지 선정과정에서의 주요 문제는 잠정적으로 선정된 부지 지역에 있는 지역 주민들의 거센 반발이었다. 폐기물 처리라는 부정적 이미지가 핵폐기물에서 나오는 잠재적 위험에 따른 공포와 결부되어, 1990년 안면도 사태에서부터 부안 주민투표에 이르기까지(2004년 2월 14일) 부지 선정의 문제는 미결 과제였다. 직접민주주의적 요소가 전혀 제도화되지 않은 상태에서 선출된 대표단의 결정에 반대하는 방법은 거리에서의 시위밖에 없다고 해도 과언이 아니다. 거리에서의 시위가 직접민주주의적 방식으로 수렴되게 된 것은 부안 핵폐기장 건설 반대 주민운동이 임의로 주민투표를 조직하면서부터이다. 법적 구속력은 없었지만 여론 조성을 위해 주민투표를 조직하였고, 주민투표의 결과는 여론의 압력을 수치화하여 간명하게 보여주는 효과를 내었는지 정부와 자치단체가 부안에 핵폐기장을 건설하기로 한 계획을 백지화하게 만들었다. 정부는 핵폐기장 부지확보에 난항을 겪다가 핵폐기장 건설 문제를 주민투표로 결정하도록 하는 묘안을 강구해내었다. 고도의 기술적 고려를 필요로 하는 핵폐기장 건설 문제를 주민투표로 결정하는 것이 타당한가에 대한 의문의 여지는 있지만, 주민투표가 정책결정의 근거가 된다는 점은 직접민주주의로의 진일보라고 볼 수 있다. 이후 한국에서의 직접민주제는 주민소환제로 제도화되어 정책보다는 인물의 문제로 다시 회귀하게 된 점이 있지만, 선출직 대표자가 위임된 민의를 바탕으로 내리는 정책결정에 이의제기를 하고자 하는 정치적 욕구가 높아졌다는 점을 보여준다는 점에서는 긍정적이다.

그들만의 직접민주제가 아닌 우리의 직접민주제를 위하여

스위스의 직접민주주의 제도를 처음 소개받은 것은 스위스 사민당 부총재로 유럽연합의 직접민주주의 차원을 여는데 앞장섰던 안드레아 그로쓰를 만나고 부터이다. 3년 전 우연한 기회에 한국을 방문한 그와 순천과 춘천 두 지방도시에서 주민자치에 관심을 가진 분들과 강연회를 하였다. 강연회의 가장 충실한 학생 중의 하나였던 필자는 스위스의 직접민주제의 운용과정에 대한 소개에서 가장 인상 깊었던 부분이 사람이 아니라 사안에 대해 투표를 한다는 것이었다. 외국과의 조약, 일정한 규모 이상의 예산이 소요되는 사안, 헌법개정은 다 의무적 국민투표의 사안이 된다. 식민지 지배의 단초를 열어준 을사늑약을 비롯하여 국민의 일상

생활에 지대한 영향을 미치는 조약, 협정을 국민이 직접 투표로 결정할 수 있다면, 우선 해당 사안에 대한 일반 국민들의 이해가 깊어지고 외국과의 조약이 갖는 돌이킬 수 없는 실수의 가능성을 낮출 수 있다는 점에서 인상적이었다. 어업협정, 자유무역협정 등 자유주의 시대에 도래하는 각종 협약은 우리의 일상생활에 지대한 영향을 미칠 수 있다는 점에서 선택과 선택에 대한 책임을 강조하는 자유주의 원리에 일관성이라도 있지 않은가 하는 점이었다.

직접민주제에 대한 관심을 본격적으로 가지게 되면서 이 책의 저자들인 부르노 카우프만, 롤프 뷔치, 나드야 브라운이 열정적으로 일하는 'IRI 유럽'과 만나게 된 것은 행운이었다. 유럽의 고민과 우리의 고민의 시간대를 맞출 수 있었기 때문이다. 또한 우리가 고민했던 많은 주제 즉, '문제는 민주주의'라는 것을 분명하게 확인했기 때문이다.

근대의 변동을 만들어 왔던 유럽과의 거리가 가장 먼 극동이라는 지정학적 위치 탓인지 우리는 근대화 과정을 주도적으로 이끌어 가는 주체라기 보다는 유럽 중심의 근대화 프로젝트의 대상이 되었다. 그 결과 근대의 경험을 식민지화로 열게 되었고 냉전 속의 열전지대가 된 것은 물론 탈냉전시대에 유일한 냉전지대, 세계 유일의 분단국가로 21세기를 맞이하게 되었다. 20세기의 역사적 경험을 거울로 삼아 21세기에 일어나는 변화에 대해서는 크든 적든 변화의 흐름과 함께 해야 한다는 생각에 민주화운동기념사업회 국제사업단에서 IRI 유럽과 함께 스위스 직접민주제 현장 워크숍을 기획하게 되었다. 워크숍에 참가하는 한국 참가자들에게 스위스의 직접민주제를 보다 상세하게 소개할 교재가 필요하다는 것을 절감하게 되어 이 책을 편역 소개하게 되었다. 스위스의 직접민주제와 한국의 현실을 비교해 보기 위해 박현희 박사가 정리한 한국의 주민자치제도를 별도로 소개하였다.

이 책을 한국어판으로 번역 소개하게 되면서 유럽의 젊은이들이 새로운 유럽을 건설하기 위해서 열정적으로 참여하고 있는 직접민주주의의 세계화 운동에 참여할 수 있게 된 것을 다행으로 생각한다. 이러한 만남을 통해서 한 사회의 민주화를 진전시키고 민주주의가 잘 작동하도록 닦고 기름칠을 하기 위해서는 무임승차가 있을 수 없다는 것을 확인하게 되었다. 혈연공동체로서의 전근대적인 국가가 아닌 근대국가로 거듭난다는 것은 적극적인 시민의 탄생이 없이는 불가능하다는 것도 깨달았다. 적극적인 시민은 직업정치인을 일꾼으로 부릴 수 있을 정도의 식견과 안목, 부지런함을 갖추지 않으면 안 된다는 것, 그렇게 깨어있는 시민이 있는 한 세계화의 파고도 안전하게 넘을 수 있다는 것을 발견한 귀중한 한 해였다. 또한 정당의 사회적 기반이 취약하지만 민주주의를 향한 열정이 넘쳐나는 한국이야말로 민주화 이후의 민주화를 구체적으로 모색하기 위해서는 직접민주제를 제도화하는 것이 한 출구가 될 수 있다는 것을 공유하고 싶었다. 그러한 모색을 위해 스위스 직접민주제가 중요한 텍스트가 될 수 있으리라는 확신이 없었다면, 2008년 한 해 동안 스위스에서 미국으로 직접민주주의를 향한 긴 여정을 이어갈 수 없었을 것이다.

이 책이 탄생하기까지는 많은 분들의 도움이 있었다. 특별히 고려대학교 사회학과 정일준 교수님은 귀중한 시간을 할애하여 거친 번역초고를 꼼꼼하게 살펴주셨다. 그 외 민주화운동 국제사업단에서 일하는 박문진님, 이주영님의 뒷바라지가 없었다면 이 책이 탄생할 수 없었을 것이다. 스위스 워크숍을 함께 했던 김영란님, 김희철님, 문국주님, 박우섭님, 장준호님, 장흔성님, 전기성님의 직접민주주의를 이해하려는 노력이 없었다면 굳이 이 책을 번역까지 하려 들지 않았을지도 모른다. 민주화 이후의 민주주의, 민주주의 심화발전을 위한 출판에 열정을 가진 리북의 이재호 사장님의 의욕도 이 책의 탄생의 숨은 공로자이다. 끝으로 민주화운동기념사업회 함세웅 이사장님, 유영표 부이사장님을 비롯한 모든 분들은 어려운 가운데 국제사업단을 새로 만들고 이런 새로운 시도를 할 수 있는 기회를 만들어주셨다. 민주화운동에서 민주주의 제도 개선으로 이어지기를 바라는 그분들의 기대에 이 책이 조금이나마 기여하기를 바라는 마음 간절하다.

2008년 12월
이 정 옥

민주주의를 논한다는 것은
정치의 본질을 논하는 것이다

파스칼 쿠세핑

전 스위스연방 대통령(스위스연방 각료, 2004년 당시 대통령)[*]

'직접민주주의 가이드 북(2008년 판)'의 독자 여러분 반갑습니다. 여러 언어로 정기적으로 발간되는 이 책의 목적은 오늘날 (대개 간접) 민주주의 내에서 직접민주주의의 요소들을 주목해 보고, 일상 정치에 대한 직접민주주의의 영향력을 보여주는 것입니다.

정치는 종종 정치 시스템의 본질(성격)과 그 시스템에 토대를 둔 원칙들에 대해 질문하지 않고 일상의 관례적 이슈들을 다루는 데만 급급합니다. 이것은 유감스런 일입니다. 민주주의를 논한다

---

[*] 연방정부(Federal Council)는 연방의회에서 4년 임기로 선출된 7명의 각료(Federal Councillor)로 연방내각을 구성하며, 연방내각은 중요정책을 입안, 의회에 제안함. 연방정부 부서는 외무부, 내무부, 법무 · 경찰부, 국방체육부, 재무부, 경제부, 교통 · 체신 · 환경 · 에너지부로 구성. 연방정부와 연방의회의 서무관장기관인 내각사무처(Federal Chancellery) 처장(Chancellor)은 연방각료와 함께 매 4년 의회가 임명함. 연방의회는 7명의 각료 중 1명을 매년 윤번제로 대통령으로 선출하며, 대통령은 연방각의를 주재하고 대외적으로 국가를 대표함.

는 것은 정치의 핵심을 논한다는 것과 같은 말입니다. 여기에 의사결정 과정에 대한 논쟁과 토론이 있어야 하는 중요한 이유이기도 합니다.

여러분들도 알다시피, 민주주의는 다양한 형태를 띠고 있습니다. 모든 민주적 시스템들은 각기 장·단점들을 지니고 있습니다. 그래서 좋다는 것입니다. 왜냐하면 자기 나라 민주주의를 다른 나라 민주주의와 끊임없이 비교할 수 있고, 우리들의 의사결정 시스템이 과연 완벽한 것인가, 아니면 부절적한 것은 아닌가를 물을 수 있고, 필요하다면 다른 나라로부터 이론과 경험들을 빌릴 수도 있기 때문입니다.

스위스는 세계에서 가장 다양한 형태의 직접민주주의적 권리 시스템을 가지고 있는 나라이고, 상당 정도는 참조 사례의 표본이 되기 때문에, 스위스에서의 의사결정 과정에 대한 직접민주주의적 요소들의 효과들에 특별히 관심을 갖는 것은 결코 놀라운 일이 아닙니다. 그렇다고 해서 우리가 우리의 시스템이 과연 최상의 것인지에 대해 끊임없이 질문하지 않는다는 것을 의미하지는 않습니다. 우리는 또한 스위스형 민주주의가 수출 가능한 것인가, 그리고 어느 정도로 수출가능한가 혹은 실질적으로 수출될 만한 가치가 있는가를 질문하곤 합니다.

우리는 '직접민주주의'가 그 자체로 목적이 될 수 없다는 것을 잊어서는 안 됩니다. 우리는 직접민주주의 제도의 각각의 목적들이 무엇이고, 이것들이 실현되고 있는지에 대해 알 필요가 있습니다. 자유민주주의에서, 일차적인 목표는 물론 자유를 보장하는 것입니다. 그러나 이 점에 있어서 하나 살펴볼 것이 있습니다. 모든 민주주의는 어떤 특수한 형태의 민주주의를 취하는가에 관계없이 우리가 주의해야 할 위험들에 노출되어 있습니다. 나는 세 가지 위험에 대해 강조하고 싶습니다.

첫 번째 위험이 바로 저명한 저널리스트이자 정치가인 토크빌(Alexis de Tocqueville)이 말한 "사회적 권력(Pouvoir sociale)"입니다. 그는 완전히 거짓인 경우에도 만약 어떤 의견들이 주요 미디어와 정치·사회의 지도자들에 의해 계속적으로 반복된다면, 그것들이 시간이 지남에 따라 진실처럼 될 수 있다는 사실을 지적했습니다. 이와 같은 위험은 더 이상 반대 시각을 볼 수 없거나 심지어 검열을 당하는 사태까지 이를 수도 있습니다.

두 번째 위험은 다수자가 소수자의 기본적인 자유를 위협할 수 있다는 점입니다. 우리는 '수적 다수의 독재'를 결코 허용해서는 안 됩니다. 그 때문에 스위스 정치 시스템은 다양한 기관들 사이의 권력 분점의 형태를 취하고 있습니다. 예를 들어, 의회(특별히 시민발의와 직접국민투표)의 역할과 법원의 역할에서, 연방정부의 성원들이 의회에 의해 선출된다는 사실에서, 그리고 양원제 의회 시스템에서 분권화된 체계를 볼 수 있습니다.

세 번째 문제는 민주주의에서 특수한 이익집단의 역할과 관련됩니다. 특수한 이해의 합이 반드시 공동선과 일치하지는 않습니다. 로비의 능력이 없는 자들, 심지어는 투표권이 없는 자들의 이해관계도 결코 소홀이 다뤄져서는 안 될 것입니다. 우리는 또한 우리 미래 세대의 이해를 고려하여 이를 어떻게 보장할 것인가에 대해서도 답해야 합니다.

정치적 의사결정에 대한 논쟁의 맥락 속에서 그런 질문들을 검토하는 일은 매우 의미 있는 일입니다. "직접민주주의 가이드북"은 그러한 논쟁과 검토에 상당한 기여를 할 것입니다.

나는 이 책이 민주주의에 관심을 가진 세계 곳곳의 모든 이들에게, 많은 영감과 정보를 제공하리라 확신합니다.

서문

시민발의와 국민투표,
진정으로 민의를 대변하는 민주주의를 만든다

독자들에게

최근 몇 년 동안, 이전 어느 시기보다 많은 사람들이 중요한 문제들에 대해 투표를 하고 있다. 코스타리카 국민들은 미국과의 자유무역협정 문제를 둘러싸고 그들 최초의 국민투표를 했고, 태국과 잠비아에서는 신헌법이, 라트비아에서는 국가안보법이 국민투표에 붙여졌으며, 루마니아 국민들은 국민투표를 통해 대통령 탄핵소추를 막았다. 그리고 이탈리아에서는 82만 1천명 – 국민투표를 강제하는데 필요한 수의 거의 2배에 이르는 – 시민들이 선거시스템 개혁을 위한 시민발의, an initiative 청원서에 서명했고, 브라질과 홍콩의 시민단체들은 그들의 노력만으로 시민투표를 조직했다.

지역과 지방 수준에서도 마찬가지다. 가장 인구가 조밀한 캐나다 온타리오 주에서 새로운 선거법에 대한 국민투표와 같은 수많은 시민들의 의사결정이 있었고, 전 세계의 도시와 지방에서 수많은 시민들의 발의가 있었다. 유럽연합(EU) 회원국 내에서는, 유전자 조작 식품과 '유럽연합 개혁조약'에 대한 전 유럽 국민투표와 같은 다양한 이슈들에 대해 수백만 명의 서명을 받기 위해 20개 이상의 초국적 캠페인들이 벌어지기 시작했다(그리고 일부 캠페인들은 수백만 명의 서명을 받고 종결됐다).

2006~2007년 사이의 직접민주주의 발전이 새로운 경향을 의미하는 것은 아니지만, 이러한 발전이 기존의 직접민주주의를 더욱 강화하고 있다. 새천년이 막을 연 후 더욱 더 많은 나라들이 선거에 덧붙여 국민투표를 사용하기 시작했고, 더욱 더 많은 사람들이 시민발의의 수단을 통해 정치의제에 대해 그들의 영향력을 행사할 기회를 확보하기 시작했다. 전 세계에 걸쳐서, 대의제 민주주의가 개혁되고 현대화되고 있는 것이다. 직접적이고 민주적인 절차와 실천에 의해 지금까지의 간접적인 의사결정 구조가 새로운 활력을 얻고 있고 보다 더 큰 합법성을 얻고 있다. 몇 년 전과는 완전히 달라진 것이다.

1980년까지만 해도 여전히 전 세계 인구의 소수(54개국의 46%)만이 법치, 기본인권, 정당의 선택, 자유선거라는 최소한의 민주적 기준을 누릴 수 있는 사회에 살았다. 25년이 지난 후 이제는 130개국 이상이 이러한 기준들을 충족시키고 있다. 이는 전 세계 인구의 70% 이상이 다소 편차는 있지만 "민주적"인 조건에서 생활하고 있다는 것을 의미한다. 이러한 눈에 띄는 진전은 다음 단계의 기반, 즉 민주주의의 민주화의 토대를 형성하고 있다.

더욱 세련된 권력의 분배
정치적 의사결정과정에 직접적으로 참여하는 시민들의 권리로서 직접민주주의는 민주주의를 민주화하는 다음 단계로의 진입을 위한 핵심 요소이다. 직접민주주의는 보다 세련된 권력의 분배를 의미하는데, 놀랍게도 이는 과거 보통선거권(남성과 여성 모두에게 주는 선거권)의 도입이 그랬던 것만큼 상당한 논쟁을 만들고 있다. 민주주의의 확대에 반대하는 자들은 흔히 그 이유로 시민에게는 중요한 정치결정을 내릴 만한 능력이 결여되어 있다고 말한다. 그러나 이 같은 주장은 인민주권론의 민주주의 원칙에 정면으로 위배되는 주장이다. 무엇보다도 현대의 직접민주주의는 대의제 민주주의를 진정으로 대의제이게끔 하는 길이다.

유럽 최초의 현대 직접민주주의 싱크탱크인 IRI(the Initiative and Referendum Institute)는 세계 여러 나라 특히 유럽 직접민주주의의 역사와 실천을 연구하는 데에 목적을 두고 2001년 문을 열었다.

IRI의 "직접민주주의 가이드북"은 시민들이 정치적 의사결정에 참여할 수 있게 하는 장치들이 가장 다양하고, 이러한 장치들이 가장 오랜 기간 동안 활용되었던 나라인 스위스에 초점을 두고 있다. 지난 150년 동안에, 스위스의 시민권은 계속적으로 확대되었고, 이제는 거의 모든 수준(연방, 칸톤, 지방자치체)의 정치 생활과 외교 정책을 포함한 모든 정치의 영역들을 포괄한다.

그러나 IRI 유럽의 "직접민주주의 가이드북"이 스위스에만 국한하는 것은 아니며 유럽과 전 지구적인 맥락 속에서 여러 나라들의 풍부한 경험들도 다루고 있다. 많은 국가들에서 정치적 의사결정권은 더욱 더 많은 사람들에게 확대되고 있고, 이는 단지 지지 정당과 대표자들을 선출하는 것을 뛰어 넘어서, (시민)발의를 통해 정치적 의제에 영향을 미치고, 국민투표를 통해 중요하고 실질적인 이슈들을 결정할 수 있는 가능성을 포함하는 것으로 확대되고 있다.

이 가이드북은 직접민주주의에 대한 이해를 돕는 풍부한 입문서로 기능하도록 구성하였다. 제1부의 12편의 입문적인 에세이는 주요한 맥락과 도전을 제공하고, 제2부의 주제별 요약보고서들은 선택된 특정 문제에 대한 사실적이고 분석적인 토대를 심화시키며, 조사보고서는 상세한 자료와 사실들을 담고 있고 전 세계의 직접민주주의의 제도와 실천들과 연계시키고 있다.

간접민주주의에 대한 보완물

간접민주주의에 대한 일종의 보완으로서 직접민주주의는 19세기 초 스위스에서 처음 등장했고, 그 이후로 더욱 발전했다. 100년 이상의 시간이 지나면서 치러진 수 백 건의 국민투표를 통해 스위스 시민들은 연방정부 수준이든, 주 수준 혹은 지방자치체 수준이든 간에 실질적인 정치적 이슈에 대해 의사결정하는 것을 배웠다. 실제 이것이 의미하는 바는 무엇인가? 시민들이 활용하는 정치적 수단들은 무엇인가? 이것들이 어떻게 기능하는가? 그것들의 직·간접적인 효과들은 무엇인가? 이 책에서 이러한 질문들과 더불어 다른 많은 질문들에 대한 답이 다뤄질 것이다.

스위스에서 직접민주주의는 유권자들의 국민투표를 요구하기 때문이든 그것이 헌법에 명문화되어 있기 때문이든 국민투표 과정이 일어난다는 것을 의미한다. 직접민주주의는 정치권력을 공유하기 위한 수단의 존재와 활용을 의미하고, 이는 시민들의 수중에 있고 시민들의 이해를 위해 사용된다. 직접민주주의는 정부나 의회에 의해 정당이나 혹은 다른 기득권을 위해 통제될 수 없다. 스위스에는 정부, 대통령 혹은 의회이든 간에 권위기구의 배타적인 자유재량에 의해 주도되거나 실행되는 국민투표 절차는 없다. 즉 동원을 위한 국민투표(plebiscite)는 스위스에 존재하지 않는다.

스위스 직접민주주의에는 3가지 주요 절차가 있다. 첫째가 의무적인 국민투표이다. 만약 국회에서 헌법을 개정하거나 부가조항을 넣고자 한다면, 반드시 전국적 국민투표를 통해 승인되거나 거부되어야 한다. 둘째가 권한을 부여하는 혹은 선택적인 국민투표이다. 법의 제정과 개정의 경우 5만 명 이상의 국민들로부터의 요구가 있을 경우에는 의회에서 법의 제정과 개정이 통과되었다고 하더라도 국민투표를 실시해야 한다. 셋째가 시민발의이다. 10만 명 이상의 유권자로부터 지지를 받은 시민제안은 해당 제안을 반드시 국민투표로 결정해야만 하는 입법 제안사항으로 만들 수 있는 권리가 시민들에게 있다.

시민발의는 일부 유권자들이 이전에 의회에서 다루기를 원하지 않는, 혹은 의회에 상정되지 않았던 전체 유권자의 이슈를 제기하는 것을 가능하게 한다. 공식적으로 허가된 시민발의는 (다시 말해서 모든 법적 요구조건을 충족시키는 발의는) 정부나 의회의 바람과는 관계없이 만약 그것이 발의자들이 원하는 것이라면 국민투표로 나아가게 된다.

그러므로 직접민주주의와 국민투표(popular votes)는 같은 것이 아니다. 모든 국민투표의 절차가 항상 직접민주주의적인 것은 아니다. 흔히 말하는 정부발의의 국민투표(plebiscite)와 시민발의의 국민투표(referendum)는 아주 다른 효과를 낳는다. 시민발의 (실질적인) 국민투표(referendum)가 시민들에게 권능을 부여하는 반면 정부 주도의 국민투표(plebiscite)는 권좌에 있는 자들의 권력 행사의 한 수단일 뿐이다. 양자의 절차가 명확히 구분되지 않고 서로 유사한 이름으로 불리기 때문에 수많은 오해와 혼선이 일어나고 있는 것이다.

현대적이고, 효율적이며 평화적이다

우리는 이 책의 첫 번째 에세이에서 한 스위스 여성을 따라 스위스의 선거와 시민발의에 의한 국민투표장을 견학하게 될 것이다. 이 전형적인 스위스 시민은 여섯 번의 선거와 서른 번의 국민투표를 치렀다. 이 에세이에서 우리는 스위스 시민들의 정치적 삶과 그녀가 어떻게 직접민주주의를 다루고 있는가에 대한 통찰력을 얻을 수 있을 것이다. 두 번째 에세이는 시민발의('장애인에 대한 동등한 권리 보장')와 국민투표('21세기 군')의 과정, 이러한 것들이 결합되는 정치과정들, 그리고 이것들의 효과들을 그리고 있다. 비록 대부분의 시민발의 제안들이 국민투표에서 부결된다 하더라도, 시민발의 자체는 상당한 효과를 낳는다. 시민들은 그들의 제안은 통과시키지 못했지만 시민들과 입장을 달리하는 다른 쪽 사람들의 제안을 항구적으로 또는 일시적으로 봉쇄할 수 있고, 그런 행위와 결과를 통해 사회에 변화가 이루어지는 것이다. 거의 대부분의 중요한 정치결정이 투표자 그들 자신에 의해 결정되거나 결과적으로 통제되고 있다는 것이 스위스에서의 직접민주주의 원칙의 근본적인 양상이다.

세 번째 에세이는 스위스 직접민주주의의 기원과 원천, 그리고 근대 민주주의와 전근대 민주주의와의 차이를 다루고 있다. 스위스 민주주의의 발전에는 일련의 연속적인 흐름이 있다. 그러나 프랑스 혁명 이후 스위스 연방정부 형성과 함께 등장한 간접민주주의 형태로부터 현대적인 직접민주주의의 싹이 돋아나기까지에는 수많은 땀과 고통이 있었다. 오늘날 "민주주의"라는 타이틀을 내세우는 많은 국가들에서 볼 수 있는 것처럼, 1848년의 자유 스위스는 유사한 어려움을 겪었다. 오늘날에도 선출된 대표자들이 직접민주주의의 도입을 반대하는 것처럼, 그 당시의 스위스의 선출된 대표자들도 시민들의 권익을 위해 활용되는 직접민주주의의 도입에 반대했었다.

25개의 작은 독립 국가들로 구성되어 있던 1848년의 스위스는 27개국으로 구성되어 있는 지금의 유럽연합과 똑같은 도전에 직면해 있었다. 당시 스위스의 25개 주(Canton)들(현재는 26개 주)은 하나의 통일된 국가를 형성하고 있지 못했으나, 느슨한 형태의 연방을 이루고 있었으며, 연방정부는 시민들과 주 정부가 위임한 것만큼의 권력을 갖고 있을 따름이었다. 스위스는 시민들의 민주적 권리와 각 주들 간의 이해관계, 특히 큰 주에 대한 작은 주의 이해관계를 동시에 고려할 수밖에 없었는데 그러기 위해서는 어떤 방법이 가장 합당한 방법인지를 모색하지 않으면 안 되었다. 이 도전에 대한 답을 찾고자 하는 것이 네 번째 에세이이다. 말하자면 네 번째 에세이는 직접민주주의와 연방주의 간의 상호작용과 그러한 도전에 대한 해결책을 찾기 위한 시도들을 기술하고 있다. 가능한 한 지방단위로 이루어져야 하고 결정의 주체는 그 결정으로 직접적인 영향을 받는 사람들이 되어야 하며, 꼭 필요할 경우 지방 수준을 넘어서 주정부 혹은 연방정부 차원에서 결정을 내린다. 다시 말해, 의사결정은 가능한 한 분권화되어야 하고, 꼭 필요한 경우에 한해서 중앙집권화되어야 한다는 것이다.

시민발의와 국민투표는 직간접적으로 여러 가지 영향을 미치면서 갖가지 목적에 봉사한다. 이 제도들은 시민사회와 정치 시스템을 연결하는 추가적인 수단으로서 기능한다. 이를 통해 불안과 희망, 변화에의 저항, 새로운 아이디어, 이해관계와 요구들이 시민사회로부터 정치 시스템에 전달되는 것이다. 사실 정부와 각 정당들이 소홀히 하거나 의도적으로 무시하고 있는 국민들의 이해관계, 그들이 필요로 하는 것, 그들의 문제들을 정치 의제화하는 것이 시민발의의 가장 중요한 기능인 것이다. 직접민주주의는 사회의 맥을 짚을 수 있고, 조기경보 시스템과 사회의 거울로서의 역할을 하며, 정치인들을 시민사회에 보다 밀접한 관련을 맺게 한다. 그렇게 함으로써 어떤 문제가 어떻게 다루어지고, 누가 주역들이며, 어떤 결과와 성공들이 초래되는지가 다섯 번째의 에세이의 주제이다.

자존과 정치적 능력을 향상시키다

여섯 번째 에세이는 직접민주주의가 정치와 국가 형태에 어떤 영향을 미치는지를 다루고 있다. 국민투표는 스위스의 다수결 민주주의가 합의의 민주주의로 전환하는 데에 결정적인 공헌을 했다. 의회에서 통과된 법안이라고 하더라도 서명을 받아서 이를 다시 국민투표에 붙일 수 있기 때문에 권력의 자리에 있는 자들은 지속적인 견제를 받게 되며, 따라서 그들이 어떤 결정을 내릴 때 가능한 한 폭넓게 여러 정치세력들의 이해관계를 고려할 수밖에 없다. 동시에, 사회에 충분히 통합되어 있지 못하다고 생각하는 집단들은 대의제의 한계를 돌파하기 위해서 시민발의와 국민투표를 활용할 수 있다. 단 그러기 위해서는 이들 집단들에게 필수적인 커뮤니케이션, 조직, 캠페인 기술이 제공되어야만 한다.

언제 어느 때든 그 수단들(시민발의와 국민투표)이 사용되어질 수 있다는 사실은, 힘 있는 집단과 힘없는 집단 사이의 관계, 갈등들이 폭력으로 변질될 수 있는 위험에 대처하는 통합적 효과를 얻을 수 있다. 주라(Jura) 지역의 갈등의 해소는 직접민주주의의 수단들을 통해 그러한 갈등이 현대 사회에서 어떻게 해결될 수 있는가를 보여주는 산 교훈이다.

일곱 번째 에세이에서는 직접민주주의가 한 개인의 인성 발달에 미치는 영향들을 다룬다. 의회민주주의에서의 정치인들에 의한 권력의 지배적 행사는 지배자와 피지배자 간의 관계를 규정짓고, 바로 그런 방식으로 민주주의를 이해하게 한다. 그와 반대로 직접민주주의는 권력의 불균형을 바로 잡고 그럼으로써 지배와 피지배 간의 관계의 질이 근본적으로 달라지는 결과를 가져올 수 있다. 또 이른바 선출된 대표자와 시민들 간의 관계의 질도 그들 각자가 정치생활에서 각각의 역할을 갖고 있음으로 해서 달라질 수 있다. 대체로, 시민의 권리들은 유권자들의 자존감과 정치적 능력을 함양하고 소외감과 무력감에서 벗어나게 해준다. 이러한 종류의 부가가치들이 미디어에서 발생한다는 것을 여덟 번째 에세이에서 보여주고 있다. 직접민주주의에서 미디어와 정부는 시민들에게 정확하고 완벽한 정보를 제공하기 위해 특별한 노력을 기울여야 하고, 시민들과 지속적인 대화를 나누어야 한다.

직접민주주의의 경제적 편익에 대한 최근의 연구 결과들은 상당한 관심과 적지 않은 놀라움을 불러 일으키고 있다. 지금까지는 흔히 의사결정을 여럿이 함께 하는 것이 혁신과 경제성장에 브레이크로 작용할 것으로 받아들여져 왔다. 하지만 실증적인 비교 연구들은 정반대의 결과를 보여 주고 있다. 직접민주주의적 절차를 광범위하게 도입하는 것이 어떤 식으로 경제를 강화하고, 탈세를 줄이며, 정부부채를 줄이는가를 보여주는 것이 우리들의 아홉 번째 에세이이다.

직접민주주의의 세계화

우리는 직접민주주의의 긍정적 효과가 자동적으로 나타나는 것이 아니라 수많은 요인들에 의해 좌우되고 있음을 살펴볼 것이다. 그 결정적인 요소 즉 직접민주주의의 디자인을 다루고 있는 것이 열 번째 에세이이다. 국민의 기대에 부응하는 등 그 잠재력을 최대한으로 실현하기 위해서 직접민주주의는 잘 디자인되고 세세한 수단들이 잘 강구되어야 한다. 직접민주주의를 도구가 없는 것으로 만든다든가, 그 도구를 시민들이 손쉽게 사용하지 못한다면 말은 직접민주주의라고 하지만 실제로는 시민권에 반대하는 지난 시대의 전쟁을 되풀이하는 것에 다름 아닐 것이다. 모든 정치적 수준에서 스위스의 절차는 그것들의 사용자친화성과 시민친화성으로 인해 국제적 비교에서 매우 성공적이다. 그렇다 하더라도 의사결정에 시민들의 참여 절차가 잘 발달된 전체 스위스 주들로 비교를 확대했을 때, 그러한 절차들의 활용 빈도는 다른 요인들에 의해 영향을 받고 있음이 명백하게 드러나고 있다. 좋은 설계가 직접민주주의가 적절히 기능하는데 필수요건일지라도, 그 자체로는 충분하지 않다. 법의 지배, 헌법과 기본인권, 국제법에 대한 존중, 폭력 거부, 민주적인 신문과 미디어, 의사결정과정의 투명성, 열려 있는 자기비판, 민주주의 원칙에 대한 준수의 약속과 같은 기본적인 조건들이 갖추어져 있지 못하고, 국민과 정당들이 민주주의 원칙들을 지키지 않는다면 직접민주주의가 아무리 잘 설계되었다 하더라도 제 기능을 발휘하지 못한다는 것을 열한 번째의 에세이가 보여주고 있다.

마지막 에세이는 스위스를 넘어 유럽과 세계로 눈길을 돌리고 있다. 아마 앞으로 몇 년 안에 유럽은 유럽통합과 관련하여 직접민주주의라는 도구를 보다 더 강력하게 사용할 수밖에 없을 것이고, 세계 또한 보다 더 참여적인 의사결정의 길로 나아가고 있다. 참여민주주의가 글로벌 트렌드로 되고 있는 것이다. 이 가이드북에서 중요하게 다룰 의제도 국경을 넘는 유럽 시민발의에 관한 문제이다(2009년의 새로운 개혁 조약에 대해 제안된 전 유럽 국민투표에 더하여, 바로 첫 번째 초국적 시민들의 권리의 법적 이행인 '유럽 시민발의'는 이 가이드북에서 다루었던 일련의 주제들을 정치적으로 주류화할 것이다). 최소한 100만 명의 유럽 시민이 발의를 한다면 그들에게 새 법을 제안할 권한을 부여하자는 것이다. 말하자면 유럽연합 인구의 0.2%에게 1979년 이후 유럽의회가 행사해온 것과 똑 같은 권리를 주자는 것이 '유럽 시민발의'이다. 이 유럽 시민발의는 2009년으로 예정되어 있는 유럽연합 헌법 개정에 관한 국민투표에 이은 또 하나의 시도이다.

2008년 스위스 아르가우에서 개최되는 직접민주주의에 대한 최초의 국제컨퍼런스에서, IGO(국제정부기구)와 INGO(국제비정부기구)는 새로운 제안과 교육 교재, 훈련 수단을 제시함으로써 시민친화적인 참여적 절차와 실천들에 대한 유례없는 협력을 시작할 것이다. 우리가 보기에, 이 최초의 직접민주주의 포럼은 대의제 민주주의가 더욱 더 진실되게 대의제에 충실하도록 하기 위한 새로운 공·사적 파트너십에 수많은 기회를 제공할 것이다.

IRI 가이드북은 세계 몇 개 국어로 번역되어 활용되고 있다. 이 책의 내용은 해당 부분의 저자들과 편집팀의 수년간에 걸친 노력

의 산물이다. 많은 사람들과 기관들이 직간접으로 이 작업에 참여
했다.

　우리는 이 작업이 아무쪼록 여러분들의 활동에 도움이 되기를
바라며, 특히 여기에 제기된 문제들을 진지하게 생각해 주길 희망
하고 있다. 아울러 IRI 유럽의 "직접민주주의 가이드북"의 개정판
을 위해 많은 독자들의 의견과 제안을 기대한다.

마부르크 / 브뤼셀, 2007년 10월

부르노 카우프만, 롤프 뷔치, 나드야 브라운

제 1 부

1

결정들의 해

아스트리드는 취리히에 산다. 취리히 시의 거주자이자 유권자로서 그녀는 일 년 동안 여섯 번의 선거와 서른 번의 국민투표에 참가한다. 그렇다고 해서 이것이 그녀에게 지나친 요구는 아니다. 직접민주주의가 요구하는 책임을 떠맡는 것이 그녀에게는 오히려 행복이다. 스위스 최대 도시에 사는 한 여성의 1년간의 정치생활을 따라가 보자.

이것은 정말 하나의 도전이고, 준비 작업이 필요한 것이기도 하다. 국민투표 날 한 시민은 적정한 집세, 적절한 건강보험료, 연 4일의 차 없는 날, 장애인에 대한 동등한 권리 보장, 핵발전 반대 등과 같은 다양한 문제들을 결정하게 된다.

"일간 신문을 두개 구독하고요, TV에서는 뉴스와 정치 프로그램을 봐요. 아침 출근길에는 차 안에서 라디오를 즐겨 듣지요. 그런데 내가 가장 중시하는 것은 내 친구들이나 남편 시피로스와의 토론입니다. 우리는 집에서 정치적 대화를 정말 많이 합니다. 우리 딸이 투표권을 가질 나이가 된 뒤부터 정치 토론은 한층 더 많아졌어요."

오월 어느 일요일, 아스트리드는 연방정부와 관련된 9개의 사안, 주정부와 관련된 1개의 사안, 지방정부와 관련된 2개의 사안에 대해 투표를 했다. 그리고 또 교회에서는 당직자 선출을 위한 투표가 있었다. 아무리 선거와 국민투표로 단련된 스위스사람이지만 이 날은 특히 긴장된 결정에 또 결정을 내리는 날이었다.

투표자들에게 너무 많은 것을 요구한다는 신문과 수많은 평론가들의 논평이 줄을 이었다. 유권자들이 9개의 복합적인 사안들에 대해 스스로 판단을 내리고 올바른 결정을 내릴 수 있을 것이라고 기대한다는 것은 비현실적이라고 언론은 말했다. 하루에 너무 많은 문제를 처리하도록 하는 것은 사실 많은 노력을 요구하는 직접민주주의에 약간의 추가 부담을 준 것에 부과한 것이었다.

그런데 아스트리드는 유권자의 능력에 대한 이와 같은 회의론에 전혀 동조하지 않는다. "그건 짐이 아니라 살아있는 정치예요." 그녀는 단호히 말한다. 오월의 그 일요일 스위스의 마을들과 소도시의 선거 사무실에서는 어떠한 혼란도 일어나지 않았다. 오랜 경험에서 나오는 자신감으로 인해 개표 과정에서 어떤 문제가 발생할 것이라고 생각하지도 않았고, 오히려 분위기는 편안했다.

국민투표를 한다고 해서 모두 통과되는 것은 아니다. 국민투표의 결과들은 기존의 트렌드를 재확인하였다. 시민들이 일곱 개의 발의를 하고 이 일곱 개의 발의는 유권자의 직접 투표와 주 단위 투표에서 모두 압도적인 표차로 부결되었다. 다음 날 신문들은 일제히 "좌파 패배"라는 제목을 달았다.

바보들의 나라?

"7개의 근사한 발의, 7개의 똑 같은 목소리 '노'. 왜 스위스인들은 그들 자신의 이익에 반하는 투표를 하는 것일까?" 시민들이 투표 결과에 당황스러웠던 좌파 신문 〈보헨차이퉁〉지 콘슨탄틴 자이프트 기자가 던진 질문이었다. "문제는 바로, 왜 대다수의 사람들이 고집스럽게 사회적으로 자신들에게 이익이 되는 제안들에 반대하고, 심지어는 아주 실제적인 자기 자신의 이해관계에 반하는 투표를 하는가이다. 스위스 투표자들이 바보들이어서 그런가?"

자이프트의 사고방식을 따라가 보면, 우리는 다음과 같은 결론에 이를 수밖에 없을 것이다. 스위스인들은 1) 정치적으로 경쟁력이 별로 없다(무능하다) 2) 뇌물에 약하거나 선전에 쉽게 조작당한다 3) 순한 양처럼 쉽게 따라 간다 4) 항상 그랬다. 사실 162개의 시민발의 중 투표에서 통과된 것은 15개(2007. 5. 21 기준)에 불과하다. 더욱이 한결같이 이빨이 빠진 상징적인 것들뿐이었다.

이것은 다음과 같은 스위스 직접민주주의가 당면한 최대 도전들을 우리에게 제기한다. 투표자의 다수가 반복적으로 당연히 해야 할 선택(그것에 대해 잘 알고 있다고 믿는 사람들의 입장에서 볼 때)과는 정반대의 선택을 하고 있는 것은 정말 곤혹스럽지 않는가? 사람들이 그들의 관심사와 또는 관심 밖의 사안들에 대해 결정하기를 원하고 결정할 수 있다는 것은 성가신 일이 아닐까? 비핵발전, 핵발전소 건설의 중단 연장, 장애인들에 대한 동등한 권리 보장, 연 4일의 차 없는 날, 건강보험, 적정한 집세, 청소년을 위한 보다 나은 직업훈련. 〈보헨차이퉁〉은 이 7개의 발의에 모두 "예스"였다. 그런데 투표에 참가한 자들은 모두 "노"였다.

대부분의 스위스 유권자들은 "부르주아" 정당들을 지지한다. 그들은 변화에 조심스럽고, 특히 돈이 들어가는 변화에는 더욱 조심스러운데, 실제로 모든 사람이 알고 있듯이 모든 변화에는 돈이 들어간다. 5월 18일의 심판에 대해 패배자라고 해서 모두가 시비를 건 것은 아니었다. "간단히 말해서, 마치 축구팀처럼, 우리 좌파들은 지난 일요일의 패배를 인정해야만 해. 우리는 단지 후반전에 좋지 못했어" 쮀리히 시의 '얼터네이티브 리스트(Alternative liste)' 소속 한 정치인의 선거결과에 대한 논평이다.

아스트리드는 그녀가 옳다고 하는 데에 대해 다수의 다른 사람들이 반대표를 던질 때 느끼게 되는 좌절감에 익숙해져 있다. 모든 스위스 시민들은 정치적 패배를 경험해 왔고, 모든 사람들은 많은 경우에 소수파의 일원이 되기도 했다. 오늘도 내일도 계속되는 다수파는 없다. "사람들은 별 관심이 없거나 돈이 많이 든다는 이유에서 '장애인에 대한 동등한 권리 보장'에 대한 시민발의에 '반대표'를 던졌다. 그렇다고 해서 시민발의가 시간낭비라는 것을 뜻하는 것은 아니다. 수많은 토론들이 있었고, 토론을 통해 사람들은 그 문제를 알게 됐다. 무엇인가가 달성된 것이다."

소중한 시민들

5월 18일은 정치인들이 그해 직면했던 최초의 테스트가 아니었다. 첫 번째 선거와 시민발의는 2월 9일에 있었다. 언제나 그랬던 것처럼 투표일 3~4주 전 시민들은 우편으로 선거공보를 받았다.

연방(전국적인) 수준 선거에서 직접민주주의를 한층 더 확대할 것인가와 다른 한 가지를 더 묻는 것이었다.

아스트리드는 말한다. "나는 우리가 투표를 할 수 있다는 것이 원칙적으로 좋은 일이라고 생각해요. 정부는 항상 입장을 갖고 있고, 사람들에게 말을 건네며, 어떻게 투표할 것인지를 말해요. 그러나 무슨 일이 일어날지, 국민투표에서 무엇이 결정될지 누가 알겠어요. 어떻든 정부는 시민들의 결정에 굴복할 수밖에 없어요. 그래서 어느 누구도 우리 시민들이 정치적 의사결정을 할 권리가 없다고 말할 수는 없어요. 나는 앞으로 국민투표가 더 많아진다고 하더라도 이것이 부담스럽다든가 하는 생각은 들지 않아요. 너무 많다고도 생각하지 않아요. 특정 이슈에 대해 투표를 할 것인지 말 것인지도 나 자신의 관점을 갖고 잘 결정할 수 있어요. 어느 누구도 내 머리를 총을 겨누고 서 있지 않으며, 나에게 무엇을 하라고 말하지 않아요. 우리가 원하고 또 하지 않으면 안 된다는 생각이 들 때, 우리는 투표를 해요. 바로 이것이 내가 스위스에서 우리들이 정치에 대해 보다 더 현실적일 수 있다고 생각하는 이유이지요. 당신의 의견이 정말로 가치 있다면, 당신은 투표용지와 당신의 이름이 기입되어 있는 국민투표 안내책자를 가지고 가서, 당신이 생각하는 것을 결정해야 해요."

그녀의 남편 시피로스는 구조적 수준에서도 그리스와 스위스의 정치 시스템 사이에는 큰 차이가 있음을 지적한다. "그리스의 경우 1974년 이후에야 겨우 의회정치 제도가 뿌리를 내리기 시작했어요. 민주주의의 오랜 유산에도 불구하고, 그리스인들은 그 동안 민주주의의 그 오래된 전통을 되돌아볼 겨를이 없었어요. 정당들은 여전히 정치과정에서 지나치게 큰 역할을 하고 있고, 국가

권력은 너무나 지나치게 중앙에 집중되어 있어요. 직접민주주의적인 권리는 거의 존재하지 않아요."

시민권 개정에 관한 시민발의가 있었다. 물론 토론도 벌어졌다. 그러나 이 문제에 관한 토론은 큰 파장을 불러일으키지 못했다. 투표율이 겨우 29%에 불과했던 것이다. 이는 시민들이 시민권 개정의 중요성에 그렇게 높은 가치를 두고 있지 않았음을 보여주는 것이었다. 다른 한편, "총시민발의(General Initiative)"의 도입(그러나 이는 나중에 이행하기에는 너무나 복잡한 것으로 판명되었다. 주제별 참고자료 19 참조)과 국제 조약에 대한 선택적 국민투표제의 확장과 같은 시민권의 증대에 대해서 시민들은 명백하게 "찬성"하였다. 이는 스위스에서 직접민주주의가 얼마나 잘 뿌리내렸는가를 보여주는 사례이다.

그 국민투표에는, 아스트리드와 시피로스와 같은 가장 적극적인 유권자들이 참여했다. 이들은 항상 "내가 민주적 시스템을 신뢰한다면, 나는 나의 민주적 권리를 반드시 행사해야 한다"는 원칙을 가진 사람들이었다. 그러나 시민권 확대 제안에 대해서는 각계각층에서 광범위하게 지지했는데 특히 여성들과 농촌 지역 주민들이 찬성표를 많이 던졌다.

연방정부 차원에서의 이 두 가지 사안 외에 지방정부(취리히시)와 주정부(취리히 주) 차원에서의 여러 이슈들도 같은 날 투표에 붙여졌다. 종종 그랬듯이, 공공재정 지출에 관한 것이었다. 취리히 시민으로서, 아스트리드는 취리히 시의 발전시설을 개선하기 위해 돈을 빌리는 제안에 투표를 할 수 있었다. 취리히 주의 주민으로서, 주가 글라탈(Glattal)철도회사에 주정부의 보조금을 지급해야 하는지 말아야 하는지의 안건에 대해 투표권을 행사했다.

"나는 주어진 이슈에 대해 충분히 알고, 내 마음을 결정하여 만족스러울 때에만 투표장에 나가요. 나는 다른 사람들의 의견도 듣지만, 나는 나 자신의 의견을 가지려고 노력하지요. 나는 어떤 특정 정당노선을 따르지 않지만, 물론 정당이 말한 것에 의해 영향을 받기도 해요. 그렇게 하고도 내 생각이 뚜렷하게 정리되지 않으면 나는 투표장에 가지 않아요. '평화의 정의'의 제안과 같은 것이 그런 것인데 나는 이것이 무엇을 말하는 것인지 알 수 없었고 따라서 좋은 것인지 나쁜 것인지도 알 수 없었어요. 그래서 나는 투표를 하지 않았어요."라고 아스트리드는 말한다.

주 단위 선거들

4월 6일은 주의회(Kantonsrat)와 주정부(Regierungsrat) 선거 날이었다. 두 선거는 냉전의 종언 이후 상당히 변화된 사회, 정당정치적 판도에서 치러졌다. 지금까지 집권 여당이었던 중도 우파 급진민주당(FDP)이 1990년 이래 급속히 지지기반을 잃어가고, 군소 정당이었던 극우파 스위스국민당(SVP)이 세력을 확장하고 있었다. 그리고 좌파 정당에서는 빈터우르와 취리히에 강한 뿌리를 두고 있는 사회민주당(SP)이 기반을 강화하고 있었다. 스위스국민당(SVP)은 취리히 시의회와 주의회에서는 의석수를 크게 늘려왔는데 주정부와 시정부에서는 그에 상응하는 권력을 아직 차지하고 있지 못하고 있었다. 주정부의 경우 7명의 각료 중 2명만이 스위스국민당(SVP) 당원이었고, 시의회에서는 이전부터 상당한 의석을 차지하였지만, 시정부 선거에서 스위스국민당(SVP)은 한 자리도 차지하지 못하였다. 취리히 시의 경우, 사회민주당(SP)이 통상적으로 35%의 득표를 얻어 실제적인 집권당 역할을 해왔다. 1990년 이래,

이곳에서의 정치 풍향은 좌파와 녹색당 연합의 집권세력과 급진 민주당(FDP)에 의해 결정되고 있었다.

그런 상황에서, 정말 뜨거운 여름이 되었던 5월 선거가 실시되었다. 그리고 잠시 정치적 휴지기가 있었고, 사람들은 호수에서 수영을 하거나 그늘에서 차가운 맥주를 마시면서 재충전의 휴일을 만끽하였다. 그러나 곧 정치의 행렬이 또다시 시작되었다. 10월에 있을 연방의회 선거를 앞둔 전초전이 벌어진 것이다. 가장 인구가 많은 취리히 주의 경우 연방하원(National Council) 200석 중 34석을 차지한다. 반면에 연방상원(Council of States)에서 20개의 주 모두는 크기에 상관없이 각각 두 개의 의석을 차지한다(총 40석). 그리고 6개의 "반(半)주"(바젤시Basel City, 바젤군Basel Country, 옵발덴 Obwalden, 니트발덴Nidwalden, 아펜젤 아우터 로데스Appenzell Outer-Rhodes, 아펜젤 이너 로데스Appenzell Inner-Rhodes)는 각각 한 개의 의석을 차지한다(총 6석). (연방하원 200석, 연방상원 46석)은 동등한 지위와 권리를 가지며 함께 연방의회를 구성한다.

그리고 연방 차원의 선거들

연방의회 선거가 벌어지자 1990년대 이래 계속되고 있는 하나의 현상이 반복적으로 나타났다. 투표율이 급격히 증가하고 있는 것이다. 선거 결과는 사회 변화가 스위스의 정당 체계 역시 변형시키고 있음을 보여주고 있다. 이는 취리히 주에서의 발전과 동일하게 전국적 수준에서의 변화를 가져온 것이다. 특히 정당간의 권력 배분에 있어서 가장 의미 깊은 변화가 나타났는데, 지금까지의 좌와 우의 권력배분의 구도 대신, 유럽연합 문제 그리고 다시 부상한 국가 정체성 논쟁이라는 조건하에서 중도 우파 FDP, 기독교

민주당 CVP, 극우 SVP의 부르조아 정당들 간의 새로운 구도가 형성되었고, 이 구도 아래에서 SVP가 연방의회에서 가장 강력한 당이 되었다. 그리고 이는 2003년 12월 선거에서 연방정부의 7명의 각료를 구성하는데 연쇄효과를 미쳤다. 131년 만에 처음으로, 연방각료 중 한 사람이 의회에서 인준을 받지 못하는 일까지 벌어졌다. 1959년 이래 작동해 오던 각료 배정의 '마법의 공식'(2 FDP, 2 CVP, 2 SP, 1 SVP)이 변해 버렸다.

아스트리드는 10월 선거의 결과로서의 이 같은 일련의 사태전개를 흥미롭게 지켜보았다. 그녀는 또 11월 30일, 9개의 주 단위 국민투표에 참가했다. 그 중 어떤 것은 주정부와 지방정부간의 책임의 분산 등과 같이 논란의 여지조차 없는 것들도 있었고, 또 어떤 것은 교회와 국가 간의 관계 재정립과 같이 논란의 여지가 많은 것들도 있었다. 어떻든 아스트리드는 제기된 이슈가 무엇이든 정치결정에 직접 개입할 수 있다는 데에 행복감을 느낀다. 이것은 유럽의 한가운데에 자리 잡고 있는 스위스의 모든 시민들이 느끼는 행복감과 다르지 않다. 모든 해는 결정들의 해이다.

※ 참고자료(F=주제별 참고자료 S=세계의 직접민주주의 조사연구: 전 지구적인 참여의 도전 G=직접민주주의 용어 해설)
F1   2003. 취리히 주 선거 및 국민투표 일정
F2   주 단위 국민투표 일정 : 1970~2003
F11   시민발의와 국민투표에서의 투표 형태
S   세계의 직접민주주의 조사연구: 전 지구적인 참여의 도전

2

시민이 정치무대의 중앙으로 나아가다

시민들이 집단적으로 엑셀러레이터 또는 브레이크를 밟을 때 주요한 결정들이 이뤄진다. 스위스에서 시민발의와 국민투표가 어떻게 사용되고 있고, 시민들이 더 이상 구경꾼의 자리에 머물지 않고 정치 드라마의 주역으로 등장할 때 어떤 일이 벌어지는가를 살펴보자.

시민발의는 하루 이틀 사이에 투표에 붙여지는 것이 아니다. 오랜 과정을 거친 결과물이다. 하지만 급진적 변화에 대한 아이디어가 대개 그 출발점이다.

시민발의와 국민투표가 직접민주주의 두 기둥이다. 시민발의는 보다 역동적인 도구이다. 이는 소수자들로 하여금 그들 스스로가 선택한 정치적 의제에 대해 문제를 제기하고 국민투표를 통해 법으로 제정하도록 한다. 그러므로 유권자는 정부나 의회가 좋아하든 말든 상관없이 법 제정에 직접 참여할 권리를 행사할 수 있는 것이다. 스위스에서는 끊임없이 연방정부 차원의 헌법과 관련된 시민발의가 제기되고, 주정부 차원에는 각종 법안과 관련된 시민발의가 제기된다. 유권자 10만 이상이 서명을 할 경우 연방헌법의 개정을 요구할 수 있다. 연방의회가 이를 거부해도 제안자들이 스스로 이를 철회하지 않는 한, 발의된 개정안은 국민투표에 붙여진다.

시민발의 '장애인에 대한 동등한 권리'

하나의 전형적인 예를 들어보자. 2003년 5월 500만 명 정도의 스위스 국민들이 '장애인에 대한 동등한 권리'를 헌법상의 한 조항으로 추가하자는 시민들의 발의에 따라 국민투표를 하였다.

"법은 장애인에 대한 동등한 권리를 보장한다. 장애인에게 불이익을 초래하는 제도 장치들을 철폐하는 조치를 취하는 한편, 기존의 불이익을 제거하고 보상하기 위한 수단을 제공한다. 비용이 합당한 선에서 건물과 다른 시설물에 대한 접근과 일반 국민들을 위해 고안된 제도와 서비스의 사용이 보장될 것이다."(8조 4항)

1998년 8월에서 1999년 6월 사이, 장애인을 위한 35개 단체가 12만 명 이상의 시민들로부터 서명을 받아 시민발의를 한 것이다. 시민발의에서 국민투표, 연방정부에서의 심의, 연방의회 상·하원에서의 토론에 이르기까지 4년이 걸렸다. 그러나 결국은 경제적 이유 때문에 이 안은 연방의회에서 거부되었다.

등록된 전 유권자들에게 보낸 선거공보에서 정부는 투표자들이 이 발의 제안을 거부해 줄 것을 권고하면서 "건물에 대한 접근권이 보장될 경우 공공분야든 민간분야든 엄청난 돈이 들어간다"는 것을 이유로 내세웠다. 정부는 또 장애인에 대한 새로운 법이 2003년 12월 이미 의회에서 만장일치로 통과되어 2004년 1월 1일부터 시행토록 되고 있음을 지적하였다.

"장애인을 위한 동등 권리" 시민발의는 2003년 5월 18일 국민투표에서 성공하지 못했다. 정확히 50%의 투표율 중에서, 투표자의 62.3%(1,439,893명)가 이 제안에 반대했고 37.7%(870,249명)만이 찬성했다. 주별로 보면 공공기관에 대한 장애인의 접근권에 대해 26개 주 중 제네바와 주라, 티키노 3개 주만 이를 수용했다. 스위스에서 헌법을 개정하고자 할 때, 그 발의가 받아들여지기 위해서는 단순히 총 투표자의 다수만이 찬성하는 것이 아니라 과반 이상의 주가 찬성해야 한다. 국민투표의 결과는 시민발의를 통해 얻고자 했던 목표에 한참 못 미치는 것이었다.

"장애인 발의"의 예가 보여주듯이, 시민발의는 하루아침에 투표에 부쳐질 수 없다. 시민발의는 달성하는데 10년이 걸릴지도 모르는 장기간의 과정 중의 한 부분이다. 그것은 예를 들면, 장애를 가진 시민들의 기회불평등을 시정하려는 것과 같은 급진적인 변화에 대한 아이디어로부터 대개 시작된다. 이와 같이 오랜 발의 과정의 잠정적 결말에서, 대개의 경우 그 발의에 대한 국민투표에서 패배로 끝난다(10개의 발의 중 통과되는 것은 1개가 채 안 된다). 그러나 많은 경우에, 의회는 직간접으로 시민발의가 제기한 목표에 근접해가려고 노력을 한다. 의회는 직접적인(두 개의 안을 동시에 투표에 붙이는) 혹은 간접적인(장애인 발의의 사례처럼) 역제안

(Counter-proposal)을 통해 시민발의의 목표를 충족시키려고 한다.

"우리가 진 것은 사실이죠. 그러나 우리는 지난 몇 년 사이 이 문제로 싸움을 하면서 많은 것을 얻기도 했어요. 스위스에서 장애인들이 겪고 있는 애로사항들을 많은 대중들에게 널리 알릴 수 있었어지요." 장애인 복지 단체의 대변인 마크 줌빌의 평가이다.

국민투표 "21세기 군대"

5월 18일 "장애인에 대한 동등한 권리 보장" 발의안에 대한 투표와 동시에, 스위스 국민들은 또한 국가 안보와 관련된 개혁 패키지에 대한 투표를 할 수 있었다. 전년 10월에 의회에서 다수가 소위 "군(軍) 21"이라는 재단을 설립하는 법률 개정을 통과시켰다. 군사력을 3분의 1로 감축하려는 제안에 반대하는 예비역 군인들이 법률개정에 대한 국민투표를 요구하기 위해 '선택적 국민투표제'를 이용했다.

2003년 1월 23일, 64만 1,196명이 서명한 시민발의가 베른의 연방 정부 총리실에 제출되었다. 그러나 이 문제가 5월 18일 국민투표에 부쳐졌을 때, 단지 541,577명(총투표의 24%)만이 그 개혁에 반대하는 사람들의 주장에 찬성했다. 투표자의 76%(1,718,452명)가 의회에서 통과된 법을 승인했고, 그 법은 2004년 1월 1일부로 효력을 발휘했다.

시민발의는 시민들에게 정치발전의 속도를 높이고 개혁을 단행하게끔 하는 기회를 부여한다. 이것은 국민투표를 우회하는 또 다른 방식이다. 이는 정부와 의회를 통제하는 도구로서의 기능을 하며, 시민들에게 브레이크를 밟는 것과 같은 기회를 준다. 의회가 내린 결정이라고 하더라도 국민투표를 통해 뒤집을 수 있는 것이다. 이것은 소수자 집단에게 의회에 의해 통과된 결정에 대해 국민투표를 강제할 수 있는 권리를 부여한다.

스위스의 경우 최소한 유권자 5만 명 이상의 서명만 있으면 연방정부의 법안에 대해 이를 국민투표에 다시 붙여 연방의원이 아니라 시민들부터 다시 찬반의 의사를 물을 것을 요구하는 권리가 보장되어 있다. 새로운 법이 공포된 이후 100일 이내에 합당한 숫자의 서명이 있을 경우 국민투표에 부의되어야 한다. 국민투표에서 통과되어야만 새로운 법은 비로소 효력을 갖는다.

선택적 국민투표에 대해서는 1874년 이래 의회에 의해 통과된 2,200건 이상의 법률 중 단 7%만이 국민투표에 부쳐졌다는 사실은 특기할만하다. 바꿔 말해서, 93%의 법안의 경우 시민들은 의회가 입안한 법이 문제가 되지 않는다고 생각한 것이다.

주 단위에서 더욱 활발한 직접민주주의

투표는 보통 일 년에 네 번의 일요일에 나누어 실시된다. 그러나 국회의원 선거가 있는 해에는 세 번 혹은 두 번의 일요일에 전국적 수준의 국민투표를 실시한다. 2003년에, 정부는 투표할 필요가 있는 모든 제안들을 5월 18일로 모으기로 결정했다. 이러한 이유로 인해 "장애인에 동등한 권리 보장"과 "21세기 군" 외에도 결정되어야 할 다른 제안이 7개(6개의 시민발의와 하나의 국민투표)나 되었다. 그런데 그게 전부가 아니다! 시민발의는 연방정부 차원에서만이 아니라 주정부와 지방정부 차원에서도 활발하게 이루어지고 있다. 각 주는 그 나름대로의 방식에 따라 시민들에게 정치 참여의 길을 열어 놓았기 때문에, 주 단위에서는 더 많은 참여기회들이 존재한다. 즉, 헌법과 법 개정에 따른 시민발의 외에도 보드(Vaud) 주를 제외한 모든 주에서는 재정문제를 둘러싼 국민투표(소위 재정 국민투표)를 허용하고 있다.

가장 넓은 면적을 차지하는 그라운뷘덴 주에서는 1천만 스위스 프랑을 넘어서는 일회적인 정부 지출의 경우 무조건 투표를 통해 주민들의 승인을 받도록 되어 있다. 1백만에서 1천만 스위스 프랑 미만의 경우도 최소한 1,500명(주 총선거민의 약 1.2%) 이상의 서명만 있으면 국민투표를 거친 뒤에야 비로소 정부 지출이 가능하다. 마찬가지로 오페라 하우스 건립 보조금, 문화예술 페스티벌에 대한 보조금과 같은 정기적인 신규 지출이 있을 때도 지원금 금액이 1백만 스위스 프랑을 넘을 경우 반드시 의무적인 재정 국민투표를 거쳐야 한다. 1,500명의 유권자들은 만약 정기적인 신규 지출에 대한 총액이 30만 스위스 프랑을 넘어선다면, 국민투표를 요구할 수 있다.

주 단위에서의 직접민주주의를 위한 또 하나의 중요한 도구가 법제정을 둘러싼 의무적인 국민투표 실시이고, 시 단위에서는 행정문제를 둘러싼 의무적인 국민투표 실시이다. 이 경우 어떤 주나 시에서는 서로 대립되는 두 개의 제안을 나란히 국민투표에 붙이기도 한다. 또 취리히 주의 경우 개인발의도 있다. 여기에 덧붙여 일부 주에서는 시민들이 공직자를 소환할 수 있는 권리를 갖고 있다. 다시 말해 지방수준으로 내려갈수록 시민들이 의사결정 과정에 직접적으로 참여할 기회가 더 많아진다.

다양한 직접민주주의의 활용

직접민주주의적 가능성이 이렇게 다양하기 때문에 투표날 한 뭉치의 서로 다른 의제들이 의사결정의 대상에 오르기도 한다.

2003년 5월 18일 슈위즈 주의 취리히 호수 옆의 프라이언바흐 시의 경우 유권자들은 23개의 서로 다른 투표용지에 '예스'와 '노'를 써넣어야 했다(또는 공란으로 남겨두어야 했다). 이 중 9개는 연방정부 차원의 것이고 나머지는 주정부(3개)와 지방정부(3개) 차원과 시민권 적용(8개)에 대한 것이었다. 지난 10년 사이 국민투표의 횟수가 크게 늘고 있다. 스위스만이 아니라 유럽 전역 또는 세계 전체에 있어서 그러하다. 1992년에서 2007년 사이 국민투표 실시 증가율이 스위스는 약 35%이고 유럽은 100% 이상이다.

스위스의 주와 시에서 지난 30년 동안 국민투표 실시 건수는 높은 수준에서 안정화되었다. 그러나 개별 주와 시 사이에는 큰 차이가 있다. 예를 들어, 취리히 주의 유권자들은 1970~2003년 동안 475개나 되는 각각의 이슈에 투표를 하였다. 같은 기간 동안, 티키노(Ticino) 주에서는 단지 64개의 주차원의 이슈에 대해 투표하였다. 시에서의 투표 패턴은 많은 편차가 있다. 1990~2000년 사이에 베른 주의 시에서는 848개 이슈에 대해 투표하였다. 바로 옆에 있는 프라이부르크(Freiburg) 주에서는 동일한 10년 동안 단지 4개의 이슈에 대해서만 투표가 이루어졌다.

국민투표라고 하더라도 형태는 비슷하지만 문화와 언어, 제도에 따라 나라마다 차이가 난다. 보편적으로 실시되는 시민발의, 국민투표 그리고 의무적 국민투표처럼 그 형태에 있어 놀랄만한 정도의 공통성에도 불구하고, 스위스에서 전반적인 직접민주주의 시스템은 상당할 정도로 그 지역의 문화적, 언어적, 제도적 다양성을 반영한다. 몇몇의 예외는 있겠지만, 독일어 언어권의 주들이 프랑스 언어권이나 유일한 이탈리아 언어권인 티키노(Ticino) 주보다 시민권이 훨씬 더 발전해 있다. 이는 독일어 언어권 주들이 다른 언어권의 주보다 자신들의 지방정부에 보다 더 큰 자치권을 부여해온 역사적 배경과 무관하지 않다.

같은 도구라고 하더라도 그 도구에 얼마만큼 접근할 수 있는가. 그 도구가 열려 있는 것인가 아닌가에 따라 그 도구를 실제로 얼마만큼 유용하게 사용할 수 있는가가 결정된다. 만약 A라는 주에서 선택적 국민투표를 실시하는데 1,000명의 서명이 필요한 반면, 유사한 크기의 B라는 주에서는 10,000명의 서명이 필요하다면, B라는 주보다 A라는 주에서 더욱 더 많은 국민투표가 실시될 것이라고 가정하는 것이 정확하다. 서명자 정족수 이외에도, 서명을 모으는데 허가된 시간의 양도 발의와 국민투표의 편리한 이용과 빈도에 대해 상당한 역할을 수행한다. 전반적으로, 스위스에서 최근의 경향은 직접민주주의 관련 규칙이 개방적으로 운용되어지고 있다. 다시 말해 직접민주주의 장애물은 낮아지고 있다.

주역으로서의 시민들

과거에는 서명을 받는 최적의 장소가 투표일의 투표장 밖이었다. 투표를 하러 나온 사람들은 기권하는 자들보다 정치에 관심이 높은 사람들이고, 그 곳에서라면 몇 시간 내에 정치적으로 적극적인 대부분의 투표자를 만날 수 있기 때문이다. 그런데 문제는 1996년 제약 없는 우편투표제가 도입된 이래, 직접 투표장에 나오는 사람들의 비율이 갈수록 떨어지고 있다는 데에 있다. 극단적인 경우 몇몇 도시에서는 투표장에 나오는 사람들의 비율이 10% 이하로 떨어지고 있다.

우편투표의 예는 스위스에서의 직접민주주의의 실현의 조건들이 어떻게 변화되는 지를 보여주고 있고 이러한 변화는 전자투표,

SMS 투표제 도입과정에서도 예상할 수 있다. 이 같은 변화는 한편으로는 국민투표를 한결 쉽게 하는 측면 - 우편투표제가 도입된이후 투표율이 높아진 것에서 알 수 있듯이 - 도 있으나, 다른 한편으로는 새로운 문제점을 발생시키고 있다. 사람과 사람이 직접접촉하고 정치 대화를 나누는 데에 직접민주주의의 의의가 있다. 그런데 집에서 투표를 하면 이런 기회가 사라질 수 있는 것이다. 접촉과 대화 없이 어떻게 시민이 정치에서 핵심적인 역할을 할 수있단 말인가.

시민발의를 통해 개혁이라는 엑셀러레이터를 밟든 국민투표를통해 비상 브레이크를 밟든 스위스 시민들은 정부, 의회와 같은 국가 기관과 함께 정치무대 위에서 주역의 자리를 차지하고 있는 것이다. 세계 여러 다른 나라들과 달리 스위스는 헌법개정이 진정한주권자로서의 국민의 손에 맡겨져 있다. 헌법개정 문제에 대해 정부와 의회는 시민들에게 조언을 해주는 기능을 담당할 뿐이다.

그래서 스위스 투표자들은 "장애인에 대한 동등한 권리 보장"에는 '노'를, "21세기 군"에 '예스'를 말했을 때, 그들은 엑스트라의역할을 하고 있는 것이 아니라 전국적인 정치 드라마에서 주연의역할을 담당하고 있는 것이다.

참고자료
F6 우편투표
F7 전자투표-최초의 실천
F12 시민발의, 국민투표에서 수용된 것들
F16 '21세기 군(軍)'에 관한 연방법(M6) 개정안
F17 '장애인에 대한 동등한 권리 보장' 시민발의
F18 스위스 연방 단위에서의 시민권
G 직접민주주의 용어 해설

3

미래로 돌아가다

근대 직접민주주의는 스위스 역사에 깊은 영향을 미쳤다. 스위스 국민들에게 직접민주주의적 권리의 근본 가치를 인식하는 것 이상으로 국민들을 단합시킬 수 있는 방법은 없다. 지금 스위스 국민들은 다문화국가 안에서 평화롭게 공존하며 시민적 자유를 누리고 있다. 여기에 유럽의 심장부에서의 민주혁명의 스토리가 전개되고 있는 것이다.

직접민주주의에 대한 사상은 프랑스에서 스위스로 전파되고 이어 유럽 전역으로 확산되어, 지금 유럽에서는 유럽연합 헌법개정을 둘러싸고 전면적인 투쟁이 벌어지고 있다. 시민들이 명시적으로 승인하지 않은 헌법은 결코 민주적이지 못하다는 확신이 광범위하게 확산되고 있다.

"이제 사람들은 더 이상 위로부터 통치 당하려고 들지 않는다. 그들은 법을 만들고 권력을 행사하는 데에 있어서 그들의 몫을 요구한다. 그들은 말 그대로의 자치정부를 요구한다."라고 베른의 〈데어 분트〉지 편집자인 플로리언 겐겔 디터가 1862년 8월 쓴 바 있다.

스위스에서의 자유주의 운동은 다른 곳에서 달성하지 못한 것을 이루어 내었다. 국민국가와 근대 민주주의를 창조해낸 것이다. 갈등이 극에 달해 혼란에 빠졌던 1798년에서 1848년까지의 반세기 동안이 바로 그 기초를 다진 시기라 할 수 있다. 국민국가와 근대 민주주의의 기반을 만들어낸 것이 스위스 신교도 공화국 '헬베티아 공화국(Helvetic Republic)'이다. 헬베티아 공화국은 단명으로 끝나기는 했으나 프랑스 모델에 따라 느슨한 형태의 스위스 연방국가를 하나의 통일국가로 전환시키려고 시도했다. 그러나 잇달아 구질서가 두 단계(1803년의 '화해 칙령', 1815년의 '신연방조약')에 걸쳐 복원되면서 스위스는 다시 보수적인 국가연맹의 형태로 되돌아갔다.

그러나 복고적 흐름과는 반대로 사회 경제적 발전은 진전되었다. 그 결과 1830년과 31년 사이 12개 주에서 민주혁명이 일어나 구질서는 다시 근대 민주질서로 대체되었다. 그러나 시민들은 여전히 법 제정에 있어서 직접적으로 참여할 어떠한 방도도 갖고 있지 못했다. 프라이부르그 단 한 주 만을 제외하고는 모든 주들이 국민투표를 통해 신헌법을 승인했다. 이러한 변화가 오늘날까지 지속되고 있는 스위스 헌정체계의 기초를 세운 것이다. 1848년의 스위스 연방국가는 격심한 투쟁과 내전 끝에 탄생하였다.

1848년 연방헌법은 자유민주적인 주정부들을 모델로 삼아 새

국가질서를 제도화했다. 새 국가질서는 출발부터 언제든지 수정될 수 있고, 헌법을 개정할 때는 시민발의가 허용되며, 국민투표를 의무적으로 실시한다는 것으로 디자인되었다. 말하자면 부르주아 자유 정부와 근대 정치의 기본 틀이 형성된 것이다. 동시에 그것은 하나의 의지의 선언이기도 했는데, 민주주의, 국가, 스위스 국민, 국민국가, 연방국가는 현실이라기보다 상상의 목표로 설정되었던 것이다.

처음부터 이 새로운 민주주의에 대한 불만이 표출되었다. 그러나 보다 큰 참여에의 요구는 저항에 부딪쳤다. 대의제 민주주의에 직접민주주의가 부가되기 전에는 자유주의 지배 엘리트에 저항하여 제2의 민주혁명이 요구되었고 지배자와 피지배자간의 관계에 민주주의 질이라는 새로운 개념이 도입되게 되었다. 제2의 혁명은 1860년대의 '민주운동'에 의해 수행되었다.

자유주의적인 지배 엘리트들이 패배를 하고 취리히 주에서 근대 직접민주주의의 길로 가는 결정적인 돌파구가 열렸다. 1869년 취리히 주의 신헌법은 시민발의와 국민투표 등 일련의 국민 참여 장치들(헌법 발의와 입법 발의 헌법사안과 재정사안에 대한 의무 국민투표제 등)을 법 조항에 담는 한편, 당시로서는 그 어디서도 유래를 찾아볼 수 없는 근대 직접민주주의를 제도화했다(남성들에 한한 것이기는 하지만). 취리히 주정부의 이 같은 조치는 그 이후 여타 주정부와 연방정부가 간접 민주제에서 직접민주제로의 변화에 하나의 모델로 활용되었다.

다른 변화들도 그렇지만 직접민주주의 도입 또한 주 단위에서 먼저 이뤄지고, 그 다음 연방 단위에서 이루어졌다. 연방 단위에서 선택적 국민투표제가 도입된 것은 1874년이었다. 1891년에는 시민발의가 도입되었다. 국민투표제는 입헌주의의 발달이 전체 정치체계에 중요한 의미를 띠는 서로 다른 기반을 두고 있다는 것을 의미한다. 이렇게 하여 스위스는 대의제 정부와 다수결 민주주의에서 '국민투표제 민주주의' 즉 협의체적 민주주의로 이행을 하게 된다. 이 기본 성격은 지금까지 유지되고 있으며 시민들에게 합법적인 것으로 받아들여지고 있다.

1891년 이후 직접민주주의는 한걸음 더 앞으로 나아가게 된다. 1918년 연방의회 선거에서 비례대표제가 도입된다. 군소 정당들의 의회 진출이 가능해진 것이다. 또 국제조약에 대한 국민투표제(1921년에 도입되어 1977년과 2003년에 확장된)가 도입됨으로써 일반 시민들도 외교정책에 개입할 수 있게 되었다. 1949년의 이른바 '조약해제를 위한 국민투표제' 도입 결과 시민들로부터의 요구가 있을 때 연방의회는 '긴급사태' 등의 이유를 들어서 국민투표를 거부할 수 없게 되었다. 1930년대에는 정부가 국민투표를 회피하기 위해 체계적으로 긴급 조항을 활용한 바 있다. 이 모두가 시민발의의 결과물들이며 바로 직접민주제가 발의권을 확대(혹은 제한)할 수 있는 구체적 근거가 된다.

논란의 대상이 된 국민주권

국가 주권은 국민에게 있다는 것을 자유주의자들도 원칙적으로는 동의했다. 그러나 1830년 이 원칙이 법 제도 속에 어떻게 구체화되는가를 둘러싸고 자유주의자들과 급진 민주주의자들 사이에 분열이 생겨났다. 자유주의자들은 국민주권이 실천 속에서 선거를 통해 뽑힌 국민의 대표가 국민을 대신하여 정치권력을 행사하는 대의제 민주주의에 머무는 것으로 보았다. 이 경우 국민이 직접 입법에 참여 할 수 없다. 이 같은 견해는 최초의 여러 주헌법들과 1848년의 연방헌법을 반영한 것으로서, 예를 들어 1831년의 취리히 주헌법은 제1조에 "주권은 포괄적으로 국민에게 있다. 그러나 그 행사는 헌법에 따라 국민의 대표로서의 의회에 주어진다"고 규정하고 있다.

자유주의적인 지배 계층은 보통 시민들의 정치적인 미성숙과 무능력을 이유로 들어 그들 자신의 민주주의 모델을 정당화했다. 그들의 눈에 무산자나 무학자는 건전한 이성과 공동선에 대한 이해에 기초하여 정치결정을 내릴 만한 능력을 결여하고 있는 것으로 비친다. 무능력한 일반 시민들이 잘못된 결정을 내려 진보를 위태롭게 하는 것이 두렵다는 것이다.

이들에 반대하고 나선 것이 급진 민주주의자들이다. 그들은 인민주권이 그들의 주권을 그들이 뽑은 대표들에게 넘겨주는 것을 뜻하는 것은 아니며, 따라서 법 제정 과정에서 국민이 최종 결정을 할 수 있어야 한다고 주장했다. 바로 이런 기본 원칙에 입각하여 급진민주주의자들은 자신들의 반대 의견을 개진하면서 국민의 권리를 적절하게 확대할 것을 요구하였다.

급진적 민주주의자들에게 있어서 간접민주주의의 모델은 이성과 공동선의 원칙에도 부합하지 않으며, 부자와 많은 교육을 받은 자들만을 위한 새 질서를 만들어내고, 다수의 국민에게 불이익을 초래하고 심지어는 다수 국민들을 정치로부터 배제하는 데에 봉사할 따름이라고 주장했다. 급진주의자들의 견해에 따르면 대의제만으로 구성된 정치시스템은 우선적으로 자유주의 기득권층의 이해관계만을 대변하기 때문에 이 같은 상황을 바꾸기 위해서는 시민들이 더 강력한 정치권력을 가져야 한다는 것이었다.

민주운동이 체제 변혁을 이끌어내다

기존의 지배질서에 대한 비판이 민주운동으로 인해 "시스템"에 대한 비판으로 심화되기까지에는 상당한 시간이 소요되었다. 1830~31년 사이에 전개되었던 헌법 토론에서의 반대파와 1839년에서 41년 사이의 인민운동은 비토권을 요구했다. 비토권이 국민투표의 제도적 선구자로 간주된 것이다. 1831년 생 갈렌 주에서 농민 봉기에 대한 양보조치로 또 민주파들의 농민봉기 합세와 함께 요구조건들이 더 확대되는 것을 막기 위한 수단으로서 처음으로 비토권이 주어졌다.

민주주의 도구로서의 비토권은 거의 행사되지 못했고, 따라서 의회민주주의에 아무런 위협도 되지 못했다. 그것을 감당하기에는 여전히 반대파가 약했기 때문이다. 이 같은 상황은 대의제 민주주의에 직접민주주의를 추가함으로써 '진정한 민주주의'로의 길로 나아가지 않고서는 정의로운 사회는 불가능하다는 것을 일반 민중이 확신하게 되는 1860년대까지는 변화가 없었다. 민주운동이 직접민주주의를 쟁취하게 되는 시대가 열린 것이다.

'민주운동'은 당시의 정치·사회·경제 상황에 대한 인민들의 광범위한 불만에서 그들의 동력을 얻었다. 정부가 공동선보다는 부자들의 이익만 챙기고 있으며, 강력한 금융·상업자본이 정치에 결정적인 영향력을 행사하고 있다는 것이었다. 민주운동은 그 대안으로 직접민주주의를 내세웠다. 직접민주주의는 정부에 대한 통제를 한층 더 강화하기 위해서 뿐 아니라 한층 더 큰 사회경제적 평등을 창조하기 위해서도 요청된다는 것이었다. "위만 처다보는 금권정치는 입법과정의 중심을 전체 국민에게로 옮길 때에만 통제 가능해진다. 불과 수백 명의 대표들로 구성된 주의회,

즉 대의제 민주주의로서는 부패에 저항할 수 없다"는 말로 칼 뷔르클리는 전체 민주운동이 갖는 의지를 표현하고 있었다.

세계대전 후의 다른 정치적 변화들이 그런 것처럼 '진정한 민주주의'로의 변화 또한 과거와의 단절이 아니라 자유주의 전통의 연속이라고 여겨지고 정당화되었다. 새로운 것이 존중받고 있는 전통의 모습으로 다가올 때 이를 수용하기가 쉽다. 그러나 그 역사적 중요성은 프리드리히 랑게의 다음과 같은 말 속에 그대로 드러나고 있다. "1869년 4월 18일은 취리히 주에 헌법을 준 날이다. 국가제도 분야에서 가장 의미 깊은 사건들 중의 하나가 벌어진 것이다. 다시 말해 순수한 인민의 지배라는 이상을 근대 문화조건에 부합하는 형태로 실현하는 최초의 일관성 있는 시도였으며, 곧 그것은 규모가 작은 상황에서만 적합한데다 위엄은 있지만 수속이 복잡한 란트게마인데(Landsgemeinde, 투표권이 있는 모든 남성이 연례적으로 모이는 주권을 행사하는 전통적인 민회)를 지역 자치단위의 투표라는 제도로 대체한 것이다."

제2차 민주혁명도 1830년에서 31년 사이의 1차 혁명 때와 마찬가지로 비폭력적이었다. 정부와 반대파는 계속 대화를 했다. 수천명의 시민들이 란트게마인데에 모여 그들의 요구들을 나열한 문서를 전달함으로써 권력의 자리에 있는 자들을 압박하고 민주주의 시스템에 근본적인 변화를 견인해 내었으며, 그 점은 새로운 주헌법 1조에 "국가권력은 전체적으로 국민에게 있다. 국가 권력은 직접적으로는 투표권이 있는 국민에 의해 행사되고, 간접적으로는 정부 당국에 의해 행사된다"고 명시되어 있다. 이를 현대 용법으로 말하면 '근대화로 희생된 자들이 근대화로 이득을 본 자들에 대해 승리를 거둔 것'이라고 표현할 수 있을 것이다.

130여 년이 지난 지금 직접민주주의는 지방과 국가 차원에서 뿐만 아니라 근본적으로 새로운 것으로, 유럽연합 차원에서 적확하고 유효한 수단으로 여겨지게 되었다.

스위스 직접민주주의의 원천들

프랑스 혁명과 미국 독립전쟁의 사상과 경험들이 스위스 직접민주주의의 발달에 영감의 원천이 된다. 프랑스의 혁명적인 법은 직접민주주의적인 요소들을 수없이 내포하고 있는데 이를 스위스가 주의 깊게 살펴보고 원용한 것이다.

당시 스위스가 공개적으로 인정하지는 않았지만 직접민주주의에 대한 프랑스 사상이 스위스 민주주의에 강하게 영향을 미쳤다. 그러나 프랑스의 이 같은 사상들은 프랑스 안에서는 실현되지 못했다. 프랑스의 경우 권좌에 있는 사람들의 이해를 대변하는 정부 당국자가 제기하는 국민투표가 전통으로 자리를 잡았을 뿐이다. 한 가지 예외가 있다면 미국에서 수입한 헌법개정을 위한 국민투표 정도이다. 직접민주주의에 대한 사상은 프랑스에서 스위스로 전파되고 이어 유럽 전역으로 확산되어 지금 유럽에서는 유럽연합 헌법개정을 둘러싸고 전면적인 투쟁이 벌어지고 있다. 시민들이 명시적으로 승인하지 않은 헌법은 결코 민주적이지 못하다는 확신이 광범위하게 확산되고 있다.

근대 직접민주주의는 전근대적인 형태의 민주주의 경험들로부터 영감을 받았다. 스위스의 여러 주들은 뿌리 깊은 공화적 전통으로 결속되어 있었다. 이것이 이웃 군주국가들과 스위스를 구별지었다. 그리고 스위스에는 중세기까지로 거슬러 올라가는 민중집회 민주주의(란트게마인데 데모크라시)와 연방차원의 국민투표라는 살아 있는 문화가 있었다. 옛 국가연합이 붕괴했을 때 스위스의 많은 사람들은 그들의 "토착" 집회민주주의가 프랑스 스타일의 간접민주주의보다 더욱 매력적이고, 더욱 안전하게 자유를 보장해주는 것으로 보았다. 이는 1798년의 단명했던 '란트게마인데 푸륄링(집회민주주의의 봄)'에서도 입증되며 프랑스 혁명군이 스위스로 진격해 들어왔을 때 인민집회가 구성되어 있는 주들(글라뤼스, 슈비츠, 니트발덴)의 주민들만이 강력하게 저항했다는 사실에서도 증명된다.

스위스 사람들은 그들 자신이 만들어낸 민회에 친숙해져 있고, 민회를 신뢰했으며, 민회가 근대 대의제로 전환된다는 것은 정치 참여의 권리와 물질적 혜택을 동시에 잃는다는 것과 다름없다고 생각했다. 이것들이 민회를 더욱 매력적이게 했다. 그래서 사람들은 끊임없이 민회 민주주의의 전통으로 되돌아가려고 했고, 그들은 "란트게마인데"의 형태로 공적인 항의를 조직했다. 예를 들어 1830년 11월 22일 자유주의자들은 '인민의 잃어버린 권리들을 되찾기 위해' 우스터에서 민회를 조직했고, 1867년 12월 13일에는 민주운동이 우스터, 뷜라흐, 빈터투르, 취리히에서 민회를 개최하였다. 1830년의 우스터 인민집회는 지금까지 해마다 기념되고 있다.

지속과 단절

근대 직접민주주의는 완전히 새로운 사상, 새로운 제도와 옛 참여 전통과의 혼합물로 이해될 수 있다. 완전히 새롭다는 것은 미국과 프랑스 혁명 이후 제기된 근대 민주주의에 대한 여러 사상과 방식들을 말하는 것이다. 민주주의와 자유는 이제 더 이상 불의의 전제군주(윌리엄 텔)에게 저항했던 어느 특정 그룹의 전유물이 아니라 모든 개인의 천부적인 권리이다. 모든 사람은 자유롭고 평등하다는 근대 민주주의의 이념은 어느 한 개인이 타자의 의지에 종속되는 상황과 양립할 수 없다. 전근대적 민주주의는 스위스의 옛 국가연합이 그러했던 것처럼 특혜 그룹을 인정했으며, 타자에 대한 억압 가능성을 배제하지 않았다.

무엇이 오래된 것인가. 한 시민의 자유는 그 또는 그녀의 능력, 정치결정에의 참여 욕구에 달려 있다는 확신이 오래된 것이다. 이는 공화주의의 중심 사상의 하나이며, 민회 민주주의의 실천과도 일치한다. 순전한 의회민주주의와 달리 근대 직접민주주의는 수 세기에 걸친 이 옛 전통을 이어가고 있다. 새로운 시민발의와 국민투표라는 새로운 도구를 가지고 그렇게 하고 있는 것이다.

참고자료

4

필요한 만큼 중앙집권화하고, 가능한 만큼 분권화하라

민주주의에서는 모든 표가 동일한 가치를 지닌다. 스위스 연방에 있어서도 각 주의 표는 동일한 가치를 지닌다. 이는 작은 주 시민들의 표가 더 큰 무게를 지니고 있다는 것과 같은 말이다. 수자원 보호를 위한 긴 투쟁을 보자. 이는 연방주의와 직접민주주의간의 상호작용을 보여주고 있으며, 의견의 차이가 국민을 분열시키지 않고 오히려 정반대임을 보여준다.

유럽 다른 나라들에 비해 스위스는 수자원 보호에 있어서 진일보한 법들을 갖고 있다. 시민발의에 의해 준비된 입법과정 덕택이다.

1992년 5월 17일, 스위스 유권자들은 연방 차원에서의 7개의 주요 안건을 두고 투표를 했다. 이 투표에서 그들은 브레튼 우즈 체제의 국제금융기구(세계은행과 IMF)에 스위스가 가입하는 데에 찬성표를 던졌고, 병역의무를 대신할 민간 봉사 근무제의 도입을 지지했다. 동시에 그들은 '수자원을 지키자'라는 환경단체들이 추진한 시민발의와 얼마 전 정부와 의회에서 통과되었지만 군소 발전소 소유주들이 강력히 반대하고 있는 개정 수자원 보호법에 대해 결정을 내려야 했다. 군소 발전소 소유주들이 정부와 의회입법안에 대하여 선택적 국민투표라는 대안을 활용하였기 때문이다.

물은 인간과 동물, 식물 모두에게 가장 중요한 극도로 소중한 자원이다. 수자원의 형식적 보호는 1953년 연방헌법에 명문화되었고, 2년 후 연방법으로 법제화되어 수자원은 연방정부의 규제 대상이 됐다. 그리고 1975년 물 저장량 보존의 헌법적 근거를 만들어 스위스의 적절한 물 비축을 보장하였다. 스위스 신헌법 제76조는 강과 호수를 비롯하여 특정 수자원에 대한 다양하고 경쟁적이기까지한 이해관계들이 고려되어야 한다고 규정하고 있다.

연방헌법은 정부나 의회와 같은 국가의 중심 기관이 전반적인 지침을 내리는 것을 허용하고 있지만, 26개의 개별 주들이 법적인 장치를 마련하도록 하여 해당 사안에 대해 각 주가 원하는 대로 결정하도록 위임하고 있다. 연방은 주로 규정의 일체를 요하는 사안들을 주로 다룬다. 나머지는 주단위의 권한 범위에 있는 것이다. 이처럼 스위스 정부는 필요한 만큼 중앙집권화 되어 있고, 가능한 만큼 지방 분권화 되어 있다. 스위스의 연방개념과 유럽연합의 "보충성의 원칙(Principle of Subsidiarity)"의 결정적인 차이는 스위스에서 중앙정부의 권력은 의무적인 헌법 국민투표를 통해 대다수의 시민들과 주들에 의해 승인된 사안에 대해서만 중앙정부가 획일적 기준을 부과할 수 있다는 점이다.

물 사용에 있어 특히 그러하다. 27개 스위스 주 중 상당수가 수력발전소를 갖고 있다. 따라서 그들은 제한조건을 최소로 유지하고자 한다. 수자원을 보호하고자 하는 측과 이를 사용하고자 하는 측, 연방정부와 주정부 사이에 충돌이라는 배경 때문에 '우리의 수자원을 구하자'라는 시민발의의 역사가 만들어지고 물 보호법 개정의 논란이 벌어진다. 그 결과 연방주의와 직접민주주의에 가르침을 주게 된다. 이 드라마의 주역은 한쪽에서는 환경단체와 수자원 보호진영이 등장하고, 다른 한쪽에서는 물 사용자 측(사실 중소 수력발전소 소유주들)에서 등장한다. 그리고 산악지대 주들의 이해관계가 특히 중요한 역할을 했다.

환경운동가들은 1983년 여름에 '우리의 물을 구하자'라는 시민발의를 발동시키기 시작했다. 발의위원회에는 전국 규모의 9개 환경단체 대표와 어업단체 대표들이 포함되었다. 18개월 만에 추진에 필요한 서명을 받을 수 있었다. 1984년 10월 9일 17만 6천 8백 87명으로부터 서명을 받아 제출하였다(18개월 만에 최소 10만 명의 서명을 받아야 발의 요건이 충족된다).

연방과 주 사이의 권력의 분배란 무엇인가?

'우리의 수자원을 구하자'라는 시민발의 경우 시민발의위원회는 연방헌법에 24조를 부가하는 상세한 법안초안을 만들었다. 정부는 1987년 4월 시민발의안이 거부되기를 바란다는 입장을 나타냈다. 원칙적으로는 시민발의의 목표는 기본적으로 옳은 것이지만, 오로지 보호에만 초점을 맞춘다면 상당한 경제적 타격을 줄 뿐 아니라 다른 중요한 이해당사자인 물 사용자들의 이익이 정당한 비중으로 고려되지 못할 수도 있다는 것이었다. 그러면서 정부는 시민발의에 대한 간접적인 역제안으로 '수자원 보호법 개정안'을 제출하였다. 개정법에 따르면 연방정부는 총체적인 가이드라인만 제시하고, 구체적인 법 조치는 주정부에 맡긴다는 것이었다. 정부안은 스위스 상하 양원에서 심의대상이 되었다.

연방의회는 시민발의안과 정부의 개정안을 조정하는 것이 결코 쉬운 일이 아님을 알게 됐다. 그래서 상하 양원은 간접적인 역제안으로 제시된 기존의 수자원 보호법에 대한 정부의 개정안을 먼저 논의하는 시간을 갖기 위해 시민발의에 대한 평가 기간을 1년까지 연장했다. 여기에는 개정 법안의 기초과정에서 시민발의의 관심 사안을 고려에 넣기 위한 의도가 있었다. 수자원 보호개정 법안은 1988년 10월 상원에서 통과되었다.

46명으로 구성된 상원은 양원 중에 소규모이고 주를 대표하는 기관이다. 20개의 주는 크기에 상관없이(120만 명의 주민이 있는 취리히처럼 큰 주에서 3만 5천 명의 주민이 있는 우리 주에 이르기까지)각 주에 두 명 씩 같은 수의 대표를 파견하고 있으며, 역사적인 이유로 6개의 주(바젤 시, 바젤군, 옵발덴, 니트발덴, 아펜젤 아우터 로데스, 아펜젤 이너 로데스)들은 1명의 대표를 파견하고 있다. "1인 1표"제의 기본 원칙을 보완하는 연방제적 방식이며 단순 다수결 대신 소수 의견을 보호하는 방식이다.

대규모 의회인 하원은 200명으로 구성되어 있고 국민 즉 스위스 시민을 대표하고 있다. 하원에는 가장 인구가 밀집한 취리히 주에서는 34명의 대표가 있고, 가장 인구가 적은 우리 주에서는 단한명의 대표만 있다. 양원은 동등한 권리와 책임을 가지고 있으며 의회의 직무들(연방법안 예산안, 국제조약)을 각기 별개로 다루고 있다. 의회의 결정은 양원이 승인할 때만 효력을 발휘한다.

그런데 문제가 되는 사안에서 사안의 실질적인 핵심이라고 할 '물 저장에 관한 법' 개정을 둘러싸고 의견불일치가 빚어졌다. 물 저장의 최저선을 정하는 연방정부의 권한을 폐기하고 물 사용 제한에 관한 규정을 주정부에 넘길 것을 요구하는 산악 주 출신 의원들의 제안이 충분한 지지를 얻지 못했고, 상원은 궁극적으로 정부안을 승인했던 것이다. 그러나 물 저장량의 최저선을 정하도록 되어 있는 연방정부의 권한 또한 단순한 가이드라인이 되었다. 환경을 이유로 지방정부가 물 사용을 억제할 경우 물 사용자들에게 보상비를 지불한다는 안에 대해서는 모든 정당들이 호의적인 반응을 보였다. 그러나 상원은 이 문제에 당분간 어떠한 결정도 내리지 않는다는 결정을 내렸다. 그런데 1989년 여름 회기 중 하원은 중요한 수정조항을 첨부했는데 보상금은 환경을 이유로 수력발전이 제한당하는 산악지역에만 지급하도록 한다는 내용이었다.

중도를 찾아서

1989년 12월 물 보호법에 관한 제2독회에서 상원은 그들의 당초 입장을 고수하는 안을 다수결로 통과시켰다. 원안에서 상당히 후퇴한 환경보상금안 마저도 다시금 부결되었다. 하원은 또 하원대로 1990년 3월 물 저장량에 대한 최저선 문제와 보상금지급안에 대해서 총구를 고추 세웠다. 제3독회에서는 양원간의 의견 차이가 더욱 첨예하게 나타났다. 여기에 돌파구가 열린 것이 1990년 11월 상원에서의 제4독회 때이다. 물 보호법에 물 저장량의 최저선을 포함시키는 데에 반대해온 지금까지의 주장을 철회하는 대신,

환경보호를 이유로 물 사용을 억제당하는 시군에 대해서는 연방정부가 보상비를 지불한다는 데에 대한 지지를 재확인했다. 상원의 이 같은 화해 제스처에 대해 하원 또한 마지막 주요 걸림돌인 환경보상금안을 치우기 시작했다. 2년 이상의 협상을 거쳐 양원은 수자원 보호법안의 수정안에 합의하고 시민발의 원안에 대한 간접적인 역제안을 만들기에 이른 것이다.

그러나 시민발의위원회 쪽에서 보면 이 역제안은 충분하지 못한 것이었고, 따라서 당초 제안을 철회하는 대안을 사용하지 않기로 결정하였다. 이해관계의 다른 한쪽에 서 있는 군소 수력발전소 소유주협회(ISKB) 역시 불만족스럽기는 마찬가지였다. 물 저장량의 최저선 설정과 관련하여 정부 쪽 개정안은 분명히 너무 멀리 나간 것이었다. 그래서 그들도 선택적인 입법안 관련 국민투표라는 대안을 이용하기로 하였다. 정부 쪽 개정법대로 하면 300kW 미만을 생산하는 수력발전소들은 모두 문을 닫을 수밖에 없다는 것이 수력발전소 소유주들의 주장이었다. 이런 식의 국민투표는 사실 대의제 민주주의와 곧바로 연결되어 있는 것이다. 의회에서 심의 검토된 끝에 통과되거나 거부된 것들에 대해 국민투표를 해야 하기 때문이다.

물 보호를 둘러싸고 10년 이상 계속된 정치투쟁은 환경주의자들과 각 주, 물의 상업적 이용자들 간의 충돌이 얼마나 화해하기 어려운 것인가를 보여준다. 이 사안에 대해 너무도 화해가 어려운 나머지 1992년 5월 17일에 그 문제를 결정하기 위한 투표에 부의되자 같은 사안에 대해 서로 평행선을 긋는 투표결과가 나왔다. '우리의 수자원을 구하자'라는 시민발의는 어느 주에서도 다수표를 얻지 못했고 투표자의 62.9%가 반대표를 던진 것이다. 주 단위와 유권자 단위 모두에서 2배수 이상의 찬성을 얻어야만 발의안이 수용될 수 있었던 것이다. 그에 비해 물 보호법 개정안에 대한 투표는 상대적으로 쉬웠다. 단순 과반수만 얻으면 되었기 때문이다. 그런데 투표자의 66%가 여기에 찬성표를 던져 통과되었다. 이 법은 1993년 1월 1일자로 효력을 발생했다. 그 결과 각 주정부는 새 가이드라인에 따라 그들의 법령들을 재조정해만 했다. 유럽의 다른 나라들에 비해 스위스는 물 보호에 있어서 아주 진일보한 법을 갖고 있다. 환경주의자들이 준비하여 제기한 시민발의가 부결됐다고 하더라도 결국은 지금까지보다 훨씬 나은 새로운 법을 가져다준 것이다. 그렇다고 하더라도 모든 문제가 해결된 것은 아니다. 상업적 이해관계가 여전히 환경에 대한 고려보다는 비중있게 다뤄지고 있고, 따라서 각 주정부들 또한 새로 제정된 법의 시행에 어려움을 겪고 있다.

비토 대신 공동 결의를

스위스 연방 안에서 각 주가 강력한 역할을 한다고 하더라도 유럽연합이 하는 것처럼 전체 결정에 대해 비토권을 행사할 수 있는 것은 아니다. 스위스가 근대국가로 자기 모습을 바꾸게 되는 1848년 전원 합의의 원칙이 폐기됐던 것이다. 당시 신헌법에 대해 15개와 1/2주가 승인을 하고, 6개와 1/2 주가 반대를 했다. 그럼에도 불구하고 제헌의회는 새 연방헌법을 통과시키기로 결정했다. 만장일치 헌법안 국민투표에서의 2배수 찬성 원칙을 적용키로 한 것이다.

직접민주주의의 도구들을 원용해 나가는 데에 있어서도 이중적법성(인민과 주)의 원칙은 그대로 적용되었다. 1874년 제1차 연방헌법 전면 개정을 앞두고 연방법을 위한 국민투표와 주 단위의 국민투표가 도입되었다. 전체 국민투표제는 새 제안이 있은 후 100일 안에 5만 명의 국민이 여기에 서명을 해야 하고, 주 국민투표는 최소한 8개의 주정부가 여기에 서명을 해야 한다. 이 요건이 함께 충족되어야만 개헌안을 국민투표에 회부할 수 있는 것이다.

그렇지만 한 세기가 지난 1981년에 이르러서야 주차원에서 처음으로 주 시민투표안을 제안하였다. 티키노 주는 형법상의 예정된 개정안에 대해 부결하였다. 모든 주 중에서 티키노 주 만이 반대 의견을 냈고, 바젤 시의회는 법적으로 유효한 마감시일을 놓쳤다.

22년이 더 지나서야 직접민주주의 도구들이 마침내 사용되었다. 모든 기준을 충족하여 진행이 가능했던 최초의 주 시민투표는 2003년 여름 의회를 통과한 과세기준안에 반대하는 것이었다. 해당 안이 통과되게 되면 5억천만 스위스 프랑의 주의 세수가 줄어들게 된다. 그래서 보드(Vaud) 주 재무장관 파스칼 부루리는 해당 안에 반대하는 주들 연합의 대변인으로 다음과 같이 선언하였다. "연방이 그들 자신의 세금을 낮추겠다면 그것은 그들 마음대로이다. 그러나 연방이 우리 주들의 세금을 낮추겠다면 그것은 전혀 별개 문제이다. 그것은 국가연합체가 결성된 이후 최초의 일이다." 그 이전에 또 다른 최초의 사안이 있었다. 2003년 9월 말에 이르러서 11개 주(바젤시 베른, 글라뤼스, 그라우뷘덴, 주라, 옵발덴, 샤프하우젠, 솔로턴, 세인트 갈렌, 월리스 보드)가 연명으로 국민투표를 제안하였다. 2004년 5월 16일에 총 투표자의 2/3이상이 (67.2%) 세수기준안을 부결시켰다.

소수자를 보호하고, 타협을 이끌어내다

스위스 연방주의를 실천해나가는 데에 있어서 가장 결정적인 것이 어느 차원에서건 정부나 의회가 결정을 내리는 방식에 민주주의 원칙이라는 못을 단단히 박아두는 것이다. 직접민주주의라는 도구 덕택에 아주 중요한 사안일 경우 최종 결정권은 시민들이 갖는다. 이런 틀 때문에 정부기관이나 선출된 정치인들이 시민을 더욱 존중하게 된다. 동시에 직접민주주의 절차들은 소수자를 보호하고, 타협을 이끌어내며, 실천적 참여를 통해 시민교육의 학습 과정을 지원하는 스위스 정치시스템 안에 그 둥지를 틀고 있다.

수자원 보호를 둘러싸고 빚어졌던 분쟁의 예는 의견의 차이가 국민 분열의 길로는 나아가지 않는다는 것을 분명하게 보여준다. 그와 반대로 다시 생각하고, 모든 사람이 옳다고 하는 것까지 다시 토론에 붙일 준비가 되어 있는 사회는 반대의견을 통합할 수 있게 되고, 잠정적이나마 당면한 과제에 대하여 일정한 합의에 도달할 수 있을 것이다. 스위스에서 이것을 가능하게 하는 제도와 절차는 연방주의와 직접민주주의이다.

참고자료

F4　주정부는 법 제정에 어떻게 영향을 미치는가
F5　법 제정의 다섯 단계
F23　수자원보호법(1983~1992)
G　직접민주주의 용어 해설

5

만족해하는 패자들의 땅

직접민주주의는 사회에서 어느 부분이 가렵고 아픈지를 잘 드러내준다. 비록 정부가 전국 단위의 대부분의 국민투표에서 승리를 거두기는 하지만 주 단위로 내려가면 이기기는 더욱 어렵고, 시 단위로 내려가면 더욱 어려워진다. 그렇지만 직접민주주의 체계는 만족해하는 패자들을 만들어 내고 있다.

직접민주주의는 정치를 교란하는 요소로 작용하기보다는 오히려 정치에 생기를 불어넣고 활성화되도록 만든다. 그리고 단순 의회제에서보다 사회의 전부분에 대해 기대치가 훨씬 높아진다.

전국 단위의 국민투표가 실시되던 어느 일요일 늦은 오후. 모두 행복한 얼굴들이다. 정부 대표가 왜 투표를 하는가를 설명하기 위한 기자회견을 하고 있다. 시민권과 의료비 개혁을 둘러싼 이 투표에서 2대1로 승인을 받은 후 기민당 출신의 법무장관과 재무장관이 '이는 중도파의 승리'라고 말한다. 그 3개월 후, 정부안에 대한 투표자들의 지지는 보다 더 충격적인 것이었다. 그들은 좌파와 녹색진영에서 내놓은 자그마치 7개의 안건에 대해 모두 반대표를 던지고, 안보정책 개혁에 관한 정부안을 승인한 것이다. 그것만이 아니다. 당시 연방 대통령이었던 파스칼 쿠세핑은 "투표율이 평균치를 웃돌았다. 이는 시민들이 국민투표가 잦은데도 전혀 부담감을 느끼지 않는다는 것을 보여 준다"고 말했다. 특히 자유주의자인 그를 기쁘게 한 것은 9개 안건에 대한 투표율이 주별 차이 없이 스위스 전역에 걸쳐 비슷하다는 점이었다.

정부 대변인의 코멘트에서도 정치적 반대파의 투표 패배에 대하여 유감표명은 물론이고 기쁨의 흔적도 찾을 수 없었다. 2개의 핵 발전 발의안(하나는 핵발전소 신규 건립에 대한 중단조치를 향후 10년간 더 연장한다는 것이고, 다른 하나는 에너지 정책에 변화를 요구하고 기존의 모든 핵발전소를 단계적으로 폐쇄한다는 것이었다)이 부결된 후, 에너지 장관 모 모릿츠 로우엔버거는 "이것은 시민발의에 대한 '노'라기보다 정부의 간접적인 역제안에 대한 '예스'로 받아들여진다"고 말했다. 핵발전에 관한 새 법은 시민들로 하여금 핵발전소 건설, 연료봉 재처리 중단 등의 문제에 대해 보다 더 많은 생각과 토론을 가져 왔다. 법무부장관 뤼쓰 메츨러는 "장애인에 대한 동등한 권리 보장"에 대한 '노'에 대해서 같은 취지로 말했다. 이 발의가 부결되었다고 해서 장애인들에 대한 애정을 부결한 것이 아니다. 그녀는 "여러분들은 발의를 통해 많은 것을 얻었다"고 찬사를 보낸 뒤 새 장애인법이 장애인에 대한 동등한 처우를 한다는 점에서는 발의안과 마찬가지이며, 단지 포괄하는 정도와 고비용의 문제에서만 차이를 보인다고 주의를 환기시켰다.

정부로부터의 고무 격려에 따라 패자들 역시 처음에는 소수가 그리고 점차 그 더 많은 사람들이 결과에 대한 만족감을 표현했다. '차 없는 일요일'도 그랬다. 발의안의 공동의장인 라헬 헤슬러는 1년에 4일을 차 없는 일요일로 만들자는 자신의 제안이 유권자의 37.6%의 지지를 얻고 난 뒤, "이제는 정부가 차 없는 일요일을 제도화하기 위한 훌륭한 근거가 마련되었다"고 말했다. 환경친화적인 원칙을 지키는 교통단체인 스위스 베르케스글럽(Verkehrsclub)의 교통정책 소장인 아드리안 슈미트는 "의회는 자가용으로부터 자유로운 보다 많은 공공 공간을 바라는 유권자의 요구를 수용해야 한다"는 견해를 피력하였다.

직접민주주의는 교란 요소가 아니다

10개의 시민발의 중 9개가 투표장에서 패배를 맛보았지만 새로운 발의가 끊임없이 제안되고 있다. 이것은 다수자들이 이미 합의한 것들에 대한 일종의 도전으로서, 틀에 박힌 정치 일상사를 뒤흔들며 수많은 토론을 불러일으킨다. 시민발의 지지자들은 그들의 발의가 궁극적으로는 투표에서 부결된다고 해도 일정한 효과를 거둘 수 있다는 것을 경험으로부터 알고 있다. 시민발의는 승자가 독식을 하고 패자는 모든 것을 잃는 제로섬 게임이 결코 아닌 것이다. 여론조사에 따르면 스위스 국민 10명 중 9명은 의사결정에 직접 참여하는 법에 규정된 그들의 직접민주주의적 권리가 어떤 식으로든 박탈당하는 것을 용납하지 않고 있다.

어떤 정당이 시민발의에서 "잘못된" 편을 들어 국민투표에서 졌다고 하더라도 이것이 선출될 기회에 영향을 미치는 것은 아니다. 사실, 선거에 이긴 사람들은 중요한 국민투표에서 종종 지는 쪽에서 나왔다. 국민투표에서 종종 짐으로써 그 정당의 이미지를 분명히 하게 되고 따라서 유권자들의 마음속에 그 이미지가 각인된다.

스위스에서 직접민주주의가 정치의 교란요소로 작용하고 있지 않다는 것은 진실이다. 오히려 정치에 생기를 불어넣고 지속적으로 활성화되도록 만든다. 순수한 의회제에서보다 사회전반에서 더욱 높은 기대치들이 제기되는 것이다. 정부도 선거와 다음 선거까지의 기간 동안 막연한 국민지지 수준이라는 배경에 의존하기보다는 수많은 구체적인 실제사례에서 다수의 지지를 받아야만 한다. 이는 정부와 의회가 자신들의 정책을 설명하고 정보를 제공할 것을 강제해 내고 있다. 구체적인 사안에 반드시 국민투표를 함으로써, 참여라는 정치문화가 고취되고 있는 것이다.

이러한 일들은 또한 시민들의 정치적 흥미와 관심을 증대시키고, 정치의식 수준을 높이며, 결국은 국민의 경쟁력을 높인다. 시민은 법 제정과 헌법개정 과정에 직접 참여함으로써 법에 대한 지식을 높인다. 뿐만 아니라 직접민주주의는 정치적 의사결정의 합법성을 높인다. 발의안을 상정하고 국민투표를 할 수 있다는 가능성과 구체적인 사안에 대해 투표를 강제할 수 있다는 점은 사회에 대해 일종의 거울의 기능을 하게 하여 아픈 곳과 가려운 곳을 잘 보여준다.

자주 투표에 부쳐지는 사안들

장기적인 역사적 관점에서 볼 때 한 가지 분명한 것은 경제적 어려움이 커질 때(예를 들어 2차 대전 때와 20세기 말 경)는 주로 사회정책과 이민문제가 시민발의의 주요 의제로 자주 등장한다. 국가와 민주주의 형태에 관한 투표 또한 국가안보와 가족에 관한 정책들이 그러한 것처럼 거의 고정적으로 등장하는 이슈이다.

그런데 지난 30년 사이 환경과 교통에 관한 이슈가 급증하고 있다. 이 분야는 시민발의가 일대 성공을 기록한 분야이기도 하다. 최근의 예를 보더라도 고지대 황무지 보호에 관한 시민발의(슈비츠 주 로텐팀에 가까운 고지대 황무지에 군사 훈련시설을 짓지 말라는 것)가 1987년에 전체 국민투표와 주 국민투표에서 모두 다수의 지지를 획득했다. 그로부터 7년 뒤 이른바 '알프스 발의'란 것에 대해서도 2배수 이상의 지지를 보냈다. 스위스 경유 화물수송의 경우 적어도 2010년까지는 환경에 더 친화적인 기차를 이용할 것을 헌법 조항으로 명시할 것을 요구하는 발의가 알프스 발의이다. 다른 한편 환경과 교통을 이유로 들어 스위스를 찾는 외국인 수를 줄이자는 은둔 정책을 보다 더 강화할 것을 요구하는 시민발의는 모두 부결되었다. 결과적으로 상당한 관심을 모으고 다수의 지지를 받을 것으로 예상되는 사안들이 구체적인 (종종 아주 급진적인) 해결책이 제안되는 바람에 실제 투표장에서는 아주 적은 수의 지지만을 받는 것으로 나타났다.

연방정부가 대부분의 시민발의 국민투표에서 승리한다

544번의 시민투표가 1848년부터 2007년까지 연방 차원에서 이루어졌다. 시민발의에 의한 것이 162번, 188번의 의무 국민투표,

161번의 국민투표, 33번의 의회 역제안이 그 내용이다. 이를 1848
년에서 2007년까지를 한 시기로 하고 1990년에서 2007년까지를 또
하나의 시기로 잡아, 이 두 시기를 비교해보면 재미있는 수치가
나온다. 총 162건의 시민발의 중에서 15건(9%)만 승인되었다.
1990년에서 2007년 사이에는 총 62건 중에서 5건(8%)만 승인되었
다. 이중에는 스위스의 유엔 가입안도 포함되어 있다. 이 안은 시
민발의로 제기된 것이지만 정부와 의회도 지지를 했다. 시민발의
뿐 아니라 정부나 의회 주도의 개헌안 또한 국민투표에 붙여져야
한다. 이는 의무사항이다. 이 같은 의무적인 국민투표의 경우 지
금까지 188건 치루어졌는데 이 중 140건이 주차원과 유권자 차원
에서 승인을 받았다. 말하자면 투표자들은 총 건수의 74%에 있어
서 의회와 뜻을 같이 하고 있는 것이다. 1990년에서 2006년 사이
열린 38건의 의무적인 국민투표에서는 7건만 부결되고 나머지
(82%)는 모두 받아들여졌다.

그러나 선택적인 국민투표의 경우는 상황이 다르며 이로 인해
당국은 통제에 어려움을 겪는다. 162건의 국민투표 중 88건(54%)
이 가결되고 73건이 부결되었다. 1990년 이후 정부의 성공률이 크
게 높아지고 있다. 1990년에서 2007년 사이 치러진 57건의 국민투
표 중 정부 발의 안건의 성공률은 43건(73%)에 달한다.

최근에는 국민투표가 유럽연합과의 쌍무협정에 반대하기 위한
수단으로 자주 이용된다. 스위스 군의 해외 파병, 군 개혁, 전력시
장 자유화와 같은 것이 그런 것들이다. 이중에서 유독 전력시장
자유화 법안만 부결되었다.

1848년에서 2007년까지 정부의 역제안을 포함하여 의회가 발의
한 국민투표를 살펴보면 투표자들이 정부 손을 들어준 확률이

64%이다. 그런데 이 비율이 1990년에서 2007년 사이에는 72%로 껑충 뛴다. 투표자와 정부 간의 간극이 갈수록 좁혀지고 있는 것이다.

주 단위에서의 시민발의가 보다 용이하다.

연방차원에서 시민발의와 국민투표의 성공비율을 장기적으로 비교해보면 흥미로운 차이점이 드러난다. 특히 주(26개) 또는 시군(2,725개) 단위별로 비교해 보면 차이가 더 명백해진다. 직접민주주의의 초기 단계에서는 정부나 의회 입장에서 보면 평균 5개 투표 중 4개가 졌다(정부와 의회의 관점에서). 20세기 중반까지만 해도 성공과 실패 비율이 반반이었다. 이는 스위스 정부 구성의 변화를 반영한 것이기도 한데, 1891년까지만 해도 스위스 정부는 자유당 당원 일색이었다. 그러다가 점차 가톨릭, 농민, 사회민주주의 그룹 등 여러 그룹의 대표들이 자리를 차지하기 시작했다. 2:2:2:1이라는 "마법의 공식"이 1959년 이래 도입되어 시민의 권리를 보다 성공적으로(정부당국의 입장에서) 다룰 수 있는 기반이 만들어지게 되었다. 스위스의 합의민주주의의 요소인 마법의 공식은 연방의회에서 차지하는 정당의 힘에 따라 정부 각료 자리를 배분하는 것이다. 1959년부터 2003년까지 스위스 정부는 각 2명씩의 급진민주당(FDP), 기독교민주당(CVP), 사회민주당(SP) 대표들과 1명의 스위스국민당(SVP) 대표로 구성되었다. 이것이 2:2:2:1 "마법의 공식"으로 불리는 그것이다. 그런데 2004년 들어 정당들의 세력판도가 바뀜에 따라 기독교민주당이(CVP) 스위스국민당(SVP)에 한 자리를 양보해야만 했다.

스위스 전역에 걸쳐 그림이 변화무쌍하지만 대체로 연방 단위

보다는 주 단위 또는 시군 단위에서 정부가 고전을 겪는 경우가 많다. 예를 들면 그라우뷘덴 유권자들은 전체 투표 중 88%가 정부안을 따르고 프라이부르그에서는 그 수치는 60%에 불과하다. 연방과 주, 시군과의 가장 큰 차이는 대체로 시민발의의 성공 비율과 관련되어 있는 경우가 많다. 연방 단위에서는 시민발의의 9%만 성공을 거두고 있는 데에 비해 주 단위에서의 성공률은 23%에 달한다. 특히 서부 스위스와 이탈리어권인 티키노에서 시민발의의 성공률이 높다. 보통 40%에 달한다. 직접민주주의의 활용이 평균 이하인 지역에서는 정부당국은 특히 고전을 한다. 시군 단위로 가면 이 같은 차이는 더욱 크게 나타난다. 직접민주주의의 도구를 사용할 기회가 많으면 많을수록 시민들은 정부의 수레바퀴에 바퀴살을 던져 넣기 위해서 실제로 이를 사용하고 있는 것이다.

직접민주주의의 도입은 민주주의의 발전 정도를 정확하게 반영한다. 공적으로 다루어야 할 이슈들도 늘어날 수밖에 없게 되고, 공적인 토론은 타협과 합의를 도출해 낸다(간접적인 혹은 직접적인 역제안에 의해). 정치과정에서 자신의 주장이 반영되게 만드는 사람들의 숫자가 훨씬 늘어나고 있다.

개인의 정치적 관점이나 특정 정치적 입장에서 다수를 확보할 수 있는 가능성과는 무관하게, 위에 열거한 점들이 순수한 의회제에 비하여 직접민주제가 지니는 장점들이다. 정치적 의사결정에 참여하는 사람들도 더욱 많아진다. 다 같이 다수결의 원칙에 따르고 있다고 하지만 직접민주주의는 간접민주주의에 비해 분명히 이 같은 강점들을 갖고 있다. 그리고 여기에 만족해하는 패자들의 땅이라는 비밀이 숨어 있다는 점을 경험을 통해 반드시 통찰하게 된다.

참고자료

6

주라: 민족주의가 아니라 민주주의

주라(Jura)를 둘러싼 수 세기 간에 걸친 분쟁과 주라라는 새로운 주의
탄생은 직접민주주의가 정치와 국가에 미치는 영향을 그대로 보여준
다. 주라 주에 있어서의 분리주의 운동의 역사는 정치적으로나 문화적
으로 서로 다른 다수자와 소수자 사이의 다툼이 반드시 폭력의 길로
접어들어야만 한다는 법은 없다는 것을 웅변적으로 말해준다. 그런 문
제를 다루는 직접민주주의적인 방식이 있는 것이다.

주라 주의 탄생은 권력의 공유를 통한 사회통합 모델이 거둔 승리이다. 주라
주의 탄생은 소수자와의 관계 설정의 문제를 해결할 수 없는 것으로 판명된
민족주의에 대한 민주적 대안이 있다는 것을 보여준다.

"주라 주 창설을 위한 법안이 투표에서 통과됐을 때 그것을 기뻐하는 마음에는 한량이 없었다. 그들은 성의 뜰에서 서로 끌어안고 키스를 하며 춤을 추었다. 차들은 경적으로 팡파르를 울렸고, 음악인들은 드럼을 치고 트럼펫을 불며 시가지를 행진했으며, 모든 교회의 종들이 울리기 시작했다."(슈반더 마르켈, 『주라 분쟁의 역사』, 1977.)

주라 분쟁은 1815년 '빈 회의' 결과 바젤이 베른 주에 통합됨으로써 시작됐다. 불어권이고 종교가 가톨릭인 주라는 독일어권이고 개신교인 베른 주 안에서 소수자 집단이 되었다. 분쟁의 불길이 피어오를 수밖에 없었다. 그러나 불길이 타 지역으로까지 확산되지는 않았다.

2차대전 이후 비로소 주라의 분리주의 운동이 베른 주, 궁극적으로는 스위스 전체에 심각한 문제로 떠오르게 되었다. 주라 지역 6개 구 중 북부 3개 구가 1979년 주라 주를 만들어 독립해나가고, 남부 3개 구는 베른 주에 그대로 머물렀다. 베른 주 안의 소수파인 주라 지역 사람들을 사회적으로 통합시키고자 하는 여러 가지 시도들이 모두 실패한 끝에, 분리주의만이 유일한 해결책이 되면서 사태가 그렇게 전개된 것이다. 주라 주의 창설은 아직도 통일된 주라를 주장하고 있는 훨씬 뿌리 깊은 분리주의 운동에 대해서 거둔 의미 깊은 승리이기도 하다. 이 운동은 지금도 계속되고 있다.

분쟁은 지금도 그렇지만 결코 소수자의 문제라기보다는 보다 강력한 다수자와 보다 약한 소수자와의 사회관계의 문제이다. 이는 전형적인 20세기적 갈등이며 오늘날 유럽의 전형적 갈등이다. 그러나 주라의 경우 분쟁이 한 번도 폭력으로 치달은 적이 없다. 직접민주주의 덕택이다. 주라 주의 창설은 권력을 나누어가짐으로써 사회통합을 달성한다는 스위스 모델의 승리이기도 하다. 소수자와의 관계 문제를 풀어낼 수 없는 것으로 판명된 민족주의에 대한 민주적 대안이 있다는 것을 보여주는 것이다.

지역통합의 실패

1815년에서 2차대전 사이 주라지역에서는 다섯 차례의 항의운동이 일어났다. 그러나 보다 큰 다른 분쟁들에 가려 충분한 동력을 받지 못하고 모두 단명으로 끝났다. 그럼에도 불구하고 주라에서는 소수 집단의 소외감이 생겨나고, 수많은 단체들이 이를 부추겼다. 이러한 저항의 전통에서 분리주의 운동이 등장하게 된 것이다.

분리주의 운동가들에 따르면 주라 사람들은 베른 주에 의존함으로써 차별대우를 받았으며, 그러므로 분리만이 해결책이라는 것이다. 2차대전 후 주라 지역이 경제적으로 더욱 어려워지자 이같은 주장은 한층 더 강한 설득력을 갖기 시작했다.

주라인들의 항의운동은 1947년 이른바 뫼클리 사건을 계기로 본격화되었다(주라지역 출신 조르쥬 뫼클리의 장관 임명동의안이 베른 의회에서 부결된 것이다. 이유는 뫼클리가 불어를 사용하고 있다는 딱 한가지였다). 이것이 주라인들의 분노에 기름을 끼얹었다. 베른 주 안에서 자치권만으로 만족하자고 했던 사람들까지 완전한 분리 독립을 원하는 주라 분리주의자 운동에 합류했다.

베른은 주의 연방화에 반대를 하고 그 대신 주라 지역의 자치권을 인정한다는 선에서 양보를 했다. 이 안에는 주라 지역 사람들의 독자적인 정체성을 법적으로 인정하는 것도 포함되어 있었는데 1950년 주민투표에서 확정되었다. 초기 단계, 베른과 주라간의 분쟁은 지역문제로 여겨졌고 분리주의자들은 공식 협상에서 배제되었으며 베른 주 입장에서는 분리를 절대 수용할 수 없는 것이었다.

직접민주주의는 대의제 민주주의의 결함을 보완한다

1957년 9월에 주라 민회(RJ)는 분리 독립된 주라 주 창설과 관련된 주라인들의 의사를 재확인하기 위해 시민발의를 제기했다. 시민발의는 '주라가 스위스 연방 안에서 독립된 주권을 가진 주의 지위를 갖기를 당신은 원하고 있느냐'는 물음을 던지고 있다. 그리고 분리주의자들에게 정치무대에서 캠페인을 할 수 있게 허용했으며, 언론으로 하여금 의무적으로 이와 관련된 보도와 논평을 하도록 하였다. 이에 따라 분리주의자들과 그들의 정치 강령을 미디어가 더 이상 묵과할 수 없게 됐다. 주라 분리주의 운동의 배경을 다루는 언론의 리포트들이 주라 민회에 일반 대중의 관심을 집중시킴으로써 주라 문제에 있어서 민회의 중요한 역할을 인정하지 않으면 안 되게 되었다(1957년 7월 15일 취리히의 〈노이에스 차이퉁〉지는 "이 운동은 강력하고 광범위하게 퍼져나가고 있다"고 보도했다). 시민발의는 1959년 7월 국민투표에 붙여져 북부 3개 불어권 구교 지역에서만 절대 다수의 지지를 받았을 뿐, 인구수가 더 많은 남부 3개 독일어권 신교 지역에서는 지지를 받지 못했다. 이날 친베른 성향의 신문들에는 '분리주의 운동 사망', '민회의 꿈은 끝', '분리주의, 사망선고를 받다' 등의 제목을 단 기사들이 나갔다.

그러나 분리주의자들은 투표결과에 반발하여 스스로 무덤을 파는 대신 그들의 전술과 논거를 바꾸었다. 앞으로는 전체 주라 지역의 통일이 아니라 불어권 주라의 통일에 대해 말할 것이며, 지리와 역사의 공유가 주라 정체성의 근거가 된다는 생각을 버리고 대신 불어와 인종적 뿌리를 강조하기로 하였다.

언어와 인종에 근거한 분리주의자들의 '국가'는 정치 이전의 "자연 공동체"로서 정치공동체로서의 스위스라는 국가 개념과는 명백한 대조를 이룬다. 분리주의 민족주의가 공동의 언어, 공동의 인종이 아니라 차이에도 불구하고 통합에 대한 적극적인 의지로 만들어진 정치적 결사체(Willensnation)로서의 스위스의 국가이념을 훼손할지 모른다는 공포감이 공공연히 표출되고 있었다. 분리주의자들이 전술과 논거를 수정할 수밖에 없었던 것도 이에 따른 것이다. 분리주의자들은 프랑스 드골 장군의 '유럽 조국론'에 영감을 받아 국내외적으로 새로운 지지 획득 작업을 시작했다.

정치에 폭력이 들어설 자리는 없다

분리주의자들은 최대의 언론 효과를 노린 항의 시위를 무대에 올려 대중들에게 제공했다. 베른에 대한 반대에 초점을 모음으로써 그들의 행위를 무시하는 방식으로는 분리주의자들의 명분을 침묵시킬 수 없게 되었다. 1962년과 1964년 스스로를 주라 해방전선(FLJ)이라고 부른 소규모의 분리주의 그룹이 폭탄을 터뜨리고, 군 막사와 분리주의 운동에 반대하는 저명인사들의 집에 불을 질렀다. 그리고 잇달아 베른 주정부 장관인 버질 모완느와 연방장관인 폴 쇼데가 스위스 군 창설기념일에 기념연설을 하는 것을 물리적으로 저지했다. 이것이 이른바 '랑지에 사건'인데 이 사건은 폭탄 투척 이상으로 일반 대중들의 분노를 불러일으켰다.

이 저항에 대한 스캔들이 길게 꼬리를 물면서 주라 분쟁에 있어서 하나의 분수령을 이루었다. 물리적 폭력이 실패를 한 곳에서 (대화 단절로 인해) 상징적 폭력이 이어지게 된다. 스위스라는 국가에 대한 자기 이해에 도전을 함으로써 이제 주라 분쟁은 지역적 문제에서 전국적 문제로 전환되었다. 스위스인들의 국민적 자기인식이 분리주의 운동에 의해 심각하게 도전을 받고 있었지만 이

운동이 스위스 국가 자체에 대한 반대투쟁이 아님도 사실이었다. 이 운동은 분명히 독립운동이 아니었으며, 분리주의자들이 스위스에 '굿바이'를 말하고자 했던 것도 아니었다. 그들은 단지 베른에게만 '굿바이'를 말하고자 했던 것이다. 그들의 견해에 따르면 분리주의자들이 자신들의 반대자들보다 더 나은 스위스를 위한 것이라고 주장하였다. 그들의 목적을 달성하기 위한 수단으로 그들이 폭력을 거부했다는 점으로 미루어 보아, 그들이 정치라는 공동의 운동장에서 스스로를 단절하고자 하는 것은 아니라는 것을 확인할 수 있었다. 분리주의 운동의 지도자 로저 쇼프터는 카리스마적인 지도자인 롤랑 베겔린과 함께 "스위스 정치에서 폭력은 결코 합법적 도구가 될 수 없다"고 선언했다.

한 걸음에 새로운 주가 태어나는 것은 아니다. 몇 단계를 거쳐야 하고, 어떠한 예단도 허용되지 않는 것이다. 분리주의 운동은 패퇴될 그런 성격의 운동이 아닐지 모른다는 인식이 확대됨에 따라, 그렇다면 주라 사람들에게 그들이 생각하는 베른으로 부터의 가능한 분리가 무엇인지를 다시 한 번 더 물어보자는 목소리가 커지기 시작했다. 첫 단계는 그러한 안에 대한 법적 기초를 만들어 내는 것이었다. 그래서 베른 주의회는 주헌법 부칙에 국민투표 조항과 직접민주주의에 따른 분리주의 운동의 절차 조항을 신설했다. 이 개헌안은 1970년 3월 1일 베른 주 주민투표에서 통과되었다. 주라의 자결권을 위한 길이 열린 것이다.

1974년 6월 23일의 주민투표

베른 주정부가 주라 분리문제를 주민투표에 회부하기로 결정한 것이 둘째 단계이다. '새로운 주의 창설을 원하십니까'라는 질문이 주민들 앞에 던져졌다. 1974년 6월 23일 주민투표가 실시되었다. 그런데 놀랍게도 투표율 88.7%를 기록한 이 투표에서 36,802명이 찬성표를 34,058명이 반대표를 던진 것이다.

1970년의 헌법개정에 맞추어 베른 주에 남기를 희망한다는 발의가 처음에는 남부 주라 구역에서 이어 여러 시군단위에서 새로운 주경계안과 함께 제안되었다. 1975년 3월과 9월에 실시된 주민투표의 결과는 예상한 대로였다. 주라 남부 3개구는 베른 쪽으로 투표하였다. 13개의 시군단위 투표가 이어졌는데 5개 신교지역은 베른 주에 남기를 희망했고, 8개 구교지역은 새로 태어날 주라 주에 속하기를 희망했다. 로펜탈은 처음에는 베른에 남기를 원했지만 결국 바젤 군을 선택하였다.

이제 주라는 공식적으로 갈라졌다. 새 주의 주민들은 그들의 신헌법을 승인했다. 이제는 스위스 전체 국민이 그들의 표를 던질 차례이다. 신년 연설에서 빌리 리차드 스위스연방 대통령은 "9월 24일 한 지역이 스위스 국민들에게 별개의 주를 만들 권리를 요청하게 될 것이다. 우리는 우리가 민주주의자로서 어떻게 행동해야 하는지를 알고 있음을 보여주기를 바란다. 소수를 존중할 줄 아는 것이 민주주의자이다. 민주주의자는 분쟁을 평화적인 방법으로 해결한다. 나는 국민 여러분이 새 주 창설을 즐거운 마음으로 받아들여주기를 바란다"는 호소문을 발표했다. 이 투표에서 스위스 국민과 각 주들은 큰 표 차로 새로운 주 창설을 승인했다.

주라 분리주의 운동의 역사는 문화적 소수자의 갈등이 반드시 폭력의 길로 접어들 필요가 없다는 것, 민주주의적인 문제 해결의 방법이 있다는 것을 보여준다. 직접민주주의의 도움을 받아 분리주의자들은 그들의 의제를 정치 공론화하는 데에 성공을 함으로써 대표성의 결손분을 보완할 수 있었던 것이다. 이는 직접적으로 폭력에의 의존도를 줄였다. 왜 사람들이 폭력의 길로 접어드는 가? 그들의 목소리를 대변해 줄 사람과 수단이 없다고 생각하기 때문이다. 직접민주주의와 연방주의의 결합이 새 주의 탄생을 가능하게 한 것이다.

민족주의에 '노'를 말하다

주라 주의 탄생은 직접민주주의를 효과적인 도구로 사용하여 주민들과 대화하고 그들을 조직할 수 있었던 분리주의자들의 큰 성공이었고, 다른 한편으로는 분리주의 그룹의 민족주의에 대한 명백한 거부이자 민주주의와 연방주의 원칙들의 승리였다.

베른은 주라 주 인민의 존재 자체를 인정했을 뿐만 아니라 헌법 수정을 통해 분리주의 운동의 절차를 가능하게 한 조건들을 만들 어냈다. 주민투표를 요구할 권리, 주의 문제들에 대한 투표에 주 민들이 참가할 권리, 각 시군에 거주하는 자들은 자기 시군의 문 제에 대해 시민발의를 할 수 있는 권리가 명시된 것이다. 그러나 이는 자결권을 가지고 있는 주라인들을 분리주의자들이 주장한 대로 에트노스(Ethnos)적인 인종적 공동체로 보지 않고 국가의 시 민 즉 데모스(Demos)로 규정하는 것이다.

분리주의자들에 따르면 인민을 이같이 규정하는 것은 민족자 결권의 기본 원칙에 위배되는 것이다. 주라가 베른에서 떨어져나 가는 문제를 둘러싼 주민투표에서도 '누가 주라인인가'하는 질문 이 가장 중요한 질문이라는 것이다. 이렇게 할 경우 인민을 민족 주의적으로 규정할 기회는 높아질 것이고, 민주적으로 규정할 기 회는 줄어들 것이기 때문이다.

우리는 경험으로부터 민족주의적 개념에 따라 인민을 '자연적 공동체'로 구분하여 어느 한 영토에 사는 사람들에게는 그들의 국가를 가질 권리가 있다고 주장할 경우, 다수와 소수간의 관계의 문제 해결은 어려워질 뿐만 아니라, 오히려 새로운 소수자를 만들고 배제하는 것으로 이를 영속화시키는 경향이 있음을 알고 있다. 그리고 이에 따른 판타지가 크면 클수록 즉, 실제로는 다인종 국가일수록 판타지 실현을 위한 폭력에의 의존 유혹 또한 커진다. 유고슬라비아의 해체가 이를 말해준다.

국가 사회 안의 "우리라는 느낌"에 자양분을 주는 원천이 무엇인가에 따라 차이는 결정적이 된다. 국민들이 그들의 소속감을 정치적 의사결정에 참여하는 것으로부터 얻는가 아니면, 낯선 것과 우리 것을 끊임없이 구별 지음으로써 그 존재가 확보되는 정치 이전의 타고난 국가에 대한 신념에서 나오는가는 큰 차이가 있다.

다양성 속의 통일이 스위스의 국가 존립의 기초이다. 무엇이 다양성 속의 통일을 가능하게 하는 것일까. 여러 가지가 있겠지만 권력을 나누어 가지는 것이 그 중요한 한 가지 요인일 것임은 틀림없다. 그리고 직접민주주의와 연방주의의 통일이 이를 뒷받침해주었다. 분리주의적인 민족주의가 아니라 바로 이런 절차를 거쳐 20여 년 전 주라가 베른으로부터 평화적으로 분리해 나간 것이다.

참고자료
F14   주라지역에서의 국민투표 결과
F15   주라 분쟁일지(1815~2008)
S   세계의 직접민주주의 조사연구: 전 지구적인 참여의 도전
G   직접민주주의 용어 해설

7

시민의 무능 신화

직접민주주의에서의 정치권력의 배분은 순수한 대의제 민주주의에서와는 다르다. 직접민주주의에서의 권력의 행사는 정치인과 시민간의 관계를 바꾸게 하며, 정치인과 시민 모두의 정치적 특성과 관행에 영향을 미친다. 직접민주주의의 기록들을 보면 투표자들도 국회의원 이상으로 유능하게 정치적 결정을 내릴 수 있다는 것이 입증된다. 정치적 무능은 원인이 아니라 순수한 대의민주제에서 시민들이 실질적인 문제에 대한 정치적 결정을 하도록 허용되지 않았던 결과일 따름이다.

지금 직접민주주의는 유럽에서 새로운 각광을 받고 있다. 그리고 동시에 지난날과 동일한 이유로 권력의 자리에 있는 자들이 여기에 저항하고 있다. 일반 시민들은 복잡한 정치 문제에 대해 결정을 내릴 수 없는 것으로 여겨지고 있다.

1851년 취리히의 급진파 지도자 요한 자콥 트라이흘러는 자유주의적인 대의제 민주주의를 비판하는 글을 신문에 실은 적이 있다. 이 글에서 그는 직접민주주의로써 대의제 민주주의를 보완할 것을 주장하면서 '순수민주주의'로의 이행을 위한 19개 항의 프로그램을 제시하고 있다. "인민을 통한 인민의 행복, 전면적인 인민에 의한 통치가 인민이 원하는 것이고, 인민을 위해, 인민을 통해서가 그 첫 번째 원칙이다"라고 자신의 신문 '인민'에서 주장하고 있다.

　　여기에 대해 자콥 더브즈가 반론을 폈다. 더브즈는 정치인이고, 철도회사 사장이자 뒷날 크레디트 스위스를 창설하게 되는 그의 친구 알프레드 에셔의 부추김을 받아 '데어 란트보테'지에 트라이흘러를 격렬하게 비판하는 글을 실었는데, 이들은 자유주의적인 기득권 세력의 대표로서 직접민주주의의 친구가 될 수 없었던 것이다. 그들은 자산이 없고 공교육을 받지 못한 자들은 확장된 정치권력을 사용하는 능력이 결여되어 있다는 자유주의 진영의 견해를 그대로 반영하고 있었다. 그들의 견해대로 한다면 정치권력을 올바르게 행사하는 데에 요청되는 모든 특질을 인민들은 하나도 갖고 있지 못한 것이 된다. 책임감도 없고, 법과 정의에 대한 지식도 없으며, 긴 안목과 공동선, 교육, 문화에 대한 통찰력과 건전한 판단력도 갖고 있지 못하다는 것이다.

　　"냉정한 이성의 빛에 의해 인도받는 것이 아니라 열정에 의해 좌우되고 교육을 제대로 받지 않고 관심도 없으며 미성숙한 보통사람"이라는 이미지가 처음부터 따라 다녔으며, 이런 이미지로 인해 민주주의의 성장의 발목이 잡혀 왔다. 정치적으로 무능한 보통사람이라는 이미지가 권력자와 그 동맹자들이 민주주의 확대 요구에 저항하고자 할 때 반복해서 사용된다. 그러나 민주주의는 전진의 속도가 때로 감속되는 일이 있어도 전진을 멈추는 법은 없다.

직접민주주의는 유럽과 전 세계에 걸쳐 새롭게 각광을 받고 있다. 다시 한 번 지난날과 같은 동일한 방식으로 권력을 가진 자들의 저항을 받고 있다. 평범한 시민은 복잡한 정치적 문제들에 있어 결정을 할 능력이 없다는 것이다. 종종 스위스는 너무 많은 "국민투표 민주주의"의 위험의 예로 제시되고 있다.

인민을 위해 통치할 뿐, 인민과 함께 가지는 않는다

일반 시민이 법을 만드는 데에 직접 참여할 경우 보통 시민들의 이기심과 좁은 시야 때문에 나쁜 법들이 홍수를 이룰 것이라는 우려는 더브즈에 의해 19세기 중엽 이미 표출된 바 있다. "그들이 민주적 프로그램이라는 마법의 잔을 들이키도록 하는 것, 우리는 그렇게 할 수 없다. 그것은 우리가 믿는 민주주의가 아니며, 우리가 신봉하는 자유도 아니며, 미래가 걸려있는 진실되고 자유로운 인간성도 결코 아니다."

자유주의자들은 인민을 통해 권력을 장악하게 되었지만, 그들은 단지 인민을 위해 통치를 하고자 할 뿐 인민과 함께 갈 생각은 없다. 그들의 견해대로 한다면 보통 사람들은 아마추어로서 정치결정에 직접 참여할 수 있는 능력을 갖추고 있지 못하다. 사실 이같은 주장은 처음부터 순수 의회민주주의자들이 자기정당화를 위해 끊임없이 들고 나오는 주장이다. 그런 주장은 1860년대까지는 스위스에서도 효력을 발휘했고, 다른 나라에서는 지금도 활용되고 있다.

직접민주주의를 도입하자는 요구는 지금 개별 국민국가의 차원을 넘어 유럽 전역으로 확산되고 있다. 예를 들어 유럽연합 헌법개정과 관련하여 범유럽적인 시민투표를 실시하는 문제를 두고 열띤 토론이 벌어지고 있다. 그런데 여기에도 순수 대의민주제 옹호자들이 항상 사용해 왔던 주장이 다시 제기되고 있다.

예를 들어 투루크(핀란드)에 있는 정치학 교수 괴랑 듀프스운트는 "직접민주주의가 언제나 좋은 결과를 생산하는 것은 아니다. 우리는 국민투표가 결과적으로 시민에게 해를 입히는 사안으로 결정하는 상황을 상상해 볼 수 있다. 여론조사 결과로 사형제가 부활되고, 망명자 신청자 승인 수가 크게 줄어들며, 유류세가 대폭 인하되는 그런 상황 말이다. 그리고 박물관 활동이나 오페라 하우스 같은 분야는 거의 남아나지 않고 다른 공공부문이 폭발적으로 확대되는 상황도 상상해 볼 수 있다."라고 쓰고 있다.

그러나 지금 전개되고 있는 찬반 토론의 양상은 결코 새로운 것이 아니다. 참여 민주주의를 둘러싼 오래된 찬반양론이 변형된 모습으로 그대로 되풀이되고 있을 뿐이다. 모든 인민은 건전한 정치적 판단에 도달할 수 있다고 보는 인민에 대한 신뢰가 지극히 순진하고 비현실적이라는 주장에 의해 다시 도전을 받고 있는 것이다.

이 같은 '무능력 주장'은 여성에게도 남성과 똑같은 정치적 권리를 부여해야 한다는 것에 반대하는 것은 물론, 19세기에서 20세기에 걸쳐 민주주의와 남성의 참정권 확대에 반대할 때도 사용되었다. 정치적 대표를 선출하기 위한 보통 선거권과 여성의 동등한 정치권력의 문제는 이제는 논란의 대상도 되지 않게 되었다. 그런데도 사안결정을 위한 보통선거권, 즉 직접민주제가 문제에 이르면 여전히 옛 생각과 옛 주장이 효력을 발휘하고 있다.

'무능력 주장'은 그와 상반되는 눈앞의 증거들에 눈을 감는 자들에게만 유효하다. 만약 그들의 주장이 사실이라면 직접민주주의는 자멸했을 것이기 때문에, 지난 100년 이상 스위스에서 살아 움직이고 있는 직접민주주의는 존재할 수 없었을 것이다. 지오바니 사르토리의 예측대로 됐다면 국민투표 민주주의는 지적 무능력이라는 암초에 걸려 좌초하고 말았을 것이기 때문이다.

민주주의를 위한 기술적, 교육적 전제조건들이 지금처럼 잘 충족되고 있는 시대는 지난 시대 어느 때도 없었을 것이다. 정치인과 정치 엘리트 등 특정한 범주의 사람들이 다른 사람들, 예를 들어 보통 시민들보다 공적 문제에 있어서 보다 올바르게 판단하고 보다 나은 결정을 내릴 수 있게끔 무장되어 있다고 주장할 만한 합당한 이유는 사실상 없다. 그럼에도 불구하고 이 같은 주장은 끈질기게 지속되고 있다. 그런 주장은 그 어떤 것도 설명할 수 없을 뿐 만 아니라 그 자체가 설명을 요하는 주장이다.

의회민주주의와 직접민주주의

순수 간접민주주의에서는 시민과 정치인이 근대 직접민주주의에서와 같은 역할을 하지도 않고, 같은 정치적 수단들에 접근할 수도 없다. 정치인과 시민 사이의 관계는 두 체제에 있어 상이하다. 정치인과 시민에게 있어 정치적으로 자유롭게 행동하는 자유, 정치게임을 어떻게 하는지를 학습하는 기회들, 정치게임의 좋은 참가자가 되는 것 등이 두 체제에서 상이한 것이다. 정치적 참여는 인격형성에 도움을 준다. 그러나 의회민주주의는 직접민주주의와는 다른 방식으로 정치인과 시민의 인격을 형성한다. 민주주의 정치 조직과 정치인과 시민과의 관계를 차이를 보다 더 잘 이해하기 위해서 기득권층과 아웃사이더와의 관계라는 차원에서 살펴보는 편이 유용할 것이다.

이 같은 관계의 역동성은 기득권층과 아웃사이더라는 이 두 그룹이 실제로는 상호 의존적이고 상호 관련되어 있는 방식에서 유래한다. 기득권층과 아웃사이더의 관계는 정치인과 시민 사이에서 뿐만 아니라 남성과 여성, 흑인과 백인, 내국인과 외국인, 고참자와 신참자 식으로 언제, 어디서나 볼 수 있다.

여러 가지 다양한 형태가 있지만 여러 가지 유형들에서 일정한 규칙성이 발견된다. 기득권층은 권력을 잡을 기회와 중요한 지위를 언제나 독점하고자 한다. 기득권층은 아웃사이더를 그들보다 열등한 존재, 그들에게 의존할 수밖에 없는 존재로 보고, 그들에게 낙인을 찍는 전형적인 수법을 쓰고 있으며 그 낙인에 걸맞게 대우하게 된다. 원인과 결과를 끊임없이 혼동한다.

노베르트 엘리아스에 따르면 모든 기득권층과 아웃사이더 관계의 핵심에는 권력의 불균형과 그에 수반하는 사회적 긴장이 따르게 된다. 그리고 이것이 기득권층으로 하여금 아웃사이더 그룹에 낙인을 찍게끔 하는 결정적인 요소이다. 낙인을 찍을 수 있는 자유는 기득권층이 권력의 독점을 유지할 때까지만 지탱된다. 권력의 균형이 아웃사이더로 이동하는 순간 기득권집단의 낙인찍는 자유는 상실되기 시작한다.

실질적인 결정들을 독점하다

기성의 정치인들이 권력의 우세한 지위로부터 이익을 획책할 수 있는 집단을 형성한다는 것은 분명하다. 그런데 그들이 그들 자신과 타자에 대해 갖고 있는 집단 이미지는 서로 다른 결과들을 만들어낸다. 그런 이미지들은 현상유지를 정당화하는 데에 이용될 수 있다. 이런 결과들은 스스로를 엘리트로 부르는 자들의 자존심을 높이는 대신 매혹적인 엘리트 그룹에서 배제된 자들, 다시 말해 보통 시민들의 자존심을 깎아 내린다.

순수 의회민주주의에서 정치인들은 실질적인 문제에 결정을 내리고 중요 결정을 내리는 권리와 정치적 의제를 결정할 권리 등의 중요한 권력의 자원들을 독점하고 있다. 이러한 권력의 원천에 대한 배타적인 접근을 통해 정치인과 시민간의 권력의 불균형의 기반이 만들어 지게 된다. 정치인과 시민의 관계는 제도화된 범주적 불평등 중의 하나이다. 이는 또 정치인과 시민의 실제적인 역할 분담을 결정짓게 한다. 시민은 선출하고, 정치인은 결정한다. 심지어 핀란드의 사례에서처럼 언어의 사용에도 이것이 그대로 반영되고 있다. 핀란드어에서 시민(kansalainen)과 의사결정자(paattaja)라는 단어들은 상호 배타적인 범주의 사람들을 지칭한다.

시민이 정치적으로 무능하다는 이미지는 "보통 시민들"에 대한 정치인들의 우월한 권력에 대한 표현이다. 순수 의회민주주의에서 정치 결정에 대한 시민들의 접근이 거부되는 것은 그들의 능력과 정치기술의 부족 때문이 아니라, 그들이 보통 시민이라는 범주에 속해 있기 때문이다. 시민들이 실제로 유능한가 무능한가의 문제는 이런 맥락에서는 문제가 되지 않는다.

보통 시민은 보통이어야 하지 그 이상이어서는 안 되는 것이다. 바로 이 같은 맥락에서 실제로 시민들이 정치에 있어서 무능한지 유능한지는 문제가 되지 않는다. 문제는 어떤 조건에서 정치인들이 시민을 무능한 아웃사이더로 몰아붙일 필요성을 느끼는가 하는 데에 있다.

스위스 작가 이리스 폰 로테가 양성평등이 확보되기 이전 상태의 남녀관계에 대해 쓴 것은 의회민주주의에서의 정치인과 시민 간의 관계 및 그 문제에 대한 해법에 대해서도 그대로 적용될 수 있을 것이다. "양성 간에 동등한 정치권력이 없었다면 남성은 여성에 비해 보다 중요한 존재로 간주되고, 여성의 희생 위에서 보다 더 세속적인 생활을 향유하게 되기 때문에 자연히 계속 그런 상태를 유지하며 더 많은 것을 얻기를 바랄 것이다. 우리가 권력과 영향력, 자유, 부, 소유, 자기 확신, 명예에 대해 무슨 말을 하고 있든 간에 여성에게 보다 많은 통제권이 양도되게 되면 그에 해당하는 만큼의 남성들이 상실을 뜻하게 된다. 그러므로 남성들은 어떤 대가를 치르고서라도 이를 피하려고 한다."

직접민주주의에서 시민과 정치인 간의 관계는 의회민주주의에서와는 근본적으로 다른 방식으로 서로 연계되어 있고, 상호의존적인 것이다. 직접민주주의에서 시민들은 의사결정 과정에 참여하며 종종 최후의 발언권을 행사한다. 그들은 실제로 정치인과 다름없이 행동할 수 있는 기회를 가지며 따라서 막스 베버가 말하고 있는 "비상근정치인"이 된다. 시민발의와 국민투표권 덕택으로 투표자들은 정치적 의사결정과 정치의제 설정에 접근할 수 있게 됐다. 정치인은 선출되었다고 하더라도 의사결정권을 독점할 수 없으며 이를 시민과 나누어가질 수밖에 없게 되었다. 이렇게 해서 소수 기득권 정치인들의 수중에 정치자본 또는 정치권력의 원천이 집중화되는 것이 현저하게 저지되고 있다.

뿐만 아니라 보다 균등한 권력의 균형은 정치인과 시민이 보여지는 방식에도 영향을 미친다. 능력 없는 시민이라는 옛 이미지는 과거 속으로 사라지고, 보다 더 성숙되어 있으며, 보다 더 책임감이 있고, 보다 더 정치적으로 경쟁력이 있으며, 보다 강한 자기 확신감을 갖고 있다는 새로운 이미지가 시민들에게 주어지고 있다. 동시에 정치인들에 대한 이미지도 변하고 있다. 구름 위의 존재에서 지상의 존재로 내려오고 있는 것이다. 여기에 대해 정치인들은 권력과 지위의 상실감을 느낄 수도 있을 것이지만 동시에 휴머니티와 공감의 측면에서 얻는 것도 있음을 느낄 것이다.

직접민주주의 스위스 시스템의 경우 시민과 정치인 간의 제도화된 관계는 순수 의회민주주의 그것과 분명히 다르다. 시민에 대한 범주적 불평등이 없다는 사실이 언어로 표현되기에 이르렀다. 시민이라는 개념에는 정치 결정과정에의 직접적인 참여라는 뜻이 내포되고, 시민과 입법자 또한 서로가 서로를 두 개의 대치하는 진영으로 바라보지 않는다. 왜냐하면 주권을 가진 것이 시민이기 때문이다.

행함으로써 배운다

"행함으로써 배운다"는 것은 상식에 속한다. 입법자에게 요청되는 기술은 입법과정에 참여함으로써 가장 잘 얻어진다. 직접민주주의가 좋은 점이 바로 이 점이다. 시민들은 간접민주주의에서보다 시민발의와 국민투표의 과정을 통해 훌륭한 입법자로서의 자질을 갖추어나가는 것이다. 간접민주주의에는 이에 합당한 절차가 없기 때문에 시민이 입법자가 될 수 있는 정치적 기술을 개발하지 못하게 만든다.

취리히대학의 마티아스 벤츠 교수와 알르와 슈티처 교수는 참여의 기회가 크면 클수록 시민들이 정치적으로 보다 정확하고 보다 풍부한 정보를 갖게 된다는 것을 보여주었다. 스위스 시민들이 누리고 있는 시민발의와 국민투표의 권리는 정부로부터 독립된 의사결정권을 시민들에게 부여함으로써 시민들에게 저항하고 거부할 수 있을 뿐만 아니라 국가와 사회의 형성에 건설적으로 참여할 수 있게 해준다. 이를 통해 대의제 민주주주의의 정체(停滯)를 극복할 수 있는 기회를 그들에게 제공한다. 직접민주주의적인 절차는 유권자들에게 힘을 부여하고, 권력을 나누어 갖게 하는 메커니즘으로 작동한다. 이는 대의제 기관 즉 정부와 의회 등을 통해 자신들의 이해와 관심이 제대로 또는 전혀 반영되지 못했다고 생각하는 소수 집단에게 특히 중요하다.

시민들이 무엇을 달성하고자 한다면 스스로를 조직하고 함께 일해야 한다는 것은 분명하다. 예를 들면 발의안을 상정해야 한다. 이렇게 하는 과정에서 시민들은 스스로를 조직하는 기술을 발전시키고, 국민투표 캠페인을 운영하는 방법과 그에 수반되는 모든 것을 배우게 된다. 그러한 방법에는 자원(재정 및 인적 물질적인 것) 획득, 정보와 홍보, 공적토론, 불만 표출, 연합전선 형성, 타협, 단체 교육, 정치권력과의 교섭, 이기는 것과 지는 것 등이 다 포함된다. 직접민주주의는 아주 고된 정치작업이고, 인민들은 아주 다양한 방식으로 자신들이 투여하고 싶은 헌신의 여러 수준에서 참여한다.

직접민주주의는 정부와 의회의 뜻과는 독립적으로 제안서를 만들거나 정치적 통제를 할 수 있는 가능성을 시민들에게 부여한다. 따라서 거짓말을 들춰내고 계약을 고수하며 특혜를 예방하고 긴급한 상황에 대처하는데 직접민주주의가 보다 더 효율적이다. 그리고 시민들 사이에 신뢰를 구축함으로써 사회적 단결을 강화하는 데에 도움을 준다. 다시 말해 직접민주주의는 시민들 사이에 정치적 신뢰를 만들어내는 하나의 제도화된 길이다. 직접민주주의 제도는 클라우스 오페가 말한 대로 해당 제도의 결정적인 '재강화와 방어'를 통해, "민주주의에 대한 도전이 되면서 민주주의의 지속적인 존속을 위한 전제조건"이 되게 만드는 기본 제도 중의 하나이다.

8

큰 소리로 말하기

신문들이 독자편지란에 더 많은 지면을 할애하게 될 때, 레스토랑에서의 대화의 볼륨이 점차로 높아질 때, 기차나 버스 안에서 전혀 낯선 손님들 끼리 말을 걸기 시작할 때, 그리고 결국 우편함에 선거공보가 꽂일 때가 되면 또 다시 국민투표 일이 다가오고 있음을 알게 된다.

직접민주주의는 미디어의 행태에 있어서도 중요한 함의를 가진다. 국민투표 캠페인은 관심을 표명하는 훨씬 많은 정당들이 자신들의 당론을 넘어선다는 점에서 일반 선거캠페인과는 다르다. 여러 가지 선거공약을 제시하는 대신 어떤 구체적인 쟁점에 대해 구체적인 제안을 제시하는 데에 초점을 맞춘다.

헤어스타일리스트인 안드레아는 우편함에서 국민투표 공보를 보게 되면 언제나 기쁘다. "곧 또 한 차례의 국민투표가 있을 것임을 예고하기 때문이다."라고 베른 출신의 이 27세의 유권자는 말한다. 그녀는 국민투표에 붙여진 안건과 관련하여 가능한 모든 매체를 통해 가능한 한 많은 정보를 얻고자 하며 국민투표 관련 만찬모임을 정기적으로 마련하기도 한다. "다가오는 국민투표 안건을 토론하기 위해 우린 항상 투표 전에 크고 작은 모임들을 가져요. 다른 사람의 의견과 대비하여 내 의견을 검토해 보아야만 스스로 명확한 결론을 낼 수 있다고 생각하기 때문이죠."라고 안드레아는 말한다.

안드레아가 예외적인 사례가 아니다. 베른대학이 실시한 스위스 시민에 대한 조사보고서에 따르면 응답자의 60%가 정치문제에 충분한 정보를 갖고 있다는 것이다. 그렇다고 해서 모든 사람이 항상 투표장에 간다는 뜻은 아니다. 그러나 시민들이 정치문제에 대해 충분한 정보를 제공받고 있다는 확신은 스위스 민주주의에서 국가기관이 모든 시민을 그만큼 진지하게 대하고 있음을 보여주는 것이기도 하다. 시민들의 정치참여가 국회의원 선거에 한 표를 던지는 것으로 제한되어 있는 간접민주주의에서 보다, 직접민주주의의 제도를 도입하여 강화된 민주주의에서 이 같은 현상은 더욱 두드러질 가능성이 높다는 것은 자명하다. 예를 들어 오스트리아의 경우 시민들의 약 30% 정도만 정치문제에 정보를 잘 제공받고 있다고 생각하고 있다.

고대 그리스인들은 이 같은 차이를 이미 알고 있었다. 2,500년 전 페리클레스는 "민주주의에서 공개적인 토론은 정치에 대한 브레이크가 아니라 모든 현명한 결정을 위한 필수불가결한 전제이다"라고 했다. 친구나 아는 사람들과 얼굴을 맞대고 토론하는 것이야말로 가장 중요한 정보 획득의 원천이 되고 있다. 최근의 한 스위스 조사에 의하면 응답자의 24%가 이를 그들의 가장 중요한 정보 획득의 원천으로 보고 있다. 미디어 일반이 그 중요도에 있어서 두 번째로 꼽혔는데, 응답자의 22%가 답하였다. 그 다음으로 각 정당의 정책 설명과 정부 당국의 '국민투표 공보'가 꼽히고 있다. 국민투표 공보에는 정부당국(연방차원, 의회차원 행정부차원)과 시민발안과 국민투표위원회가 공히 자신들의 주요 주장을 담을 수 있다. 마지막으로 인터넷이 있다. 블로그의 수가 늘어나고 상호작용 활동이 강화되면서 여론형성과 공적 토론에 있어서 인터넷의 영향이 늘고 있다.

그렇지만 공식 선거공보가 국민투표 전에 각 투표자 앞으로 도착하게 되어있는 유일한 정보원이다. 이는 놀랄만한 일이 아니다. 왜냐하면 대부분의 주에서 이 소박하고 작은 공보가 투표자격증명서와 투표용지와 함께 투표일 3~4주 전부터 등록된 모든 유권자 앞으로 우편으로 발송되고 있기 때문이다. 연방공보에 덧붙여 500만부 이상이 4개의 서로 다른 언어(이탈리아어, 프랑스어, 독일어, 라에토 로마어)로 인쇄된다. 그리고 종종 시군별 또는 주 단위 국민투표에 대한 안내책자가 동봉되기도 하는데, 여기에는 새로 신축될 지방 병원의 설계도나 신년도 예산안이 포함되어 있기도 한다. 국민투표 공보의 역사는-공식적으로는 '정부 설명안'으로 알려져 있는데 전면적인 개헌안에 대한 국민투표를 앞두고 정부의 공식 '선언'이 발표되었던 19세기로 거슬러 올라간다. 그로부터 100년이 더 지나서야 비로소 국민투표 공보가 정부가 보증하는 제도로 확정되었다. 1972년 정부는 처음으로 비전문가들에게 간추려 설명하기 위해 1,500페이지에 달하는 자유무역협정 책자를 발행하기로 결정했다.

반박할 권리

이 새로운 정보매체가 탄생했던 처음 20년간은 제기된 안건에 대한 찬반의 주장을 간추려 설명하는 작업을 정부가 담당했다. 그러다가 1983년부터는 관행적으로 그리고 1994년부터 법적으로 시민발의와 국민투표위원회가 자체 주장에 대한 초안을 작성하여 그것을 선거공보에 포함시킬 수 있게 만들었다. 그러나 정부의 주장에 대해서는 그것이 사실을 왜곡하건 지나치게 길건 시민이 거기에 개입할 수 있는 권한이 없다. 1993년에 일어났던 것과 같은 결정적인 오류는 아직 없다. 1993년 로펜탈 주가 어느 주에 소속되어야만 하는가에 대한 국민투표를 시행하는 과정에서 정부는 프랑스와 독일 스위스 국경을 잘못 표기하는 오류를 범한 적이 있다.

직접민주주의의 실천은 정부에게도 좋은 훈련의 기회이며, 정치인들에게는 유권자들과 소통하고 설득하는 능력을 시험하는 하나의 테스트이기도 하다. 국민투표 깃발이 오르면 각급 의회 의원들은 초당적 위원회를 구성하고 국민투표 안건과 관련하여 신문에 글을 쓰기도 하고 공개 토론에 나가기도 한다. 또 정당들은 레스토랑이나 스포츠센터에서 공개 토론을 조직한다. 인쇄 매체든 전자 매체든 언론들 또한 가능한 한 전문가적이고 균형된 열린 자세로 제기된 안건의 여러 측면들을 조명해 낸다. 이때 언론들이 이런 자세를 취하는 것은 투표 결과가 어떻게 나오든 그들의 독자를 잃지 않으려고 하기 때문이다.

충분히 정보를 제공받고 있는 시민들

국민투표 보도와 관련하여 공영방송은 특별한 위치를 차지하고 있다. 민영방송과 달리 스위스의 3개 국영 라디오와 TV 방송의 보도국장들은 제기된 안건에 대해 일체의 코멘트를 할 수 없게 되어 있다. 국영 라디오는 광고가 전면적으로 금지되어 있고, TV는 광고수입이 부분적으로만 허용되어 있다. 그러나 이 경우도 미국과 달리 정치광고는 금지되어 있다. 시민발의와 국민투표를 다루는 데에 있어서 공영방송 매체들은 정확성, 불편부당성, 공정성을 보장하도록 고안된 '저널리즘 핸드북'이라는 내부 윤리강령(Code of conduct)을 따르고 있다. 직접민주주의는 미디어의 행태에 중요한 함의를 가진다. 국민투표 캠페인은 훨씬 다양한 이해 당사자들이 자신들의 견해를 이해시키고자 한다는 점에서 다른 선거와 다르다. 다양한 선거 공약을 제시하는 대신 국민투표는 특별한 문제를 해결하기 위한 구체적인 제안을 제시하는 것에 중점을 둔다. 시민들의 기대 또한 다르다. 일반 선거의 경우 투표가 끝나면 투표 때의 선거 공약이 제대로 지켜지느냐에 관심을 모으지만, 국민투표의 경우는 투표가 끝나면 승인된 제안들이 어떤 식으로 법제화되어 충분히 실행되고 있느냐에 관심이 모아진다.

근대 직접민주주의에서는 정보의 제공자와 사용자 모두에게 정보의 소통과 흡수에 큰 인센티브가 주어진다. 모든 사람의 지식과 기술이 증대됨으로써 모두 수혜자가 된다. 그 결과 스위스의 일반 유권자가 해당사안에 대해 투표를 하게 되면 독일의 일반 국회의원 보다 주어진 안건에 대해 훨씬 더 포괄적으로 정보를 제공받게 된다. 독일 국회의원은 급여를 받고 일을 하는 만큼 간접민주주의가 기술적으로는 직접민주주의에 비해 우위에 서 있다고 단순하게 주장하는 사람들의 입맛에 맞을 만한 결과만을 선호하기 때문이다. 간단히 말해 근대 직접민주주의에서는 정치 정보에 대한 수요가 높을 뿐 아니라 훨씬 풍부하고 포괄적으로 제공되는 정보 공급이 있게 된다. 여러 가지 형태의 미디어를 비교해 볼 경우 우리는 신문 사설란이 개인 유권자에 대한 정보의 공급원으로서 일차적인 중요성을 갖고 있음을 발견한다. 그 다음에 오는 것이 국민투표 공보이고 또 그 다음이 전자 매체이다. 독자로부터의 편지도 높은 비중을 차지하고 있다. 약 25%의 유권자들이 독자의 견란을 중요한 정보원으로 삼고 있다는 조사 결과가 있다. 정당들의 역할 또한 과소평가할 수 없다. 조사보고서에 의하면 정당의 투표 권고가 중요하다고 한 유권자는 전체 투표자의 12%였다. 시민들이 인터넷을 정보의 원천으로 그리고 토론의 장소로 점차적으로 많이 사용하는 것 또한 명백하다. 블로거들이 사용했었던, 그리고 Web2.0에 의해 제공되는 상호작용의 기회들은 중요한 채널을 하나 더 도입한 것이다.

해외 스위스인들에 대한 구애

선거나 국민투표를 앞두고 여론형성 과정에서부터 해외 동포들도 여기에 참가할 수 있도록 그동안 정부와 언론, 정당들은 많은 노력을 기울였다. 투표권을 가진 약 64만 5천여 명의 해외 거주 스위스인들 가운데 1/5이 우편투표제라는 대안을 활용하고 있다. 이들 해외 거주 스위스인들은 찬반 주장이 팽팽하게 맞서는 중요한 안건에 대해 결정적인 역할을 거듭 하고 있다. 그들에게는 선거공보 외에 특별히 제작된 주요 일간지의 해외판이 발송된다. 또 특별 제작된 웹 페이지를 통해 그들은 국민투표와 관련된 정보와 견해에 접근할 수 있다. 해외 스위스인들은 투표 전에 그들이 원하기만 한다면 다가오는 투표기간을 알려주고 현재 진행되고 있는 투표관련 토론 내용을 메일이나 SMS를 통해 전해 받을 수 있다. 2007년 10월 실시된 연방의원 선거에서 상당수의 정당들이 별도의 해외 거주 투표자 리스트를 만들었다.

민주주의의 확대 또는 증진에 대한 대안을 선택하는 토론에서 빠짐없이 등장하는 것이 전제조건의 미충족 문제이다. 투표자는 아직 준비가 잘 안 돼 있고, 언론은 피상적이며, 정치계급은 동등한 입장에서 시민들과 주어진 문제에 대해 토론을 한다는 데에 거부감을 갖고 있거나 그럴 능력을 갖고 있지 못하다는 것이다. 그러나 스위스의 예는 이들 전제조건과 민주주의의 성장이 결코 일방통행로가 아님을 보여준다. 민주주의가 성장하면 민주주의를 위한 전제조건들이 개선될 수 있다. 직접민주주의의 도구와 실천들은 투표자들의 지식과 기술수준을 높이고, 정보를 잘 제공하는 높은 수준의 미디어의 필요성을 촉진하고, 정치인과 정당들로 하여금 선거 때만이 아니라 일상적으로 투표자들을 진지하게 대하게끔 한다. 민주주의의 발전을 민주주의를 위한 전제조건들과 연계시키는 것은 지금의 유럽연합과 같이 복합적인 다언어 공동체에 특히 중요하다.

스위스의 경험에서 모든 시민이 다 똑같이 정치적 의사결정 과정에 참여하는 것은 아니라는 것을 알 수 있다. 베른의 정치학자 클로드 롱샹은 시민들에게는 대체로 다섯 가지의 유형이 있다고 한다. 외부와 완전히 단절된 고립형, 매스 미디어의 피동적인 소비층, 공개 토론에 개입하는 토론자, 적극적으로 그들 자신의 생각을 만들어내는 것에 애쓰는 미디어 증식자 그리고 이슈를 개발해내는 의제 설정자이다. 신문과 라디오, TV 또한 스위스 직접민주주의에 중요한 역할을 한다. 최상의 미디어 프로덕션이라고 해도 그 자체로 충분하지 않다. 가장 중요한 것은 공개 토론과 얼굴과 얼굴을 맞댄 그리고 블로그와 블로그를 통한 시민들 간의 의견교환이다. 국민투표가 개시되면 모든 발의와 국민투표에서 가장 결정적인 국면인 중요한 모임이 국민투표 만찬모임에서, 가정의 식탁에서, 작업장에서, 기차와 카페, 레스토랑에서 만들어지게 된다. 안건에 대해 얼마만큼 진지한 토론이 전개되는가 하는 것이 시민발의든 국민투표든 이 모든 것에 결정적인 중요성을 갖는다. 많은 스위스 사람들은 다른 사람들이 무엇을 생각하고 무슨 말을 하는지를 들은 다음에 비로소 자신들이 생각하는 바를 결정할 수 있다는 것을 알고 있다.

참고자료

F6   우편투표
F29   해외 거주 스위스 시민의 투표권
F30   근대 직접민주주의 개념 정의
S   세계의 직접민주주의 조사연구: 전 지구적인 참여의 도전
G   직접민주주의 용어 해설

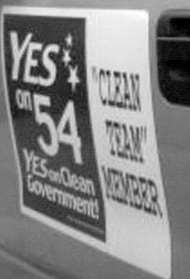

부가가치를 낳는 투표행위

오랫동안, 직접민주주의가 경제성장에 브레이크를 건다는 비난이 있어왔다. 그런데 이제 우리는 시민발의와 국민투표가 경제성장을 도우며 사회를 강하게 하고, 그렇게 함으로써 인민들의 행복한 삶에 보탬이 된다는 것을 안다. 중요한 결정을 내리는 데 시민이 직접적인 영향력을 미칠 수 있는 시스템은 순수 대의제민주제에서 보다 훨씬 더 실용적이고 비용 대비 효율적인 결과들을 생산해 낼 수 있다.

직접민주주의의 가능성과 한계에 대한 토론에서 흔히 제기되는 것이 일반 공중은 공공 재정문제에 이르면 (단기적인) 비용과 (장기적인) 수혜 사이에 균형을 맞추지 못한다는 것이다. 그러나 스위스의 경험은 이런 주장이 사실과 다르다는 것을 보여준다.

2002년 스위스 기업의 우산격인 '스위스기업인연합'이 "직접민주주의는 나라의 모든 부문, 모든 수준에서 더욱 강화되어야 한다"는 것을 골자로 하는 공공재정에 관한 백서를 발표했을 때 온 나라 사람들이 깜짝 놀랐다. 그 때까지만 해도 선도적인 기업 대변인과 금융전문가가 스위스 시민들이 향유하고 있는 광범위한 참여권이 혁신에 방해가 되고 경제를 망가뜨린다고 주장해 왔기 때문에 놀라움은 더욱 컸다. 20세기가 막을 내릴 무렵 프라이부르그대학의 경제학 교수 월터 휘트만은 "이제 스위스는 직접민주주의를 그만 두고, 다른 나라들과 같은 의회민주주의로 되돌아가야 한다. 그렇게 하지 못한다면 직접민주주의, 특히 국민투표제는 스위스 경제를 파멸로 이끌 것이다"라는 글을 쓴 바 있다.

시민발의나 선택적 국민투표의 서명 정족수를 높이고 재정문제와 같은 특정 이슈는 국민투표 대상에서 제외하는 방식 등으로 참여권을 제한하고, 직접민주주의에 대해 이제 '우리는 현실감을 가져야 한다'는 주장이 1990년대부터 끊임없이 있어왔다. 특히 스위스의 유럽경제공동체(EEC) 가입과 '고용자유화법'이 부결되었던 1992년 국민투표에서의 "패배"를 목도하면서 경제계의 상당수 지도급 인사들이 이러한 입장에 가세하였다. 2001년에 이르러 당시 크레디트 스위스은행 총재였던 루카스 뮐레만은 공식적으로 직접민주주의에 제한을 가할 것을 요구하고 나섰다. 그런데 1년도 채 안되어 기업 지도자들이 생각을 바꾸어 이전과는 전혀 다른 그들의 새로운 입장을 스위스기업연합의 이름으로 밝힌 것이다. 이제 그들은 직접민주주의의 도구가 경제에 실질적으로 도움을 주기 때문에 지원할 충분한 가치가 있다고 믿게 된 것처럼 보인다. 무엇 때문에 이렇게 바뀐 것일까?

1990년대 말 학계와 경제계의 직접민주주의에 대한 의례적인 비판에 자극을 받은 연구자들이 직접민주주의와 경제성장과의 상관관계에 대한 보다 면밀하고 실증적인 고찰을 하게 되었다. 이들은 우선 미국의 여러 주에서 지난 100년 이상 실시되고 있는 시민발의와 국민투표의 경험들에 대한 검토에 들어갔다. 연구 과정에 스위스 그 자체가 비교연구를 위한 이상적인 자료원이라는 것을 알게 되었다. 그런데 직접민주주의의 제도나 실행절차가 주와 시군별에 따라 너무나 서로 다르고 다양하고, 게다가 자료 이용자를 위한 상대적인 편이성 면에서 천차만별이라는 점에서 말 그대로 '이상적'이었다. 보드(Vaud) 주를 제외하고는 모든 주가 공공지출, 차입, 특정 수준 이상의 비용에 관한 결정 안은 의무적 국민투표 또는 선택적 국민투표를 거쳐야만 한다. 국민투표를 위한 시민발의 정족수도 예산안을 확정짓는 것이 주의회가 아니라 주의 주민들인 것이다. 공공지출과 차입, 일정 수준을 넘는 정부 지출의 경우 모두 주민투표의 대상이 된다. 그런데 여기서 중요한 차이점의 하나가 주에 따라 시민발의의 정족수가 서로 다르다는 점이다. 또 시민발의의 기간도 서로 다르다. 예를 들어 시민발의 정족수가 바젤은 전체 유권자의 0.9%인데 비해 노이샤텔은 5.7%이고, 발의 기간도 티키노는 2개월로 한정되어 있는 데에 비해 바젤은 무기한으로 되어 있다. 직접민주적인 참여의 면에서는 시군 단위로 내려가면 광범위한 참여권과 실질적으로 전혀 참여할 수 없는 것 등 그 차이가 더욱 커진다.

보다 효율적으로, 보다 정직하게, 보다 풍요롭게

취리히대학의 경제학자인 브루노 프레이 교수와 알르와 슈튀처 교수의 조사에 의하면 스위스 여러 주 가운데에서 아르가우, 바젤, 글라루스, 취리히, 두 개의 아펜젤이 가장 민주적이다. 그리고 2003년에는 제네바의 법률가 마이클 뷔처와 세바스티앙 미코티가 시군별 단위로 직접민주주의를 비교한 조사연구서를 내놓았다. 이에 따르면 스위스의 동부지방과 중부지방의 시군이 서부지방과 티키노 주에 비해 자치권을 더 많이 행사하고 있다.

기존의 조사 결과를 포함하여 지금은 독일 하이델베르크대학 교수로 있는 상갈렌의 경제학자 라르 펠트와 겝하르트 키르쉬게스너가 직접민주주의가 경제성장에 어떤 영향을 미치는가를 보여주는 통계분석표를 내놓았다. 그 내용은 충격적이다.

1. 재정문제에 관해 보다 강력한 주민 참여권이 부여된 주에서의 경제적 성과가 15% 더 높았다(1인당 GDP 기준).

2. 시민이 예산안에 대해 투표를 할 수 있는 주에서 조세 회피 비율은 30% 더 낮은데, 그것은 즉 납세자 1인당 평균 1,500스위스 프랑에 해당하는 금액이다. 그 결과 해당 주의 부채비율도 더 낮았다. 여기서 다음과 같은 설명이 가능해진다. 돈이 어떻게 쓰여지고 있는가에 대해 주민이 직접 참여하여 결정을 내리는 주의 주민들이 그렇지 못한 주에 비해 정부의 재정 운영에 훨씬 더 협조적이다.

3. 예산안을 주민투표에 붙이는 시군이 그렇지 않은 시군에 비해 1인당 공공지출이 10%가 적었다. 말하자면 자기들의 세금으로 쓰는 돈에 대해 주민들이 정치인들에 비해 훨씬 더 조심

스럽다.

4. 예산안을 주민투표에 붙이는 시군이 그렇지 않은 시군에 비해 공공 부채비율에 있어서는 25%(납세자 1인당 5,800 스위스 프랑) 낮았는데 지출은 줄이고 세수는 더 많아진 덕이다.

5. 공공 서비스 비용도 직접민주제를 택한 자치체가 더 낮았다. 쓰레기 처리 비용이 20% 더 낮다.

그래서 키르쉬게스너 교수와 그의 동료들은 "경제에 관한한 모든 것이 직접민주주의에 우호적이다. 그와 반하는 것은 하나도 없다."라는 결론을 내리고 있다. 그렇기 때문에 직접민주주의는 한층 더 확대해야 하지 제한해서는 안 된다는 것이 그들의 당연한 주장이다. 그들의 눈에 비친 직접민주주의는 "시대의 발전에 일치하는 것이고, 성공적인 것이며, 수출 가능한 것이고, 미래 발전의 잠재력을 가진 것"이다.

여러 여론조사 결과들도 이 연구 결과들을 뒷받침한다. 스위스의 여러 주들을 비교해보면 시민발의와 국민투표에 시민참여가 높은 주의 주민들이 자신들의 삶에 더 만족해하고 있다. 프레이와 슈튀처의 조사연구에 따르면 개인 소득보다 정치참여의 정도가 삶의 만족도에 더 유의미한 것으로 나타난다. 이는 사람들이 일차적으로 돈 버는 일에 관심을 가진다는 통설을 뒤집는 것이다.

시민들은 구체적인 세금 인상안을 선호한다.
직접민주주의의 가능성과 한계에 대한 토론에서 특히 스위스

밖에서 흔히 제기되는 것이 보통 시민들은 공공재정 문제의 경우 (단기) 비용과 (장기) 수혜 사이의 균형을 맞출 줄 모른다는 것이다. 그러나 스위스의 경험은 이런 주장이 현실과 다르다는 것을 보여준다. 주민들이 정치 문제에 보다 밀접한 관계를 유지하고 있는 주 또는 시군 단위에서만이 아니라 연방 단위에서도 그렇다.

1993년 3월 7일에 실시된 국민투표에서 투표자의 54.5%가 유류세 인상에 동의했다. 석유와 디젤유 값을 리터당 21 스위스 센트 (약 13유로 센트) 올리는 안을 국민들이 수용했다. 선거 캠페인에서 중요 쟁점은 환경보호보다는 공공기금 보강의 필요성 문제였다. 그 5년 후에는 투표자의 57%가 도로 화물 운송비용이 증가하는 거리병산 화물차 과세안 도입을 찬성하였다. 또 1993년에는 투표자의 3분의 2가 전국 단위의 부가가치세 도입에 찬성표를 던졌는데, 이는 노령자 연금 수혜비의 예상 증가분을 감당하기 위한 것이었다. 1977년과 1991년 사이에 정부와 의회의 유사한 제안이 부결되었다. 유권자들은 구체적인 개별 안이 아니라 전체 패키지로 승인을 요청받았기 때문이다. 정치인들이 솔직하게 밝히고 세금을 올릴 필요성이 있다는 것을 국민들에게 납득시킬 수만 있다면 세제개혁 문제 뿐 아니라 세수 확대에 대해서도 승인을 받을 수 있다.

스위스인들은 비용에 아주 민감하다. 그러나 직접민주주의에 따른 비용이 스위스에서 지금까지는 한 번도 문제가 된 적이 없다. 이는 한편으로는 시민의 직접적인 정치 참여가 기본권의 하나로 받아들여지고 있는 스위스의 정치문화 때문일 것이고, 다른 한편으로는 직접민주주의가 경제를 비롯하여 사회 전반에 안겨주는 이익(경제적인 것을 포함하여)이 광범위하기 때문일 것이다.

연방 단위, 주 단위, 시군 단위로 3~4개월에 한 번씩 국민투표가 이루어지기 때문에 국민투표와 관련된 행정 관리비용을 평가하기는 어려울 것이다.

지난 몇 년 사이 국민투표 캠페인 비용을 둘러싼 논의가 부쩍 늘고 있다. 정치학자 클로드 롱샹에 따르면 연방 단위의 경우 발의에서 캠페인, 투표에 이르기까지 국민투표를 한 번 하는 데에 드는 비용이 약 1천만 프랑은 된다고 한다. 그런데 '차 없는 일요일'의 예는 돈이 그렇게 많이 들지 않는다는 것을 보여준다. 1년에 네 번은 일요일에 차를 몰고나오지 말자는 안을 두고 실시한 국민투표에 들어간 총 경비는 5만 프랑이 채 안 되었지만, 37.6%의 지지를 얻었다. 같은 날 스위스의 핵발전소 폐기안이 투표에 부의되었다. 이 안을 홍보하기 위해 환경단체들은 350만 프랑을 거두었는데 33.7%의 지지를 받았다. 롱샹의 견해에 따르면 이는 국민투표에서 돈으로 결과를 살 수 없음을 명백하게 보여주는 것이 된다. 비용을 적게 들이고도 성공을 거둔 또 다른 사례는 '치유 불가능하고 극도로 위험한 성범죄자와 폭력범에게는 종신형을 허용하자는 안'인데 이 안은 2004년 국민투표를 통해 받아들여졌다.

돈만으로는 충분하지 않다

돈 많은 이익단체가 개입되어 있는 경우에라도 스위스에서는 돈이 투표 결과에 직접적으로 영향력을 미친다는 어떠한 증거도 없다. 오히려 그 반대이다. 큰돈을 퍼부었는데도 투표자들이 정치 경제 엘리트들의 뜻에 반대되는 쪽으로 표를 행사한 경우가 수없이 많다. 1982년의 '물가 감시안' 발의 때도 그랬다. 정부당국과 기업계의 부결 희망에도 불구하고 투표자들은 이를 승인했다. 화물

차 중과적세 도입과 자동차도로 카드제(연간 자동차도로 이용료) 도입 때도 그랬다. 스위스 여행 클럽, 경제인 연합, 여행사 등 영향력이 크고 돈 많은 단체들의 반대 의사가 먹혀들지 않았다. 또 경제계가 해당 안을 성사시키기 위해 수백만 프랑을 퍼부었는데도 1993년 스위스의 유럽경제공동체 가입 안은 부결되었다.

여러 연구들은 미국 캘리포니아 주처럼(인구 3,650만 명) 직접민주적 도구를 갖추고 있는 넓은 정치단위에서도 재정규모가 크다고 해서 유권자를 이길 만큼 충분하지는 않다는 것을 보여준다. 그러나 돈이 어떤 특정 제안을 좌초시킬 수 있는 주요한 수단이 될 수는 있다.

미국 샌디에이고대학의 정치학 교수 엘리자베스 거버 교수는 돈 많은 이익단체보다 시민 그룹이 시민발의와 국민투표에서 훨씬 더 잘하고 있음을 발견하고 있다. 예를 들어 담배회사들이 수백만 달러의 돈을 퍼부었는데도 캘리포니아 유권자들은 밀폐된 공공장소에서의 전면적인 금연안을 통과시켰다.

따라서 경제적 관점에서 직접민주주의에 반대 논거는 없다. 시민들이 실질적인 문제를 결정하는데 직접 영향을 미칠 수 있는 정치형태, 합의의 원칙에 근거를 두고 있는 정치 형태가 훨씬 더 실용적인 결과를 만들어낼 수 있다. 순수 의회민주제에서는 일종의 판에 박힌 반응들이 일반적인데 그와 같은 반응은 너무 지나치거나 나중에 큰 대가를 치르게 되는 실패이기 십상이다. 스위스에서의 직접민주제의 과정을 포함하여 선거 홍보에 돈의 역할이 커지는 점에 대해 꼼꼼히 감시해야 하는 문제는 여전히 남는다.

참고자료

10

디자인이 질을 결정한다

직접민주주의의 질은 절차의 디자인에 의해 결정된다. 누가 절차를 컨트롤할 수 있는가? 시민 친화적인 것들인가? 그 범위는? 국민투표의 수보다 더 중요한 것이 국민투표가 이루어지기까지의 방식이다. 합리적으로 잘 디자인된 직접민주주의만이 그 본래의 임무를 다하게 할 수 있고, 기대하는 효과를 낼 수 있다.

진정한 직접민주주의에서는 국민투표가 언제 의무적으로 실시되어야 하며, 언제 국민들이 국민투표를 실시할 것인가를 결정할 수 있다는 것을 헌법과 법으로 규정하고 있다. 직접민주주의에 있어서 절차의 질은 직접민주주의의 사용에 있어서나 도달할 결정들의 질에 있어서나 결정적으로 중요하다.

스위스에서는 거의 매주 어디에선가 시민발의 혹은 국민투표 과정이 개시된다. 예를 들어 어퍼엥가딘 군(그라우뷘덴 주)에서는 2003년 11월 11일 아침 11시 11분, 27명으로 구성된 시민발의위원회가 별장 신축 건수를 제한하는 시민발의를 위해 서명을 받기 시작했다. 유명한 동계 스포츠 리조트 생 모리츠 인근의 샘단에서 제안 설명회가 있었는데, 이 자리에서 발의 위원 롬디 아르캥이 제안 설명을 했다. "이제 우리는 정치인들에게 이 문제를 심각하게 다루어 주도록 압력을 가해야 한다." 최근 들어 여러 금융기관들이 자금의 일부를 어퍼엥가딘과 같은 휴양지역에 투자하여 그 결과 건축 붐에 불을 붙이고 땅 값을 평균 이상으로 올려놓았다.

이 지역에서의 부동산 붐은 지역민들에게는 악영향을 미쳐왔다. 그래서 지역민들은 시민발의를 통해 이를 뒤집으려고 했던 것이다. 별장의 신축 건수를 연간 100채로 제한하자는 이 제안이 성안되려면 최소한 800명의 서명이 필요했는데 몇 달 안에 이 요건은 갖춰졌고, 2005년 6월 주민투표에 붙여졌다. 이 투표에서 71%의 찬성으로 이 제안은 받아들여졌다.

아주 다양한 형태

스위스는 매우 현저한 다양성을 가진 정치적 구성체이다. 직접 민주주의의 실천 방식과 참여권의 디자인 방식에서도 그렇다. 예를 들어 시민발의가 효력을 발휘하려면 아르가우 주에서는 전체 유권자의 0.9% 이상이 서명을 해야 하는데, 이 비율이 노이샤텔 주에 가면 그 6배인 5.7%로 뛰어오른다. 연방차원의 발의 요건은 보통 2%이다. 스위스의 국경 너머로 눈길을 돌려보면 그 발의 요건은 훨씬 높다. 독일의 경우 시민발의(독일어로는 Volksvegehren,

시민요구) 성안요건으로 바바리아 주에서는 유권자의 최소 10% 서명이 있어야 하고, 잘란트 주는 최소 서명을 20%로 규정하고 있다. 이런 요건으로 인해 시민발의안 중 투표에 부의되는 경우는 매우 적은 것이다. 독일은 연방공화국 16개 주 모두가 헌법 조항으로 시민발의를 허용하고 있지만 1945년 이후 시민발의에 의해 국민투표가 실시된 것은 총 13건에 불과하다.

시민발의와 국민투표가 구성되는 과정에 이르게 되면 "입장료" (요구되는 서명의 수)의 문제만이 아니라 시간의 문제 즉, 발의집단이 서명을 받는데 허용되는 기간 또한 문제다. 스위스에서는 발의를 성안하는데 필요한 시간을 국민투표 기간 준비에 필요한 시간보다 더 길게 주고 있다. 연방단위에서 시민발의위원회는 10만 명의 서명을 받는데 18개월을 보장 받는다. 반면, 국민투표위원회는 의회의 법안 공표 이후 100일 안에 5만 명의 서명을 얻기 위해 속도를 더 내야만 한다. 주 단위에서는 요구조건들이 아주 다양하다. 티키노 주의 경우 시민발의 성안에 필요한 서명을 받는데 허용되는 시간이 2개월이고, 국민투표 요구안은 30일내에 제출해야 한다. 그런가 하면 아르가우 주에서는 시민발의에는 12개월, 주민투표에는 90일을 주고 있으며, 샤프하우젠 주는 시민발의의 경우 아예 시간제한을 두지 않고 있다.

다른 나라에서도 시민발의에 필요한 서명을 받는 데에 필요한 시간이 제 각각 서로 다르다. 독일의 바바리아 주에서는 14일 안에 전체 유권자의 10%에 해당하는 1백만 명으로부터 서명을 받아야 하는데, 그것도 아무 곳에서나 아니라 정부청사 안에서만 받아야 한다. 또 오스트리아에서는 의회에 발의안을 내려면 10만 명의 서명을 단지 7일 안에 받아 내야 한다(뿐만 아니라 1973년 제정된 오스트리아 시민발의법 제10조에 의하면 발의를 위한 서명은 특정한 장소에서만 가능하도록 되어 있다). 베네수엘라의 경우는 더 극단적이다. 2004년 국민들이 휴고 차베스 대통령에 대해 탄핵발의를 하고자 했을 때, 그들은 4일 안에 전체 유권자의 20%로부터 서명을 얻어내야만 했다. 이 같은 조건에서는 시민발의와 국민투표가 법으로 보장되어 있다고 하더라도 실현되기는 실제 매우 어렵다.

그에 비해 미국과 이탈리아에서는 직접민주주의의 디자인이 유권자들에게 보다 유리하게 되어 있다. 미국에서는 발의에 필요한 서명자의 비율이 높게는 와이오밍 주에서는 전체유권자의 15%(최종 총선에서의 투표수 기준으로), 낮게는 노스타코다 주의 주 거주민의 2%까지 다양하다. 또 이탈리아에서는 50만 명의 서명만 받으면 국민투표를 통해 법을 폐지하거나 개정할 수 있다. 그러나 여기에도 단서가 붙어 있는데 투표율이 50%를 넘어야 한다.

세계 여러 나라가 시민권을 법으로 보장하고 있다고 하더라도 그 현실은 나라마다 아주 다르다. 오스트리아처럼 시민발의가 한 번도 투표에 붙여진 적이 없는 나라가 있는가 하면, 스위스처럼 시민들로부터 발의가 있으면 발의위원회가 스스로 이를 철회하지 않는 한 거의 어김없이 투표에 붙여지고 있는 나라도 있다.

약자 보호와 커뮤니케이션

직접민주주의로부터 얻을 수 있는 수혜들은 정치적 실천 속에서 그 절차가 규칙적으로 활용되어야만 구체화될 수 있다는 것을 스위스 경험을 통해 확인하였다. 또한 민주적인 조건 아래서는 잘 디자인된 직접민주적 절차가 존재한다는 것만으로도 긍정적인 효과를 낼 수 있다. 이런 절차들이 얼마나 자주 이용되는가 하는 것은 여러 요인들에 의해 좌우된다. 민주주의 원칙에 따라 실천에 옮겨지는 직접민주주의로부터 우리가 얻을 수 있는 것은 안드레아스 그로쓰가 그의 저서 '직접민주주의(Direkte Demokratie)'에서 보여주고 있듯이 다음과 같이 정리할 수 있을 것이다.

- 직접민주주의는 보다 균등한 정치권력의 배분을 뜻한다. 그것은 정치에의 평등한 참여의 원칙을 강화하고, 정치인과 시민을 더욱 가깝게 하며, 그 관계에 새로운 질을 부여한다. 직접민주주의의 권리는 시민의 지위를 "비상근 정치인"으로 끌어올린다.

- 직접민주주의는 소수파들에게 공청회권을 부여하고 그것을 행사할 수 있는 권리를 제공함으로써 갈등이 벌어질 때 폭력에 의존하게 될 위험을 줄여준다. 그것은 미해결된 사회문제와 갈등의 감지기 역할을 하여 정치적 결정의 정당성을 높임으로써 사회통합을 북돋는다.

- 기본권과 인권에 대한 존중은 어느 민주주의든 기본 전제이다. 직접민주주의적 권리의 행사는 민주적 태도와 시민적 품성을 높인다. 그렇게 함으로서 인권을 보호, 유지하게끔 한다. 민주적으로 사고하고 행동하도록 훈련된 사람들은 권위주의적 정치의 유혹에 잘 빠지지 않는다.

- 직접민주주의는 시민들이 정부와 의회를 보다 효율적으로 통제할 수 있게끔 하고, 정치제도와 정치과정, 주요한 정치문제라는 세 가지 기본적 차원에 있어서 정치인들에게 그들 독자적인 영향력을 행사하게 하고 정치를 혁신하게끔 한다. 직

접민주주의는 과두체제로의 표류에 저항하고, 정치제도들이 외부 세계에 대해 스스로 문을 닫는 것을 막는 역동적인 요소이다.

- 직접민주주의는 정치를 보다 더 활발하게 대화하는 정치로, 정치결정을 보다 더 투명하게 만들고, 일체의 행위와 거래들을 평가와 감시의 대상에 포함시킴으로써 공공영역의 질을 높인다. 인민에 대한 인민의 제안으로서의 시민발의는 대화의 이념을 체내화한 것으로 여기에는 행정부와 의회도 포함된다.

- 잘 발달된 직접민주주의는 권리와 절차를 시민의 손에 쥐어줌으로써 그들로 하여금 단순한 저항이 아니라 건설적인 도전과 개혁의 길로 나아가게 한다.

- 효율성을 속도와 혼동하지 말아야 한다. 의사결정 기반이 넓으면 넓을수록 주요한 정책결정의 과오로부터 안전하다. 그리고 결정에 주어지는 합법성이 크면 클수록 이행에 있어서 더욱 효율적인 길을 깔아준다. 직접민주주의는 모든 정치 시스템의 제도적 합법성을 강화하는 하나의 수단이다.

위로부터의 국민투표 – 혹은 직접민주주의를 규정하는 것

직접민주주의의 디자인을 좀 더 면밀하게 살펴보려면 어떤 요인에 의해 직접민주의적 절차와 그 밖의 절차들(일반투표를 포함하여)을 구별할 필요가 있는가를 고려해 보아야 한다. 이를 위해서는 두 개의 기준이 도움이 된다. 첫째, 직접민주주의는 사람에 대해서가 아니라 중요한 이슈에 대해 결정을 내리는 것이다. 둘째, 직접민주주의적 절차는 시민을 강하게 하고 그 권력을 보다 넓게 분산시키는 데에 이바지하는 것이다. 따라서 그것들은 위로부터 내려오는 것(top-down)이 아니라, 아래로부터 올라오는 것(bottom-up)이다. '아래로부터 올라온다'는 것에는 두 가지 의미가 있다. 하나는 유권자의 일부가 시민발의와 국민투표를 요구할 권리를 갖고 있고, 발의위원회가 투표 회부 여부에 대한 결정에 통제력을 행사할 수 있는 점이다. 또 하나는 국민투표 요구권이 헌법에 명시되어 있는 점이다. 이 점에서 '위로부터' 발의되고 통제되는 위로부터의 국민투표(Plebiscite)나 일반투표(Popular Vote)는 직접민주주의의 일부로 보아서는 안 된다. 뿐만 아니라 국민 소환제나 대의원의 직접 선출도 직접민주제의 일부가 아니다.

위로부터의 국민투표에서는 보통 대통령이나 행정 수반이 언제, 어떤 이슈를 국민들과 상의해야 하는지를 결정한다. 위로부터의 국민투표는 종종 자문에 그치고 의회나 정부에 법적 구속력을 갖지 않는다. 따라서 이런 국민투표는 권력의 도구로 사용될 때가 많다. 이 도구를 사용하여 통치자는 국민동의의 형식으로 그의 권력을 강화하는 것이다. 그 목적 또한 민주주의 실현에 있지 않고, 권력의 자리에 있는 자들의 결정에 합법성을 부여하는 데에 있다.

그런데 불행하게도 위로부터의 국민투표(Plebiscite) 절차와 직접민주주의적인 국민투표 절차 사이에 혼동이 빚어져 절차가 아주 다른데도 다 같이 국민투표(Referendum)라는 용어를 사용하기도 한다. 이에 따라 직접민주주의의 개념이 모호해지면서 독재자들과 권위주의적인 정권들이 자주 사용하는 위로부터의 국민투표와 연관 지어 직접민주주의를 불신하게 된다.

의례적이고 반복적으로 시행되는 위로부터의 국민투표에서의 나쁜 경험을 인용하는 것이 직접민주주의에 대한 타당한 비판이 될 수는 없다.

그 반대이다. 독재자들이 그들의 권력을 정당화하기 위해 국민투표를 도구로 사용한다는 사실을 위로부터의 국민투표가 민주주의를 반민주주의로 전환시키기 위해 사용될 수도 있다는 경고로 우리는 받아들이지 않으면 안 된다.

민주주의와 독재를 구분하지 못한다는 것은 치명적인 실수에 속한다. 좋은 민주주의 특히 직접민주주의는 결코 히틀러와 같은 폭군이 성공하는 것을 허용하지 않을 것이다. 그 반대이다. 독재와 전체주의는 민주주의가 존재하지 않는 곳, 민주주의가 작동을 멈춘 곳에서만 꽃을 피울 따름이다. 히틀러가 권력의 자리에 오르던 당시의 독일이 그 좋은 예이다.

직접민주주의의 디자인

진정한 직접민주주의에서는 국민투표가 언제 의무적으로 실시되어야 하며, 언제 국민들이 국민투표를 실시할 것인가를 결정할 수 있다는 것을 헌법과 법 조항으로 명확하게 규정하고 있다. 직접민주주의에 있어서 절차의 질은 직접민주주의의 사용에 있어서나 도달할 결정들의 질에 있어서나 결정적으로 중요하다.

시민발의와 국민투표 절차를 정할 때 다음과 같은 요소들이 깊이 고려되어야 한다.

- 서명 효력발생기준 : 시민발의나 국민투표를 요구할 때 투표자의 얼마가 서명을 하면 발의나 국민투표가 효력을 발생하는 것으로 할 것인가.
- 허용 기간 : 서명 받기, 정부 측 반응, 역제안을 비롯한 의회 토론, 국민투표 캠페인을 포함하여 각 단계별로 허용되는 기

간을 어느 정도로 할 것인가.

- 서명을 모으는 방법 : 서명 활동은 자유로워야 한다. 예를 들어 거리에서도 서명을 받을 수 있어야 한다. 그래야만 자유로운 토론을 유발할 수 있기 때문이다. 또 토론은 집단의 제한된 수집 규칙으로부터 보호를 받아야 한다. 예를 들어 사전에 정해진 일정한 공공센터에서 서명을 받아야만 한다고 할 때 자유로운 토론이 일어나지 않는다.
- 직접민주주의가 전반적인 정치체제에 얼마나 잘 접목되는가 : 정부와 의회의 개입에 대해 어떤 규정이 적용되는가?
- 다수결 요건과 최저 투표율 정족수 : 단순 다수결주의에 부가하여 기준 투표율 (유권자에 대한 비율로) 또는 최소 찬성표가 규정되어 있는가?
- 시민들을 위한 정보 제공과 공개 토론 : 시민들은 적절하고도 객관적으로 정보를 제공받고 있는가. 공개 토론은 어떤 식으로 지원을 받고 진작되고 있는가.
- 제기될 수 없는 안건 : 어떤 안건이 시민들이 직접 민주적으로 결정하는 것이 허용되지 않는가
- 법적 효과 : 유효한 시민발의(법적 요건을 충족시킨 것)에 대한 법적 결과가 무엇인가.
- 하나의 전체로서의 과정 : 직접 민주적 절차가 당국이나 정부 또는 의회에 의해 중도에 교란되지 않을 만큼 체계적인 전체를 구성하고 있는가.

지난 몇 10년 사이 스위스에서 국민투표는 급증을 거듭해왔다. 1990년대의 경우 스위스 국내 차원에서는 약 35%가 늘어났는데

유럽전체로 보면 100% 이상 증가하였다. 지방 차원에서의 수치는
더 인상적이다. 지난 10년 사이 독일 바바리아 주에서만도 1,000
건 이상의 주민투표가 실시되었다. 그리고 전 세계적으로도 더욱
더 많은 사람들이 더욱 더 많은 사안에 대해 투표를 할 수 있게 되
었다.

1989년 이래 직접민주주의로의 돌파구가 열린 이후 스위스를
비롯 세계 각처에서 직접민주주의의 미래는 질적 진보로 나아가
고 있다. 그리고 위로부터의 국민투표에 이제는 영원한 안녕을 고
할 필요가 있다.

(더 많은) 민주주의를 위한 가이드라인

직접민주주의적 절차의 보다 나은 디자인을 위해서는 다음과
같은 가이드라인을 고려하여야 한다.

직접민주주의적 절차들은 모든 수준에서의 커뮤니케이션을 고
무 격려하는 데에 목표를 두고 디자인 되어야만 한다. 참여(투표
율)와 승인에의 문턱을 설정하는 것은, 소통을 막아 현상을 유지
하려는 사람들에게 이로울 뿐이다. 국민투표에서 정직한 다수를
확보하는 것보다는 토론을 봉쇄함으로써 개혁의 지지자들이 정
족수에 도달하지 못하게끔 한다거나 사람들을 투표장에 나가지
못하게 하는 편이 더 쉽기 때문이다.

심사숙고와 토론, 만남 그리고 상호작용은 시간을 필요로 한다.
그리고 서로 다른 이해관계와 조직에 속해 있는 사람들 사이에 상
호 이해와 타협을 이끌어내는 노력에도 시간이 필요하다.

필요한 시간이 보장되지 않으면 그런 절차들은 어떤 경우에든
도전받기를 바라지 않는 기득권층에게만 유리하게 작용할 것이

다. 충분한 시간 없이는 사회통합을 이루어내는 것도 불가능하다. 이를 항상 염두에 두고 절차상의 매단계마다 충분한 시간을 확보하는 데에 주의를 기울여야 한다. 전체 투표자의 규모가 거대한데도 서명 받는 데에 필요한 날짜를 14일로 잡는다면, 이미 조직을 갖춘 집단 외에는 직접민주주의라는 도구를 성공적으로 사용할 수 없을 것이다. 서명 받는 기간을 최소한 6개월 내지 1년으로 잡는 것이 도움이 될 것이다.

정부와 정당, 이익단체, 협회, 의회에 허용되는 기간도 마찬가지 논리가 적용된다. 캘리포니아의 경우 시민발의는 의회를 거치지 않는다. 반면 스위스는 정족수를 채운 서명이 제출되면 그 순간부터 수많은 협의와 협상 과정이 시작된다. 시스템이 수준 높은 토론을 가능하게 하고, 서로 다른 입장들을 이해하려고 하는 좋은 시도를 가지고 있다면 국민투표를 너무 빨리 시행하지 말아야 하는 것이 필수적이다. 적어도 서명이 제출된 지 6개월은 지나야 할 것이다. 제도와 법령들은 적어도 1년 혹은 18개월 정도는 허용해야 한다.

이것은 결코 쫓고 쫓기는 게임이 아니다. 시간이 충분해야만 진지하게 발의에 임할 수 있고, 타협의 여지를 넓힐 수 있으며, 시스템과 절차의 합리성을 증대시킬 수 있기 때문이다. 직접민주주의는 패스트푸드 그 이상의 것으로서, 여론조사나 그 순간의 문제에 대한 감정적 반응에 기초를 두고 있는 가짜 민주주의와 같지 않다. 무엇을 수용하고 무엇을 거절할 것인가 하는 문제는 매순간 모든 이슈마다 민주적으로 그리고 새롭게 검토되어야 한다.

직접민주주의의 질을 높이고 확고하게 하는 것은 그 자체가 목적이 아니다. 의욕에 차 있고 확신에 찬 시민들만이 즉, 지방과 지역, 국가차원의 정치에서 적극적인 정치경험을 해온 사람들만이 세계화 과정과 관련하여 직접민주주의가 가장 필요한 곳에서 직접민주제적 요소를 요구할 수 있는 용기와 확신을 가질 수 있다.

Echte Wahlfreiheit, bessere Medizin.

um Gesundheitsartikel

www.gesundheit-ja.ch

freie
MEINUN

JA

‹Volkssouveränität statt Behördenpropaganda›
Bürger für Bürger · Postfach 266 · 8044 Zürich

www.freie-me

11

민주주의의 민주화

지난 150년간에 걸쳐 스위스의 직접민주주의는 서서히 더 성숙해지고, 보다 더 세련되어 왔다. 물론 좌절도 있었다. 취약점도 있고, 이에 대한 국내외적인 비판도 있다. 외국인에 대한 정치통합의 방식, 유럽연합과의 관계, 학교에서의 시민교육 부족에 대한 비판들이 그것이다. 그러면 스위스의 정치과정에서의 공정성은 어떠한가?

직접민주주의는 유럽 통합에 대한 스위스 국민들의 태도에 핵심적인 역할을 한다. 상당수의 사람들은 스위스가 유럽연합에 가입할 경우 시민권이 위협받을 것으로 생각한다. 그러나 또 다른 사람들은 이를 스위스 직접민주주의를 유럽연합 전체로 확산시킬 좋은 기회라고 생각한다. 유럽연합은 오늘날의 주요한 정치결정의 대부분이 이뤄지고 있는 곳이다.

2005년 봄 제네바 주(인구의 38%가 외국인이다) 투표자들은 제네바에 8년 이상 거주하고 있는 외국인들에게 선거권은 주고, 피선거권은 주지 않기로 결정했다. 이로써 제네바는 노이샤텔과 주라, 아펜젤 아우터 로데스, 보드, 그라우뷘덴, 프라이부르그에 이어서 일곱 번째로 외국인에게 투표권을 주기로 한 주가 됐다. 그러나 전체적으로 보면 이들 7개주는 여전히 예외에 속한다. 여러 주와 시군 단위에서 스위스 여권을 갖고 있지 않은 거주자들에게 투표권을 부여하려는 시도들이 여러 차례 있었으나 매번 국민투표에서 다수의 지지를 얻는 데에 실패했다. 그리고 지금은 스위스 시민권을 얻고자 하는 외국 거주민들의 시민권 신청에 대해 무엇을 해야 할 것인가를 놓고 폭 넓은 정치적 법적 토론이 벌어지고 있다. 그러나 한 가지는 분명하다. 스위스는 여전히 외국인의 국내 통합 문제를 지나치게 심각하게 보고 있다는 점이다. 여기서 핵심적인 역할을 하는 것이 시민권이다. 참정권을 완벽하게 누리고 있는 자들이 그렇지 못한 자들을 스위스 안으로 통합시키는 데에 사용할 수 있는 도구가 바로 시민권이다.

그러나 직접민주주의의 도구들이란 직접민주주의가 스스로를 개혁하는 수단이기도 하다. 직접민주주의와 관계되는 시민발의가 시군 단위, 주 단위, 연방 차원 등 모든 차원에서 제기되고 있으며 시민권 개혁을 위한 안건들 또한 일상적으로 국민투표에 붙여지고 있다. 투표권과 시민권과 같은 문제에서처럼 그러한 개혁들은 주민발의권을 둘러싼 최근의 전개 상황이 보여주듯이 도전적인 것이다. 이른바 '총시민발의(General Popular Initiative)'를 위한 개헌안이 2003년 국민투표에서 통과는 되었지만 이 새 도구를 사용하는 것이 아직까지는 불가능한 것에 가깝다는 것이 입증되고 있다.

다른 개혁안들 중 어떤 것은 수용이 되고, 어떤 것은 거절당했다. 예를 들어 1987년 국민투표와 주 투표에서 모두 공식적인 역제안이 있는 시민발의에 대해 '더블 예스'를 해도 좋다는 안은 통과되었다. 그러나 2000년에 회부된 것으로 시민들도 역제안을 할 수 있도록 허용하자는 안(소위 "건설적인 국민투표안")은 부결되었다.

더군다나 지난 몇 년 사이 시민권을 아예 해체하자는 시도들도 여러 번 있었다. 또 정부는 시민발의와 국민투표에 필요한 서명 정족수를 늘리자는 안을 내기도 하고, 시민발의위원회는 발의를 다루는 정부 당국에게 허용된 발의 기간의 단축을 요구하기도 했다. 위원회의 요구는 투표함을 통해 실패의 쓴 맛을 보았지만 정족수를 늘리자는 정부 쪽 제안은 의회조차 통과하지 못했다. 서명 정족수가 10만 명으로 그대로 있지만, 그렇다고 하더라도 전국단위의 시민발의에 필요한 정족수 10만 명의 서명을 확보하기는 여전히 쉽지 않다. 오히려 그 반대이다. 실제로는 점차 더 어려워지고 있다. 연방내각의 시민권 전문가 한스 우르스에 따르면 "우편투표제로 쏠리는 최근 경향이 투표소 밖에서 서명을 받는 전통적인 방식에 역효과를 미친다"는 것이다. 지난 10년 사이 국민투표에 붙여지는 시민발의의 건수가 그 이전 10년에 비해 반으로 줄어들고 있는 것도 이 때문일지 모른다. 그러나 취리히처럼 최근 2006년 들어 서명 정족수를 낮춘 곳에서는 시민발의 건수는 늘고 있다.

연방재판소가 개입할 수 있다

스위스 스타일의 직접민주주의라고 해서 확고부동한 절대 가치를 갖고 있는 것은 아니다. 국제 인권과 조화를 이루어야 하며, 사법부의 엄밀한 심사에서 살아남아야 한다. 지난날 직접민주주의에 따른 권리의 이행이 헌법에 명시되어 있는 기본권과 충돌할 경우 해당 지역의 가장 상급 법원이 여기에 개입을 했다. 예를 들어 1991년 로잔의 법원은 아펜젤 이너 로데스 주가 계속해서 여성들을 투표에서 배제하고 있는 데에 대해 이를 금지한다는 명령을 내렸다. 또 2003년 여름에는 비밀 주민투표에 의한 스위스 시민권 획득 결정을 불법으로 판정하였다. 이 때문에 직접민주주의의 선택사항들과 한계를 둘러싼 논쟁이 크게 일어나기도 했다. "시민권 획득의 문제는 정치적 결정사항이 아니라 행정부 소관 사항이다"는 것이 연방재판소의 판결이었다. 시민권에 대한 결정이 투표함을 통해 이뤄진다면 여기에는 설명을 제공할 의무가 없다는 점에 대해 이 판결은 특히 비판적이었다.

　법원의 판결 결과 스위스 전역에 걸쳐 시민권 신청을 취급하는 데에 있어서 변화가 일어났다. 시민권 관련 결정들이 문제가 해소될 때까지 심의가 보류되었다. 이러한 법적 결정에 대한 반작용으로 우파 스위스국민당(SVP)이 몇 가지 시민발의안을 상정하였는데 그중에는 시민권에 대한 결정을 해야 하는 기관이 어느 기관이어야 하는가를 결정하는 것을 헌법에 명시하자는 안이 있었다. 스위스국민당(SVP)이 종국적으로 원했던 것은 국민투표에 의해 시민권을 결정할 수 있는 권리를 설정하고자 한 것이었다. 반면 연방의회의 상원은 시민권 신청을 어떻게 다루든 각 주정부에 맡기자고 했다.

시민권을 둘러싼 끊임없는 논쟁

대부분의 스위스인들은 자신들에게 주어진 시민의 권리들을 좋아한다. 그렇지만 동시에 그들은 여기에 대해 끊임없이 논쟁을 벌인다. 직접민주주의 개혁을 둘러싼 최근의 공개 토론들을 보아도 이를 알 수 있다. 직접민주주의를 명백하게 규정된 민족공동체에 의해 작동하는 전근대적인 인민주권론의 관점에서 바라보는 사람들과, 개인의 자결권을 국제적 기준의 인권 및 세계화의 도전에 연계시켜 바라보는 사람들 사이에는 분명한 경계선이 있다. 이 두 가지 관점이 동시에 나타나고 있는 스위스 연방정부 안에서조차 이 경계선을 둘러싸고 격렬한 토론이 벌어진 적이 있다. 예를 들어 법무장관 크리스토퍼 블로허는 외국인에 대한 제한적 정책을 선호하고 국제법의 역할에 비판적인 데에 반해, 그의 동료이자 전 연방정부 대통령이었던 자유주의자 파스칼 쿠세핑은 스위스에서 태어난 모든 사람들에게는 스위스 시민권이 자동적으로 주어져야 한다는 주장을 펴고 있다.

직접민주주의의 현대화와 관련하여 정부는 인터넷 사용 가능성에 눈길을 돌리고 있다. 2003년 제네바 주의 소도시 아니에르에서 전자투표가 허용된 최초의 주민투표가 실시되었다. 공공청사 재건축을 둘러싼 이 투표에서 44%가 인터넷으로 투표했고, 46%가 우편투표를 했으며, 10%가 투표장에서 투표를 했다. 그리고 그 1년 후 같은 주의 몇 개 시군에서 연방차원 국민투표에서 다시 전자투표가 허용되었다. 제네바 주에 이어 노이샤텔과 취리히 주가 연방의원 선거와 국민투표에 전자투표를 도입하였다. 연방위원회의 평가에 따라, 2007년 3월 스위스 의회는 전자투표를 전국적으로 확대하기로 하는 한편, 해외 거주 유권자들도 이러한 새로운 시도에 포함되게 하는 필요한 조치를 취하기로 했다.

스위스의 여러 주와 시군들은 시민의 권리를 계속 개정해 온 전통을 갖고 있다. 직접민주주의의 도구들이 직접민주적인 권리를 증진하기 위해 연방 단위보다 주나 시군 단위에서 더 활발하게 더 많이 사용되어져 왔다. 정치학자 아드리안 파터의 지적처럼 스위스에 거주하는 외국인에게도 투표를 주고, 투표 연령을 18세로 낮추는 데에 목표를 둔 시민발의가 자주 등장하고 있는 것도 주 단위에서이다. 또 도로나 원자력 발전소 건설을 둘러싼 중요한 결정을 내리는 데 더 많은 공적 개입을 요구하는 시민발의도 많다. 그러나 발의는 하나 시민발 중 상당수가 투표에서는 지지를 받지 못하고 있다.

누가 인민에 속하는가

이 문제는 스위스 민주주의 역사에서 항상 중심적인 역할을 해왔다. 1971년 여성들에게 연방 단위 선거와 국민투표에서 투표권이 주어지기까지 남성들은 수많은 연방 단위, 주 단위 투표장에서 오랫동안 끌어왔던 법안에 반대투표를 해왔다. 당시까지 스위스 국적이 아닌 시민들에게 투표권을 주는 문제와 외국인이 스위스 시민권을 획득할 수 있는 방법을 두고 여러 번에 걸쳐 투표를 해왔다. 이런 사례들은 투표권을 특권으로 이해하는 전근대적 사고와 투표권을 근대 인권의 개념으로 이해하는 견해의 차이를 다시 상기시킨다. 여성 투표권 문제에서와 마찬가지로 외국인에게 투표권을 주는 문제와 귀화에 대해서도 주에 따라 입장이 서로 다르다. 정부는 새로운 개정안을 상정하였는데 그에 따르면 지금 스위스 정부의 입장은 스위스에서 태어났으나 여러 가지 이유로 스위스 여권을 갖지 못하고 있는 사람들에게도 투표권을 주자는 것이다.

직접민주주의의 강화냐 아니면 해체냐를 둘러싼 논쟁에 덧붙여 최근에는 정치과정의 공정성 문제가 점점 더 전면에 대두되고 있다. 다음과 같은 문제들이 제기되고 있다.

- 직접민주주의 과정에서 사용되고 있는 다양한 원천에서 나오는 자금의 문제
- 국민투표 캠페인 중 전개되는 주장들의 정직성 문제
- 전체 과정 중의 정부의 역할 문제

자금의 문제에 대해서는 선거 기간 중 사용된 모든 돈에 대해 규모와 출처 공개를 의무화할 것인지의 여부를 둘러싸고 토론이 벌어지고 있다. 정직성의 문제에 대해서는 허위사실 유포 등을 감시하는 옴부즈맨 사무실로 갖가지 제안들이 쏟아져 들어오고 있다. 그러나 옴부즈맨에게는 법적 제재를 가할 권한이 없다. 정부 역할 문제에 대해서는 '정부 프로파간다 대신 인민주권을'이라는 슬로건 아래에 2003년 초 시민발의가 제기되어 있는 상태이다.

학교에서의 정치교육은?

스위스 민주주의의 약점 중의 하나는 초중등학교에서의 정치교육의 부재다. 이 점에서 16세 이하의 스위스 청소년들은 세계 청소년의 평균치 이하이다. 그들도 민주주의에 대해서는 분명한 생각을 갖고 있다. 그러나 정치에 관한 그들의 지식과 민주주의에 실질적으로 참여하고자 하는 의지는 매우 허약하다. 이는 '교육 성취도 평가를 위한 국제협회(IEA)'가 14세에서 15세까지의 세계

28개국 9만 명의 청소년들을 대상으로 조사한 결과이다. 프리부르대학의 프리츠 오저 교수와 호르스트 비더만 교수는 균형 잡힌 분석을 통해 스위스 학교에서의 정치교육의 부재를 그 원인으로 지적하고 있다. 이에 대한 긴급 조치가 요청된다.

유럽통합 문제에 대해서도 직접민주주의는 스위스 국민들의 태도 결정에 중심적인 역할을 하고 있다. 상당수의 사람들은 스위스가 유럽연합(EU)에 가입한다면 시민권이 위협받을 것으로 보고 있다. 그러나 또 다른 사람들은 스위스의 유럽연합 가입은 스위스의 직접민주주의를 유럽연합 전체로 확산시킬 좋은 기회라고 보고 있다.

취리히대학의 디트리히 쉰들러 교수의 연구에 의하면 투표에 붙여진 40개의 법안 중 3건과 의무적 국민투표 사안인 시민발의는 전적으로 유럽연합법으로 보호를 받을 수 있으며, 14건의 국민투표는 유럽연합법에 부분적으로 배치되는 것이다. 한마디로 국민투표에 붙여진 안건의 약 10%는 그 결과가 어떻게 나오든 유럽연합 법체계 아래에서는 시행 불가능한 것이다. 시민권 상실의 문제에 있어서는 주나 시군 단위가 덜할 것이다. 그렇다고 하더라도 유럽통합이 전체적인 시민권 상실을 초래할 것이라는 전망을 하게 만든다. 미래를 내다보면 시민발의와 국민투표가 유럽통합 과정에서 한 것처럼 유럽전역과 전 세계에 걸쳐 그 역할이 더 늘어갈 것이다. 2007년 상반기 중에 20건 이상의 초국가적 시민발의들이 유럽연합에서 착수되어 왔고, 유럽연합 신헌법의 경우도 최소한 회원국 일부 국가에는 국민투표에 붙여져 면밀히 검토될 것이다.

스위스 시민권의 발전상황은 민주주의의 민주화가 일방통행

도로가 아님을 보여준다. 때로는 일보 전진하다가 일보 후퇴할 수
도 있다. 전 유엔 사무총장 코피 아난의 말처럼 "민주주의의 장애
물은 문화와 종교와 관련된다기 보다는, 어떤 대가를 치르든 그
자리를 유지하겠다는 권력자의 욕구와 더 관련이 있다."

참고자료

12

유토피아가 현실이 되다

시민발의와 국민투표가 거의 세계 모든 곳에서 그 역할을 강화하고 있다. 1991년 이후 전 세계적으로 아래로부터의 국민투표와 위로부터의 국민투표 건수가 2배나 증가했다. 캐나다에서 뉴질랜드, 대만에서 코스타리카에 이르기까지 전국 단위든 지방 단위든 직접민주주의는 강화되고 있다. 이제 우리는 초국가적인 통합의 새 시대로 접어들고 있다. 살아남기 위해서는 대의제 민주주의가 직접민주주의에 의해 보완되지 않으면 안 될 시점에 서 있는 것이다.

21세기에는 과거의 파트타임 민주주의가 물러가고 그 자리에 시민이 중요한 문제에 결정권을 행사하는 풀타임 민주주의가 들어설 것이다. 이것만이 대의제 민주주의로 하여금 진정으로 민의를 대변하게 만드는 길이다. 시민의 권리는 어제의 유토피아를 내일의 현실로 바꿀 것이다.

장자크 루소의 사상은 간단하다. 공공 생활을 다스리기 위해 인민들은 법을 필요로 한다. 만일 모두가 그 법을 만드는데 관여하게 되면 결국 누구나 자기 자신에게만 복종하면 된다. 그 결과는 누가 누군가를 지배하는 것이 아닌 자율 규제이다.

어제의 유토피아의 꿈이 점차 내일의 현실로 바뀌고 있다. 얼마 전만 하여도 세계 인구의 소수만이 민주적인 기본권이 보장되고 있는 나라에 살고 있었다. 1980년에는 54개국, 세계 인구의 46%만이 민주 국가에 살고 있었다. 그런데 이것이 지금은 133개국, 인구의 2/3인 72%로 늘어났다. 이러한 민주화 과정은 특히 유럽에 적용되는데 민주주의가 아직도 불경스럽게 여겨지는 나라는 벨라루스가 유일하다.

최근 보고서에서 유엔개발계획(UNDP)은 사회의 민주화를 가장 중요하고 긍정적인 시대 흐름의 하나로 표현했다. 유엔의 전문가들도 민주주의의 민주화를 우리 시대의 최대의 도전으로 규정지으면서, 민주화란 선거 그 이상의 것을 뜻하는 것이라고 했다. 인민의 존엄성은 인민이 자유롭게 그들을 통치하는 법 제도를 만들고 행사하는 과정에 참가할 수 있음을 요구한다.

스위스는 이를 19세기 초에 이미 실현하고, 직접민주주의 도입을 위해 성공적으로 싸워왔다. 이를 지금 유럽과 세계 여러 나라들이 따라오고 있다. 1991년 이후 아래로부터의 국민투표와 위로부터의 국민투표 건수가 2배 이상 늘어났다. 1991년과 2006년 사이 전 세계적으로 실시된 전국 단위의 국민투표 585건 중 아메리카 대륙이 100건, 아프리카가 64건, 아시아가 40건, 오세아니아가 31건이다. 가장 많은 350건이 유럽에서 이루어졌다. 그 이전 15년(1975년에서 1990년) 사이 실시된 총 국민투표 건수는 235건이었다.

그중에서 3가지의 상황이 직접민주주의의 뚜렷한 발전 추세를 잘 보여주고 있다. 첫째가 27개 이상의 신헌법이 국민투표에 붙여졌던 동구권에서의 민주혁명이다. 둘째, 유럽통합의 가속화는 초국가적 함의와 함께 직접민주주의의 파도에 문을 개방했다. 셋째가 라틴 아메리카와 아프리카의 여러 나라, 일부 아시아 국가들을 포함한 지구 남반부에서의 직접민주주의의 도입과 실시 확대이다.

입헌적 국민투표 제도는 미국 혁명과정에서 발생했다. 미국 최초의 국민투표는 1639년 미국 식민지 중에 독립 상태에 있던 코네티컷 주에서이다. 그렇지만 1778년에서 1780년 사이 매사추세츠 주와 뉴햄프셔 주에서 있은 헌법 제정의 노력들이 여기에 특별한 의미를 더 했다.

유럽에서 미국의 뒤를 따른 것은 프랑스가 처음이다. 프랑스 국민의회는 헌법은 인민에 의해 제정되어야 한다는 점을 선언하고 있다. 1793년 8월 600만 명의 프랑스 투표자들이 그들의 신민주국가헌법(몬테냐르드 헌법)의 채택 여부를 놓고 국민투표에 들어갔다. 이 투표에서 투표자의 90%가 혁명적인 새 규칙에 호응하면서 찬성표를 던졌는데, 신헌법에는 국민투표를 요구할 수 있는 10%의 유권자의 권리가 포함되어 있었다.

그러나 직접민주주의가 꽃을 피운 것은 나폴레옹 등장과 함께 막을 내린 프랑스에서가 아니라 스위스에서였으며, 프랑스에서는 살아남지 못했다. 직접민주주의는 이제 유럽을 떠나 다시 아메리카로 되돌아갔다. 19세기 말에는 미국의 북서부 주들로, 20세기 초에는 우루과이로 갔다. 직접민주주의의 도구가 민주주의 실현의 주요 도구가 되는 것은 2차 대전 이후부터이다. 종전과 더불어 이탈리아, 호주, 남아프리카공화국, 에콰도르와 같은 나라들도 직접민주주의를 도입했다. 지난 200년의 시간에 걸쳐 전 세계적으로 1,430건의 국민투표가 실시되었는데 그 대부분이 지난 15년 동안이다.

간접민주주의를 보완하는 것으로서의 직접민주주의는 예부터 내려온 어리석은 이상주의적인 사상도 아니고, 비현실적인 소수 환상주의자들의 단골메뉴도 아니다. 오히려 직접민주주의는 지극히 실용적인 사상임을 보여준다. 2006년 한 해에 미국 커뮤니티들에서 실시된 주민투표만 해도 10,000건에 달한다. 또 독일 바바리아 주 같은 경우는 1995년 주민투표제를 도입한 이후 지금까지 1,200건의 투표를 치렀다. 바바리아 주에는 이슈들과 적극적인 시민들이 분명 넘쳐난다. 바바리아 주의회 의원인 클라우스 한조그가 그의 수상록인 '더 많은 민주주의를 향해 가자'에서 말하고 있는 것처럼 국민투표 도입 결과 지방정치가 생기를 되찾은 것이다.

유럽의 변용

더 많은 민주주의를 향해 가자. 이는 어떤 주제와 관련해서는 정말 그렇다. 세계 여러 나라에서 실시되는 국민투표의 주제들은 국가의 성장, 헌법, 도로 건설 프로젝트, 윤리 문제에서 도시 계획, 조세문제에 이르기까지 다양하다. 그러나 그중에서 가장 엄청나다고 할 수 있는 것이 유럽통합의 주제이다. 어느 누구도 예측하지 못한 사안이다. 유럽연합 건설의 아버지들도 유럽정치의 차원에 시민들이 직접 결정에 참여할 줄은 생각지도 못했다. 1940년대에 개발된 민주유럽연합 개념이 일찍이 쓰레기통에 던져지게 된 것은 1939년에서 1945년까지의 전쟁 경험 때문이라기보다는 냉전의 위협이 더 컸기 때문이다. 1950년대의 유럽통합의 과정은 주로 경제문제와 관료제에 의해 주도되었다. 이른바 모네(Monnet)시스템은 시민의 직접개입 여지를 제공하지 않았다.

1960년대 초반에 유럽 국민투표라는 도전장을 최초로 만들어 낸 사람은 또 다른 위대한 프랑스인 샤를르 드골이었다. "서로 다른 사람들이 합류하기로 결정하는 날, 유럽이 다시 태어날 것이다. 이는 국회의원들의 비준만으로는 충분하지 않다. 관련 당사국 모두에서 같은 날 실시되는 국민투표가 요구된다."

10년 뒤 드골의 후계자 조르쥬 퐁비두 대통령은 그의 국민들을 유럽 최초로 위로부터의 국민투표권 행사자로 만들었다. 1972년 3월 23일이었다. 이날 프랑스 국민의 3분의 2가 유럽공동체를 북쪽으로 확대하여 덴마크와 아일랜드, 영국, 노르웨이를 포함시키는 안에 찬성표를 던졌다. 돌이켜보면 이 날은 유럽공동체가 북방으로 문을 연 날일 뿐 아니라 직접민주주의에 문을 연 날이기도 하였다. 같은 해 아일랜드(5월 10일)와 덴마크(10월 2일)는 국민투표를 통해 유럽공동체 가입을 결정했다. 노르웨이와 스위스에서도 유럽 문제를 둘러싸고 국민투표가 행해졌다. 9월 26일 노르웨이 유권자들은 근소한 표차로 유럽공동체 가입안을 부결시켰다. 스위스에서는 12월 10일 유럽공동체와의 자유무역협정안에 투표자의 72.5%가 찬성했다.

유럽통합의 역사에서 국민투표 원년에 각 나라의 국민투표 절차상의 차이가 크다는 것이 드러났다. 프랑스의 경우 국민투표는 대통령이 요청한 것일뿐더러 법적 구속력이 없는 것이었다. 반면 아일랜드는 유럽공동체 가입과 관련된 국민투표를 헌법조항으로 규정했고, 덴마크에서는 국회의원의 6분의 5의 동의가 있을 때 주권을 국제기구로 이관한다는 제안을 발의하고 발의된 안은 국민투표에 회부하기로 했다. 노르웨이와 스위스에서 유럽공동체에 가입하거나(노르웨이) 유럽경제공동체 자유무역협정에 가입하기 위해(스위스) 국민투표를 하는 것을 자발적으로 결정하는 곳은 전자의 경우에는 의회였고, 후자의 경우에는 정부였다. 이제 우리는 유럽연합 27개국 중 22개국 국민들이 유럽연합과 관련된 안건을 두고 최소 한차례 이상 직접 표를 던지는 그런 단계에 도달하고 있다.

최소 요구조건들

여러 나라의 국민투표를 보면 투표 절차에서의 부족함이 있음을 알 수 있다. 유럽의 경우 헝가리, 이탈리아, 라트비아, 리히덴슈타인, 리투아니아, 스위스, 슬로바키아에서만 완벽한 형태의 시민발의와 국민투표가 존재하고 있다. 네덜란드와 오스트리아, 폴란드, 포르투갈, 루마니아, 알바니아, 스페인은 의제 발의를 포함하고 있다. 또 벨기에, 불가리아, 키프로스, 에스토니아, 핀란드, 프랑스, 영국, 그리스, 룩셈부르크, 노르웨이, 스웨덴, 터키 그리고 실제적으로 보아 체코까지도 국민투표가 있기는 하나 대체로 아래로부터의 투표라기보다 위로부터의 국민투표(Plebiscite)의 형태를 띠고 있다. 이들 나라의 경우 국민투표를 조직한다는 것은 순전히 권력의 자리에 있는 자들의 의지에 달려 있다. 독일과 몰타는 국민투표에 관한 헌법조항 자체가 없다.

유럽과 세계 여러 나라의 직접민주주의의 미래는 표현의 자유와 시민권의 공정한 사용에 달려 있다. 그를 위해서는 아래와 같은 최소 요구조건들이 충족되어야 한다.

- 시민들은 스스로 시민발의와 국민투표를 추진할 수 있는 권리를 갖고 있어야 한다.
- 국민투표의 결과는 구속력을 가져야 한다. 구속력이 없는 단순한 자문은 문제를 풀기보다 문제를 한층 더 모호하게 하고 때로는 새로운 문제를 만들어낸다.
- 최소 투표율 정족수 규정은 철폐되어야 한다. 기권의 전술적 사용과 결과의 무효선언도 정족수 규정 때문이다.

따라서 다음과 같은 것들이 요구된다.
- 선거운동 기간 중에 사용된 일체의 기부금과 후원금은 투명성의 원칙에 따라 철저하게 공개되어야 한다.
- 찬반 양측에 미디어에서의 똑 같은 공간과 시간이 주어져야 한다.
- 국민투표 캠페인 기간 중 정부와 공개 토론의 역할이 명확하게 규정되어야 한다.

수많은 개혁안들이 '참여' 또는 '직접' 민주주의의 이름으로 시민들에게 팔려나갔다. 그러나 그것들의 진위 여부는 위에 제시된 6가지 잣대를 거친 뒤에야 드러날 것이다. 예를 들어 스웨덴 정부는 새로운 시민발의안을 내놓았다. 그러나 주민의 10% 이상, 국회의원의 3분의 1 이상 찬성이 있을 때에만 투표에 붙인다는 꼬리표를 단 것이었다. 또 대만 의회도 국민투표법안을 통과는 시켰으나 법안 자체가 너무 복잡하고 사용자에게 불편한 것이어서 어느 대만 논평자는 "실제로는 시민들은 한마디도 할 수 없게 만든 것"이라고 선언할 정도이다. 시민발의든 국민투표든 시민의 권리와 관련된 안건을 다룰 때 가장 주의해야 할 것이 디자인 상의 속임수이다. 이는 의도적인 것일 수도 있고, 그렇지 않은 것일 수도 있다. 경험상 직접민주주의가 부정적인 측면을 드러내면 거의 예외 없이 디자인상에서의 속임수에서 비롯된 것이고, 직접민주주의에 대한 부정적인 경험은 이를 오랫동안 거부하게 만든다.

테스트 케이스: 유럽 시민발의

바로 이 같은 이유 때문에 '유럽 시민발의'란 것도 흥미로운 것이기는 하지만 속임수의 테스트 케이스일 수 있는 것이다. 2004년 유럽헌법 초안에는 "100만 명 이상의 시민은 위원회로 하여금 시민들이 유럽연합 헌법이 시행되기 위해 필요하다고 생각되는 법에 관한 적절한 제안을 하게 할 수 있다."는 조항이 포함되어 있었다. 헌법의 새로운 조항 및 법 개정, 새로운 규제안 등을 제안할 수 있는 선택권은 시민을 유럽연합 의원과 동등한 위치에 놓는 것이며 새로운 유럽연합 헌법의 일부가 되게 하는 것이다.

국가 단위의 시민발의권과 비교해 볼 때 유럽연합의 의제 발의 조항은 상당히 약하다. 유럽 시민 100만 명 이상의 서명으로 유럽연합위원회로 하여금 발의토록 한다는 식으로 발의권을 여전히 유럽연합위원회의 손에 쥐어주고 있기 때문이다. 그럼에도 불구하고 간접적인 효과도 적지 않다. 어떻든 시민들에게 발의의 권리가 주어짐으로써 새로운 법, 새로운 규정들을 만들 때 노동조합을 비롯한 여러 단체들이 수백만의 시민들을 동원하여 그들 편에 서도록 할 수 있기 때문이다. 뿐만 아니라 유럽 시민권 발의권을 채택할 것이라는 선언만으로 이미 수많은 유럽인들을 움직이게 하고 있다. 2007년 말까지 추진된 유럽 시민발의만 해도 20건에 달한다.

"직접민주주의의 도구는 시민들을 유럽 정치라는 운동경기에서 초국가적인 선수들로 만든다." 전 독일 국회의원 위르겐 마이어의 말이다. 대의제 민주주의에 기초를 둔 국민국가에 21세기가 거대한 도전을 하고 있는 것이다. 런던의 〈이코노미스트〉지도 최근의 연구보고서에서 직접민주주의가 "인류의 위대한 미래"가 될 것이라는 예측을 내놓았다. 21세기는 지금까지의 파트타임 민주주의가 물러나고 그 자리에 풀타임 직접민주주의가 들어서는 것을 보게 될 것이다. 그때가 되면 시민들은 지난날 생각조차 못했을 정도로 중요한 국가 사회 또는 경제와 국제문제에 대해 자신들의 목소리를 직접 내게 될 것이다. 이것만이 대의제 민주주의를 진정한 대의제로 만드는 길이다. 시민권은 어제의 유토피아를 내일의 현실로 만들 것이다.

참고 자료

F26　유럽에서의 자유롭고 공정한 국민투표를 위한 키포인트
S　　세계의 직접민주주의 조사연구: 전 지구적인 참여의 도전
G　　직접민주주의 용어 해설

제 2 부

2003. 선거

단위		대상
시	02.09	관청 재개발, 치안판사 2003~2009
주	04.06	주의원 2003~2007
	04.06	주정부 각료 2003~2007(여성 4, 남성 3)
	05.18	종교회의 임원 2003~2007
연방	10.19	하원의원 2003~2007
	10.19	취리히 상원의원(2) 2003~2007

2003. 취리히시 주민투표

	안건	결과
02.09	취리히 시 전기발전소 에너지 서비스과 빌딩 신축을 위한 7천 6백만 프랑 대부	찬성 78.13% 투표율 31.27%
05.18	실내 체육관 재건축, 부지 매입, 건축허가 2천만 프랑 대부	찬성 73.5% 투표율 49.55%
05.18	젝셀로이텐 플라츠 극장 광장 디자인	찬성 69.31% 투표율 49.68%
09.07	주택 건설과 연기금 펀드에 대한 보조금	찬성 79.69% 투표율 32.33%
09.07	취리히 스타디움을 위한 민간 개발계획 환경영향 평가	찬성 63.26% 투표율 32.44%
09.07	축구장 인프라 구축	찬성 59.19% 투표율 33.25%
09.07	초등학교 저학년 블록 수업 도입	찬성 72.04% 투표율 32.72%

2003. 취리히 주차원의 국민투표

	안건	결과
02.09	스위스 민법전 입문법	찬성 56.5% 투표율 32.7%
02.09	글라탈 철도 및 도로건설 재정지원	찬성 66.6% 투표율 32.9%
05.18	저소득층 세금 인하	반대 63.9% 투표율 50.1%
11.30	주(州)와 시(市)간의 의무분할을 둘러싼 주헌법개정	찬성 83.42% 투표율 40.0%
11.30	교회와 국가 간의 관계변경을 둘러싼 주헌법개정	반대 55.01% 투표율 40.2%
11.30	교회법 승인	반대 54.18% 투표율 40.2%
11.30	종교 공동체 승인에 관한 법 제정	반대 64.06% 투표율 40.4%
11.30	경찰법과 취리히 사법센터 승인 여부	찬성 55.7% 투표율 40.3%
11.30	약제품 취급과 관련된 보건법 개정	반대 58.88% 투표율 40.8%
11.30	형사재판 절차법 부분 개정	반대 76.27% 투표율 39.8%
11.30	조세문제에 대한 시민의 발언권 부여	반대 63.77% 투표율 40.3%
11.30	주택 임대율 인상 금지에 대한 시민발의 승인	찬성 52.06% 투표율 40.4%

2003. 연방차원의 국민투표

	안건	결과
02.09	시민권 개정에 관한 연방정부 법령	찬성 70.4% 투표율 28%
02.09	의료비 지원 개정에 관한 법률	찬성 77.4% 투표율 28%
05.18	군 행정법 개정	찬성 76.0% 투표율 50%
05.18	시민보호법	찬성 80.6% 투표율 50%
05.18	시민발의 '적정한 집세'	반대 67.3% 투표율 50%
05.18	시민발의 '차 없는 일요일'	반대 62.4% 투표율 50%
05.18	시민발의 '감당한 만한 수준의 의료보험비'	반대 72.9% 투표율 50%
05.18	시민발의 '장애인에 대한 동등한 권리 보장'	반대 62.3% 투표율 50%
05.18	시민발의 핵발전 '반대'	반대 66.3% 투표율 50%
05.18	시민발의 '핵발전소 건설 유예기간 연장'	반대 58.4% 투표율 50%
05.18	시민발의 '적절한 직업훈련을'	반대 68.4% 투표율 50%

21개 각 주별 국민투표 실시 현황

주	총투표 건수 1970~2003	1997~2003
취리히	457	77
솔로던	316	47
바젤 카운티	282	74
샤프하우젠	272	52
그라우뷘덴	262	69
바젤 시티	242	22
베른	222	22
위리	183	29
아르고	183	50
투르고	163	17
제네바	150	30
슈위츠	142	26
발래	136	8
노이샤텔	121	6
생 갈랭	121	20
루체른	99	21
취그	97	25
보드	86	23
프리부르크	85	11
티키노	53	12
주라 (1979 이후)	45	4
총	3,717	645

자료: C2D Research Centre on Direct Democracy, Aarau (www.c2d.ch)

	전근대	근대
개념	고전적 직접민주주의	근대적 직접민주주의
모델	결사체 민주주의 의회민주주의	개인 중심의 민주주의, 대의제 민주주의에 대한 보완으로서의 주민발의와 국민투표
반대 개념	귀족 정치, 군주제	대의제 민주주의
정치문화 시민권	집단의식: 민주주의, 인민주권, 자유, 특권층의 일원으로서의 '우리'를 위한 평등, 당파성에대한 역사적 정당화	개인주의: 민주주의, 인민주권론, 자유, 양도할 수 없는 인권으로서 '모두를' 위한 평등, 자연권에 기초한 개인의 인권
집단적 특수주의 근거, 또는 정당화	특정 집단의 역사적 특권으로서의 민주주의, 부당한 전제군주에 대한 저항에 기원을 둠	자연권으로서의 민주주의
민주주의	타자에 의한 지배와의 화해 가능성	화해 불가능성
자유	결사체적 자유, 집단적 자유	개인적 자유
평등	특수 집단 성원으로서의 평등	모든 인류의 평등
정치적 평등	명문가 출신들이 주요 포스트를 모두 차지함. 이들은 경제, 사회, 문화적으로 – 법적으로는 아니라 하더라도 – 스스로를 "보통 사람들"과 뚜렷이 구분된다	형식적인 평등, 하지만 실질적인 정치 참여라는 측면에서는 불평등함.
정치적 실천	사회적 평등 또는 정치참여의 형태로서 공직매수와 매표	공직매수와 매표는 부패로 간주; 복지국가를 매개로 한 사회적 평등

스위스는 초기 서로 분리되고, 독립적인 존재인 여러 작은 국가들의 연합으로 태어난 연방국가이다. 지난날의 이 작은 국가들이 오늘날의 주이다. 이 작은 주들이 주권의 일부를 양도하여 연방국가를 결성한 것은 1848년이다. 스위스의 정치 시스템이 주에 고도의 자치권을 허용하는 한편 주요한 국가 정책을 결정할 때는 반드시 모든 단계에서 주를 깊숙이 개입시키고 있는 것도 이 같은 역사적 배경 때문이다.

스위스 연방은 다음과 같은 5가지 요소로 특징지어진다.
1) 각 주는 막강한 권력과 권한을 갖고 있다.
2) 중앙정부와 주 사이에는 광범위한 협조가 이뤄지고 있다. 주와 주 사이에도 마찬가지이다.
3) 각 주는 재정에서 일정한 자치권을 갖는다.
4) 각 주는 조직과 절차에 있어서 자치적이다.
5) 주는 법적으로 국가의 기본적 문제들에 있어서는 중앙 정부와 공동으로 결정을 내리도록 되어 있다.

연방헌법 제3조는 '각 주는 연방헌법에 제한받지 않는 한 주권적이며, 연방정부에 양도하지 않은 모든 권리를 행사한다'고 규정하고 있다. 스위스는 26개 주로 구성되어 있다. 이 중 6개 주는 역사적 이유 때문에 어떤 면에서 상대적으로 축소된 권리를 갖고 있다. 모든 주는 자체 헌법과 의회, 정부, 법원을 갖고 있다. 그리고 모든 주는 연방의회 상원에 대표 2명을 파견하고 있다. 단, 바젤 시티, 바젤 컨트리, 옵발덴, 니드발덴, 아펜젤 아우터 로데스, 아펜젤 이너 로데스는 예외적으로 1명씩을 보내고 있다.

주정부는 어떻게 법 제정에 영향을 미치는가

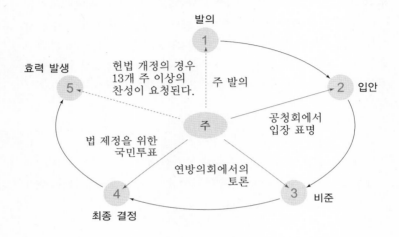

법의 탄생은 복잡하고 때로는 긴 시간을 요하는 작업이다. 법 제정의 과정은 적게는 12개월, 많게는 12년 이상 걸린다. 그럼에도 불구하고 최근 들어 새로운 법이 크게 증가하고 있다. 평균적으로 일주일에 하나정도로 새로운 법이 효력을 발생하고 있다.

입법 과정은 5단계로 나눠진다.
1) 개인이나 이익단체도 법제정을 발의할 수 있다. 그러나 대부분 국회의원들이나 행정부의 담당 부서, 주와 연방정부에 의해 발의된다.
2) 제2단계에서는 입법초안이 마련된다. 이를 위해 연방의회는 새 법에 이해관계를 갖는 단체의 대표를 비롯 10~20명의 위원을 임명한다. 초안이 완성되면 각 주, 각 정당, 노동조합과 기타 해당 이익단체들에 보내진다. 초안을 받은 자들은 초안에 대해 자기 견해를 밝힐 수 있으며, 수정을 제안할 수도 있다. 이를 피드백으로 삼아 연방정부는 법안을 재검토한 뒤 연방의회에 보낸다. 연방의회는 텍스트를 검토한 뒤 법안설명과 함께 이를 상하원에 배부한다.
3) 제3단계에서는 의회에서 법안에 대한 찬반 토론이 진행된다. 상하원 의장들이 상하원 중 어디에서 먼저 법안을 심의할 것인가를 결정한다. 상원이든 하원이든 먼저 법안을 심의하기로 결정된 곳(예를 들자면 하원)의 의회 자문위원회가 텍스트를 검토한 뒤 자체 의견서를 곁들여 법안을 하원(또는 상원) 총회에 회부한다. 이 같은 절차가 상원(또는 하원)에서 반복된다. 이 과정에서 원에 따라 결정이 달라지면 이른바 처음에 법안을 심의한 하원(또는 상원) 자문위원회에서 다시 검토된다. 여기서 법안의 수정, 재수정이 이뤄진다. 3독회를 거치면서도 차이가 좁혀지지 못할 경우 타협책 모색을 위한 '합의 컨퍼런스'가 열리고, 타협안

은 다시 상하양원에 회부되어 최종 투표에 들어간다.

4) 다음 단계에서 유권자들은 법안에 대해 자신의 의견을 표현할 기회를 갖는다. 유권자 5만 명 이상, 8개 주 이상으로부터 요청이 있을 경우 법안은 국민투표의 대상이 되는데 이 경우 법안이 공표된 후 100일 안에 국민투표 실시를 요구해야 한다. 그러나 개헌의 경우 요구가 없더라도 국민투표에 회부된다. 이는 의무적인 것이다.

5) 국민투표의 요구가 없거나 투표에서 승인되었을 경우 법은 공포 후 100일이 지나면 효력을 발생한다.

법 제정에 투표자들이 영향을 미치는 방법

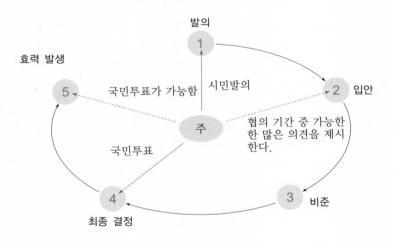

출처: 스위스 연방내각 '새 법으로 가는 길(The Path Towards a New Law)'
(www.bk.admin.ch/themen/gesetz)

스위스는 1994년부터 연방단위 국민투표의 경우 투표소에 가서 투표를 하든 우편으로 투표를 하든 모든 사람들이 자유롭게 투표할 수 있다는 것을 하나의 원칙으로 삼아왔다. 우편투표는 시간과 공간의 양 측면에서 투표소에서의 투표보다 훨씬 더 간편하다. 여행 중인 사람도 어느 곳에서든 우편으로 투표를 할 수 있다. 해외에서도 가능하다. 우편투표에 따르는 구체적인 절차는 주가 정한다. 말하자면 주에 따라 절차는 조금씩 달라질 수 있다. 특히 비밀투표의 문제, 투표권의 오남용의 문제, 투표권 부여의 문제, 기록의 문제 등이 발생할 수 있는데 이 문제를 염두에 두고 각 주는 철저한 절차들을 마련한다.

스위스에서는 두 가지 우편투표 시스템이 있다. 하나는 단순화된 일반적인 우편투표이다. 흔히 원용되는 것도 이 시스템이다. 투표자들은 우편투표에 필요한 문건들을 정부우편으로 받는다. 또 하나의 시스템은 투표자로부터의 요청이 있을 경우 이를 허용하는 시스템인데 현재로서는 한 개 주에서만 시행되고 있다. 이 경우 우편투표를 하고자 하는 자는 우편으로 해당 정부 부처에 이를 사전에 신청을 해서 허가를 받아야 한다.

우편투표제가 도입된 이래 이를 이용하는 사람들이 계속 늘고 있다. 우편투표율이 전체 투표율에서 차지하는 비율이 주에 따라 차이가 나고 있기는 하지만 평균 80%에 달한다.

주별 우편투표 도입 연도와 법적 근거

주	최근의 법적 근거	발효년도
취리히	정치적 권리에 관한 법 69조	1994
베른	정치적 권리에 관한 법 10-11조	1991
루체른	투표권 법 61-63조	1994
위리	비밀선거, 국민투표 및 시민권에 관한 법 19-23	1995
슈비츠	선거 및 국민투표에 관한 법 28조	2000
옵발덴	정치권 행사에 관한 법 29-30조	1995
니드발덴	정치적 권리에 관한 연방법 시행령 32-36조	1994
글라우스	선거 및 국민투표에 관한 법 13조, 15-17조	1995
취그	선거 및 국민투표에 관한 법 13조, 23조, 30-35조	1997
프리부르크	정치적 권리 행사에 관한 법 18조	1995
솔로던	정치적 권리에 관한 법 78-85	1980
바젤 시티	선거 및 국민투표에 관한 법 6조, 8조	1995
바젤 컨트리	정치적 권리에 관한 법 7조, 10조	1978
샤펜하우젠	국민투표와 선거 및 시민권 행사에 관한 법 14조, 50조	1995
아펜젤 아우터로데스	정치적 권리에 관한 법 13-15조	1988
아펜젤 이너로데스	정치적 권리에 관한 시의회 시행령 12-14조	1979
생갈렌	투표법 16조	1979

주별 우편투표 도입 연도와 법적 근거

주	최근의 법적 근거	발효년도
그라우뷘덴	그리우뷘덴 주에서의 정치적 권리에 관한 법 24-25조, 34조	1995
아르고	정치적 권리에 관한 법 17조	1993
투르가우	국민투표 및 선거에 관한 투표권 법 10조	1985
티키노	정치권 행사에 관한 법 32-34조 (유권자 요청에 의해 개별적으로 허용되고 있음)	1987
보	정치권 행사에 관한 법 17-18조, 20조, 24조	2002
발래	정치적 권리에 관한 법 25-26조	2004
노이샤텔	정치적 권리에 관한 법 9-10조, 20조	2003
제네바	정치권 행사에 관한 법 61-62조, 67조	1995
주라	정치적 권리에 관한 법 18-19조, 21조	1999

* 추가 정보가 필요한 분들은 다음을 참조하세요
· Swiss Federal Chancellery: Survey on postal voting, Bern 1998 (www.admin.ch/ch/d/pore/va/doku/pdf/enquete_bsa.pdf)
· Longchamp, Claude: Popular postal voting—Main results of the VOX—Analyses of postal voting at federal citizens' referendum ballots, 1998 (www.polittrends.ch/partizipation/postgang.php)
· Von Arx, Nicolas: Postal Democracy, Postal voting in Switzerland (Aktuelle Juristische Praxis 1998, pages 933~950)
· Swiss Federal Chancellery: Postal Voting—Analysis of the popular vote of 27th November 2005, Bern 2006 (www.bk.admin.ch/dokumentation/publikationen/00284/02526).

무엇이 전자투표인가

간단히 말해 인터넷, e-mail을 수단으로 사용하는 투표가 전자투표
이다. 유권자는 e-mail, 인터넷 등 전자 수단을 사용하여 국민투표 및
선거에서 투표를 하고, 시민발의 및 국민투표 발의 과정에서 서명자
명단에 참가할 수 있으며, 당국에 선거 및 국민투표에 관한 정보 제공
을 요청할 수 있다. 그러나 전자투표는 어디까지나 보조적인 것이지
기존의 투표방식을 대체할 수는 없다.

출발점

새로운 정보통신 테크놀로지를 스위스의 직접민주주의를 강화, 발
전시키는 데에 동원될 수 있는가의 여부, 있다면 그 방법은 무엇인지
를 둘러싸고 그동안 스위스 의회는 연방정부에 수없이 많은 질의와
제안을 해왔다. 그 결과 2000년 8월 각의 결정에 따라 연방정부 총리
실은 연방 및 각 주 대표들로 실무팀을 구성했다. '전자투표에 관한 프
로젝트팀'이 그것이다. 이 팀은 전자투표의 도입 가능성, 위험부담, 선
택 여부에 대한 보고서를 연방정부 각의에 제출을 하는데 이 보고서
를 각의는 2002년 1월 공식 채택을 하고, 의회에 통고했다. 총리실은
실무팀의 주관 아래에 제네바, 노이샤텔, 취리히를 시범 케이스로 삼
아 전자투표를 실시하기로 했다. 스위스에 전자투표를 도입할 경우
어떤 문제가 발생할 것인지를 경험적으로 확인해 보기 위해서였다.

전자투표를 둘러싼 찬반양론

전자투표 도입을 둘러싼 찬반토론이 진지하게 진행되었다. 전자투
표를 통해 정치적 권리를 행사할 경우 분명히 새로운 기회가 유권자
들에 부여될 것이다. 우선 투표행위 자체가 아주 쉬워질 것이다. 하지
만, 스위스의 높은 인구이동율과 커뮤니케이션 습관의 변화, 일상적
인 정보의 홍수로 정치적 결정과정에 참여하는 비율은 더 줄어들 수

있을 것이다. 동시에 맹인 등 시각장애자, 현재 비밀투표권을 제한적
으로 행사할 수 있는 사람, 해외에 있는 스위스인, 장거리나 느린 우편
서비스로 투표과정에서 종종 배제되어 왔던 사람들을 고려해 볼 수
있을 것이다. 전문가들 사이에도 전자투표가 실제로 투표율을 높일
수 있을 것인지 아닌지를 두고 의견이 엇갈렸다.

그리고 다른 한편으로는 오·남용의 가능성과 관련하여 전자투표
는 분명히 일정한 위험성을 안고 있다. 제3자가 투표행위에 개입할
수 있다는 것이다. 또 현재의 정보통신 기술의 수준으로 본다면 투표
조작을 막을 어떠한 보장도 없다. 뿐만 아니라 전자투표의 경우 에러
가 발생하거나 기술적으로 일시적 결함이 생길 때 그 원인을 찾아내
기가 쉽지가 않고, 보통 시민들에 의한 재검표 또한 간단하지 않다.
전자투표의 신뢰성에 대한 일반인들의 의문이 가셔지지 않는다면 민
주주의 시스템의 작동 전반이 의문에 처해질지 모를 일이다.

제네바, 노이샤텔, 취리히에서의 시범 프로젝트

각 주와 협의를 해본 결과 상당수 주들이 비용의 일부를 연방정부
가 부담한다는 조건으로 전자투표를 시범적으로 한번 실시해 볼 의
향이 있다는 것을 밝혀왔다. 그 중에서 제네바, 노이샤텔, 취리히가 일
단 먼저 해보기로 했다. 시범 프로젝트를 선택하는 데에 있어서는 어
떤 특정한 기준의 적용이 아주 중요했다. 그래서 이들 3개 주는 전자
투표에 관계되는 주요 요소들을 뽑아내고, 일정한 형식을 만들어내
었다. 이는 다른 주들에게도 중요한 의미를 가는 것이었다. 제네바 주
는 중앙 집권적인 행정체계 아래에 유권자 명부를 관리하고 있었다.
이에 비해 취리히는 아직 그렇지 못한 상태였다. 또 노이샤텔 주는 주
행정사무와 관련된 '원스톱 창구'에서의 전자 서비스의 일부로 전자
투표의 실시를 검토하고 있었다. 3개주 사이의 이 같은 요건과 목표
의 차이는 결국 전국적 단위에서 어떤 최종적인 해결책이 모색될 필

요성이 있다는 것을 보여주었다.

당시 시행된 제네바, 노이샤텔, 취리히주와 그 시군별 단위의 전자
투표를 시행 날짜, 주 및 시군, 전자투표 대상 인원, 실제 투표에 참가
한 자의 숫자, 투표 대상 안건을 도표로 살펴보면 아래와 같다.

날짜	주(州)	시(市)	전자투표를 사용할 기회가 있는 유권자 수	실제 전자 투표를 한 유권자 수	주민투표 및 선거 수준
2003.01.19	제네바	아니에르	1,162	323	시군 주민투표
2003.11.30	제네바	콜로니	2,521	432	시군 주민투표
2004.04.18	제네바	카루그	9,049	1,024	시군 주민투표
2004.06.13	제네바	메이링	9,170	788	시군 주민투표
2004.09.26	제네바	아니에르, 카루그, 콜로니, 메이링	22,137	2,723	연방 국민투표 주 국민투표 시군 주민투표
2004.10.24	제네바	방되브르	1,382	240	시군 주민투표
2004.11.28	제네바	아니에르, 콜로니, 콜로느 벨리브르, 메이링, 오넥스, 방되브르, 베르스와	41,431	3,755	연방 국민투표 주 국민투표
2005.04.24	제네바	아니에르, 베르넥스, 카루그, 센느부르, 콜논느벨르리브르, 콜로니, 그랑사코넥스, 랑시, 메이링, 오넥스, 토넥스, 방되브르, 베르니에르, 베르스와	88,082	7,911	주 국민투표

날짜	주(州)	시(市)	전자투표를 사용할 기회가 있는 유권자 수	실제 전자 투표를 한 유권자 수	주민투표 및 선거 수준
2005.09.25	노이샤텔	원스톱 창구	1,732	1,178	연방, 시군 국민투표
2005.10.30	노이샤텔	원스톱 창구	2,209	1,194	주선거
2005.10.30	취리히	빌라흐	3,919	1,461	시군 주민투표
2005.11.27	취리히	베르츠시콘 빌라흐 쉬리에른	16,726	1,397	연방, 주, 시군 국민투표 시군선거
2005.11.27	노이샤텔	원스톱 창구	2,469	1,345	시군 주민투표
2006.04.02	취리히	빌라흐	9,601	728	시군선거
2006.11.26	취리히	베르쉐콘 빌라흐 쉴리에렌	17,344	1,309	연방 및 주 국민투표
2006.11.26	노이샤텔	원스톱 창구	3,554	1,311	연방 및 시 국민투표
2007.03.11	노이샤텔	원스톱 창구	3,757	1,538	연방 및 시 국민투표
2007.06.17	노이샤텔	원스톱 창구	4,151	1,494	연방, 주 및 시 국민투표
2007.06.17	취리히	베르츠쉬콘 빌라흐 쉴리에렌	17,292	902	연방 및 시 국민투표

법적 근거

연방정부 각의에 연방 차원에서의 법적 구속력이 있는 연구 작업을 허용할 수 있으려면 정치적 권리에 관한 법과 관계법령들이 보완되지 않으면 안 된다. 이를 위한 법적 근거와 시행 규정들이 2003년 1월 1일 자로 마련되었다. 이로써 각 주는 연방정부의 승인 아래에 전자투표의 시범 연구를 할 수 있었다. 연방헌법은 자유로이 의사결정할 권리와 공정한 투표를 명기하고 있다. 여기에 법적 근거를 두고 전자투표 요건이 정치적 권리에 관한 연방법령 제27조로 법제화됐다. 이에 따라 투표자들에게는 테크놀로지와 조직, 전자투표의 진행 순서에 대한 정보를 제공해야 하며, 투표자들은 수시로 그 정보에 접하면서 최종적으로 '보내기(send)'를 클릭하기 전에 마음을 바꾸는 것도, 투표를 취소하는 것도 가능해졌다. 또 어떤 식으로든 투표자에 영향을 미칠 수 있는 일체의 화면 광고가 금지되고, 투표에 사용된 컴퓨터의 화면상으로 투표가 전송되었다는 것이 명백히 시각적으로 나타나야만 한다.

비밀투표를 보장하기 위해서는 '보내기'를 클릭한 순간부터 도착의 순간까지 전자투표는 암호화되어서, 익명화되어서 어느 누구도 이를 추적할 수 없어야 한다. 또한 비록 그것이 단순한 실수나 시스템상의 오류에 따른 것이라고 하더라도 투표의 분실 가능성은 기술적으로 철저히 방지되어야만 한다. 투표시스템이 작동하지 않을 경우라도 모든 투표와 시스템에 접속했던 모든 투표자들의 사용내역이 복구되도록 설계해야 한다.

전망

제네바, 노이샤텔, 취리히에서의 시범 프로젝트에 대한 평가작업이 있었고, 이를 토대로 연방 의회는 2007년 3월 단계적으로 전자투표를 도입하기로 하는 한편 스위스 국외에서도 전자투표가 가능해지도록 하기 위해 필요한 전제조건들을 충족시켜 나가기로 결정했다.

이를 주와 투표 안건, 시민발의에 필요한 서명자가 전체 투표자에서 차지하는 비율, 시민발의 서명 기간, 선택적 국민투표 발의에 필요한 서명자의 수가 전체 투표자 중에서 차지하는 비율, 국민투표 발의 서명 기간의 순서로 살펴보면 아래 도표와 같다.

주단위 시민발의와 국민투표 타입
(o=의무사항 f=선택사항, 헌법에 관련된 국민투표는 모든 주가 따라야 할 의무사항임)

주(州)	투표 안건	주민발의	서명 기간	선택적 주민투표	서명기간
아르가우	법(o+f)	0.9	12개월	0.9	90일
	재정(f)				
아펜젤	법(o+f)	인민			
이너 로데스	재정(f)	의회			
아펜젤	법(o+f)	2		2	60일
아우터 로데스	재정(o+f)				
바젤 컨트리	법(o+f)	0.9		0.9	56일
	재정(f)				
	행정(f)				
바젤 시티	법(f)	3.2		1.6	42일
	재정(f)				
베른	법(f)	2.2	6개월	1.5	90일
	재정(f)				
	행정(f)				
프리부르크	법(f)	3.9	3개월	3.9	90일
	재정(o+f)				
제네바	법(f)	4.8	4개월	3.4	40일
	재정(f)				
	행정(f)				

주단위 시민발의와 국민투표 타입
(o=의무사항 f=선택사항, 헌법에 관련된 국민투표는 모든 주가 따라야 할 의무사항임)

주(州)	투표 안건	주민발의	서명 기간	선택적 주민투표	서명기간
글라루스	법(o) 재정(o) 행정(o)	의회			
그라우뷘덴	법(o+f) 재정(o+f) 행정(o)	4.0	12개월	2.4	90일
주라	법(f) 재정(o+f) 행정(o)	3.9	12개월	3.9	60일
루체른	법(f) 재정(o+f)	2.2	12개월	1.3	60일
노이샤텔	법(f) 재정(o) 행정(o)	5.7	6개월	5.7	40일
니드발덴	법(f) 재정(o+f) 행정(o)	1.9	2개월	1.8	30일
옵발덴	법(o+f) 재정(o+f)	2.3		0.5	30일
생갈렌	법(f) 재정(o+f)	2.8	3~6개월	1.4	30일
샤프하우젠	법(o+f) 재정(o+f) 행정(o)	2.1		2.1	90일

주단위 시민발의와 국민투표 타입

(o=의무사항 f=선택사항, 헌법에 관련된 국민투표는 모든 주가 따라야 할 의무사항임)

주(州)	투표 안건	주민발의	서명 기간	선택적 주민투표	서명기간
슈비츠	법(o+f) 재정(o+f)	2.4		2.4	30일
솔로턴	법(o+f) 재정(o+f) 행정(o)	1.8	18개월	0.9	90일
투르가우	법(f) 재정(f)	2.9	6개월	1.4	90일
티키노	법(f) 재정(o+f)	5.3	2개월	3.7	30일
위리	법(o+f) 재정(o+f)	2.4		1.8	90일
발래	법(o+f) 재정(o+f)	3.3	12개월	1.7	90일
보드	법(f)	3.3	3개월	1.7	40일
주크	법(f) 재정(o)	3.2		2.4	60일
취리히	법(o) 재정(o+f) 행정(o)	1.3	6개월	0.6	60일

* 출처: Vatter Adrian 'Kantonale Demokratien im Vergleich'

1789년 4월 12일의 첫 번째 스위스 신교도 헌법
(피터 옥스(Peter Ocha)가 초안을 작성하고, 1789년 4월 12일 아라우
(Aarau)에서 토론 없이 받아들여졌다. 1798년 11월 5일, 1799년 2월 15
일, 1799년 5월 18일 포고령에 의해 일시적으로 효력이 정지됐으며,
1800년 1월 7일 쿠데타로 폐지되었다.)

주요 원칙

제1조   스위스 신교도공화국은 불가분의 단일 국가를 형성한다.
더 이상 주와 부속 영토 사이에 경계선은 없으며, 주와 주
사이에도 경계선은 없다. 서로 낯설고 서로 관계하지 않으
며, 편협한 지방주의와 편견에 사로잡혀왔던 각 지역들을
한데 묶어왔던 느슨한 연대를 대신해서 통일된 국가와 일
반 이익이 그 자리에 들어설 것이다. 각 지역이 서로 분리되
어 약한 존재로 머무는 한 전체 또한 허약해질 수밖에 없을
것이다. 하나로 통일된 힘은 하나의 공동된 큰 힘을 만들어
낼 것이다.

제2조   시민의 총체가 주권자이고 지배자이다. 이 지배권은 전체
에서 부분이 분리될 수 있는 것이 아니다. 정부형태는 때로
수정이 가해진다고 하더라도 기본적으로 대의제 민주주의
의를 유지한다.(...)

시민의 정치적 지위

제19조   시와 읍, 군, 자유 마을의 주민들은 헌법에 의해 스위스 시
민이 된다. 이는 영구 소작권을 가진 자와 스위스에서 태어
난 모든 소작인들에게도 적용된다.

제20조   외국인의 경우 스위스에서 20년 이상 지속적으로 거주하
고, 사회에 필요한 존재이며, 도덕적이고, 그의 행동이 신뢰

를 받을 수 있음을 스스로 입증한 자는 스위스 시민이 된다. 그러나 그와 그의 후손들은 타국의 시민권을 포기해야 하며, 시민으로서의 선서를 한 다음 그의 이름이 국립 문서보관소에 있는 스위스 시민등록부에 기재된다.

기초 민회와 선거 민회

제28조   기초 민회는 같은 코뮌에 5년 이상 거주한 시민과 그의 아들들로 구성된다. 그러나 그가 스위스에서 태어나지 않았을 경우 입법위원회가 그 또는 그의 아버지의 출생지를 거주지로 받아들일 수 있다. 기초 민회와 선거 의회에서 투표를 할 수 있으려면 21세 이상이어야 한다.

제29조   투표권을 가진 주민이 100명 이상인 마을은 기초 민회를 구성할 수 있다.

제30조   투표권이 있는 주민 수가 100명이 안 되는 마을들은 인근 마을과 합쳐서 기초 민회를 구성할 수 있다.

제31조   시와 읍은 각 구에 기초 민회를 둔다. 입법위원회가 시민의 수를 결정한다.

제32조   기초 민회는 다음의 경우에 개최된다.
1) 주헌법을 수용 또는 거부하기 위해서
2) 매년 각 주의 선거민회 의원을 지명하기 위해서

제33조   시민으로서 요구되는 자격을 갖춘 자 100명당 1명의 선거인이 임명된다.

헌법 수정

제106조   상원이 헌법수정을 제안한다; 그러나 개정 제안은 두 번의 포고(판결)이 있어야만 공식적 결정이 효력을 발휘하고, 첫 번째 포고와 두 번째 포고 사이에서 반드시 5년이 경과

되어야만 한다. 상원의 결정은 의회에서 수용 또는 거부될
수 있다. 의회는 기초 민회에 이를 보내어 수용 또는 거부를
물어야 한다.

제107조 기초 민회가 이를 수용할 때 수정안은 주헌법의 새로운 기
본법이 된다.

1848년 스위스 연방헌법

제1부 총론

제1조 스위스는 주권을 가진 다음의 22개 주들로 연방을 구성한
다. 취리히, 베른, 위리, 슈비츠, 운터발덴, 글라루스, 주크,
프리부르크, 솔로턴, 바젤, 샤프하우젠, 아펜젤, 생갈렌, 그
라우뷘덴, 아르가우, 투르고, 티키노, 보드, 발래, 노이샤텔,
제네바

제2조 연방 구성의 목적 – 외부 위협으로부터 국가의 독립을 유
지하는 것, 내적인 질서와 평화를 유지하는 것, 자유와 시민
권을 보호하고 공동의 복지를 증진하는 것

제3조 주는 연방헌법에 의해 제한을 받지 않는 한 주권적이다. 따
라서 주는 연방에 양도되지 않는 모든 권리를 행사한다.

제4조 모든 스위스 시민은 법 앞에 평등하다. 스위스에서는 어느
누구도 타인에게 예속되지 않으며, 출생과 지역, 가족 또는
신분에 의한 일체의 특권은 인정되지 않는다.

제5조 연방은 각 주에 그들의 영토와 헌법 제3조의 테두리 안에서
의 주권과 자유, 인민으로서의 권리, 시민으로서의 헌법상
의 권리, 정부에 양도한 권리와 힘을 보장한다.

제6조 주는 연방에 대해 헌법 보장을 요구할 의무를 가지며, 연방
은 다음과 같이 선언해야 한다.
a. 연방헌법의 규정에 배치되는 어떠한 것도 주 헌법에 명

시되어서는 안된다.

b. 대의제 민주공화국의 모델에 따라 정치적 권리를 행사한다.

c. 주 헌법은 인민의 절대 다수의 요청이 있으면 개정될 수 있다.

제42조 주의 모든 시민은 스위스 시민이다. 따라서 어디에 살고 있든 연방과 주의 문제들에 관해 정치적 권리를 행사할 수 있다. 그러나 주의 시민으로서 다른 시민과 동일한 조건 아래에서만 권리를 행사할 수 있다. 주의 문제와 관련해서는 일정한 기간 그 주에 거주한 자만이 권리를 행사할 수 있고, 그 기간은 주의 법률에 의해 정해진다. 단지 그 기간이 2년 이상은 넘을 수 없다.

어느 누구도 한 주 이상에서 정치적 권리를 행사하지 않을 것이다.

제3부 연방헌법 개정

제111조 연방헌법은 언제든지 개정될 수 있다.

제112조 개정은 연방 법에 규정된 형식에 따라 수행된다.

제113조 연방의회의 일부가 개정을 결의하고, 다른 일부가 여기에 동의하지 않을 경우, 투표권을 가진 5만 명 이상의 스위스 시민이 개정을 요구할 경우 개정 여부에 대한 문제는 인민에게 넘어가고, 인민은 이를 투표로 결정한다. 스위스 시민의 절대 다수가 개정에 찬성표를 던질 경우 개정 작업 수행을 위한 새 의회가 선출된다.

제114조 스위스 시민의 절대 다수, 주의 절대 다수의 승인으로 개정 헌법은 효력을 발휘한다.

1874년 스위스 연방헌법

제1부 총론

제43조   시민권, 투표권

(1) 주의 모든 시민은 스위스 시민이다.

(2) 여기서 그는 투표 자격이 있음이 입증된 뒤 거주지에서 모든 연방 선거와 투표에 참여할 수 있다.

(3) 어느 누구도 한 주 이상에서 정치적 권리를 행사하지 않을 것이다)

(4) 스위스 시민은 거주지에서 주의 시민으로서의 권리를 누릴 수 있고, 이와 함께 코뮌의 시민으로서의 일체의 권리를 누릴 수 있다. 그러나 재산권과 관련하여 그 지역 주민에게만 투표권을 부여하는 것은 주 법에 별도 규정이 없는 한 배제된다.

(5) 코뮌의 문제에 투표권 행사를 위해서는 최소한 3개월 이상 그 지역에 거주해야 한다.

(6) 주거와 거주민의 투표권에 관한 주의 법은 연방정부의 승인을 받아야 한다.

제89조   연방의회 입법

(1) 연방 법과 법령들은 양원의 승인을 얻어야 한다.

(2) 투표권을 가진 3만 명의 시민들이 요구하거나 8개 주에서 요구한다면 연방 법과 특별히 긴급하지 않은 법령들은 승인 또는 거부를 위해 국민투표에 붙여져야 한다.

제90조   연방의회는 국민투표의 시간제한, 절차와 관련하여 필요한 규칙을 제정해야 한다.

타이틀 3. 헌법 개정

제118조 (헌법 개정)

어느 때든 연방헌법은 개정될 수 있다.

제119조 (헌법 개정)

헌법 개정은 연방의회가 정한 형식 절차에 따라 수행된다.

제120조 헌법 개정 절차

(1) 연방의회 양원 중 어느 한쪽이 연방헌법 개정을 결의하 거나 또 다른 한쪽이 여기에 동의하지 않을 경우 혹은 투표권을 가진 5만 명 이상의 시민들로부터 헌법 개정의 요구가 있을 경우 헌법 개정 여부를 묻는 문제는 국민투표에 붙여진다.

(2) 스위스 시민의 절대 다수가 개헌의 필요성에 동의할 경우 개헌 작업의 수행을 위해 상하 양원은 새로 구성된다.

제121조 (헌법 개정 승인)

(1) 개정된 헌법은 스위스 시민과 주의 다수가 승인을 할 때 효력을 발휘한다.(이중 다수결의 원칙)

(2) 다수 확정을 위해 0.5주는 0.5표로 계산된다.

(3) 각 주에서의 국민투표의 결과는 그 주의 투표로 간주된다.

1999년 연방헌법(1999년 4월 18일 현재)

타이틀 2. 기본권, 시민권, 사회적 목표

제1장 기본권

제34조 정치적 권리

(1) 정치적 권리는 보장된다.

(2) 정치적 권리의 보장이라 함은 시민들에 대한 자유로운 여론 형성과 시민들의 의지를 진실되고 확실하게 표현함을 보호한다는 것을 의미한다.

타이틀 4. 인민과 주
제1장 총론
제136조   정치적 권리
(1) 18세 이상으로 정신적 질환과 기타의 허약함으로 감호의 대상이 되지 않는 모든 스위스 시민은 연방 문제에 있어서 정치적 권리를 갖는다. 모든 사람은 동일한 권리와 의무를 갖는다.
(2) 그들은 하원의원 선거와 연방 투표에 참여하고, 연방 문제에 있어서 시민발의와 국민투표를 추진할 수 있고, 여기에 서명할 수 있다.
제137조   정당
정당은 여론과 인민의 의사 형성에 기여하여야 한다.

제2장 시민발의와 국민투표
제138조   연방헌법의 전면적 개정을 위한 시민발의
(1) 투표권을 가진 10만 명의 시민은 전면적인 연방헌법 개정을 발의할 수 있다.
(2) 이 발의는 국민투표에 붙여져야 한다.
제139조   연방헌법의 부분적 개정을 위한 시민발의
(1) 투표권을 가진 10만 명의 시민은 연방헌법의 부분적 개정을 발의할 수 있다.
(2) 연방헌법의 부분적 개정을 위한 시민발의는 초안 또는 일반적인 제안의 형식을 취한다.
(3) 시민발의가 형식의 통일성 원칙, 주제의 통일성 원칙, 국제법의 의무 규정을 지키지 않고 있을 경우 연방의회는 전면적 또는 부분적으로 주민발의의 전면적인 혹은 부분적인 무효화를 선언할 수 있다.

(4) 연방의회가 일반적 제안 형식을 취한 시민발의를 승인할 경우 시민발의의 내용을 받아들여 부분적 개정을 준비하고 이를 국민투표와 주 투표에 붙인다. 의회가 시민발의를 거부할 경우 의회는 이를 국민투표에 붙여야 하고, 국민투표를 통해 주민발의의 추진 여부가 결정된다. 국민들이 주민발의를 승인할 경우 연방의회는 이에 상응하는 초안을 작성해야 한다.

(5) 초안 작성이 완료된 시민발의는 국민투표와 주 투표에 붙여진다. 연방의회는 이의 승인 또는 거부를 권고해야 한다. 거부를 권고할 경우 연방의회는 역제안을 내놓을 수 있다.

(6) 스위스 국민과 주는 시민발의와 역제안에 대해 동시에 투표를 해야 한다. 투표자들은 둘 모두를 승인할 수도 있고, 어느 한쪽을 선호할 수도 있다. 둘 다 승인되거나 어느 한쪽이 국민투표에서는 다수표를 획득하고, 다른 한쪽이 주 투표에서 다수표를 획득할 경우 이들 중 어느 쪽도 효력을 발생시킬 수 없다.

제140조 의무적인 국민투표

(1) 다음 사항은 국민투표와 주 투표에 의무적으로 회부되어야 한다.

a. 연방헌법 개정

b. 집단 안보기구 및 초국가적인 커뮤니티 가입

c. 헌법적 기반없는 긴급연방법령이 선언되고 그 유효기간이 1년 이상 지속되면 연방법령은 연방의회가 이를 승인한 후 1년 이내에 투표에 회부해야 한다.

(2) 다음 사항은 의무적으로 국민투표에 회부되어야 한다.

a. 전면적인 연방헌법 개정을 위한 시민발의

      b. 연방의회가 거부한 일반적 제안 형식의 부분적인 연
        방 헌법 개정을 위한 주민발의
      c. 상하 양원이 동의하지 않을 경우 전면적인 헌법 개정
        을 계속 추진할 것인지의 여부

제141조 선택적 국민투표

(1) 다음 사항은 투표권을 가진 5만 명의 시민과 8개주로부
    터의 요구가 있을 경우 국민투표에 회부된다.
    a. 연방 법령
    b. 유효기간이 1년 이상인 연방의 긴급 법령
    c. 헌법 해석의 확대를 위한 연방 법령
    d. 국제조약(1. 기간이 정해져 있지 않고 종결되지 않은
       조약 2. 국제기구가입을 위한 조약 3. 법의 다자간 통
       일에 관여하는 조약)

(2) 연방의회는 그 밖의 국제조약에 대해서도 선택적 국민
    투표에 회부할 수 있다.

제142조 다수결의 충족

(1) 국민투표에 회부된 시민발의는 투표자의 다수가 이를
    승인할 경우 받아들여져야 한다.

(2) 국민투표와 주 투표에 회부된 시민발의는 투표자의 다
    수와 주의 다수가 이를 승인할 경우 받아들여져야 한다.

(3) 주에서의 국민투표의 결과는 그 주의 투표로 간주된다.

(4) 옵발덴, 니드발덴, 바젤 시티, 바젤 컨트리, 아펜젤 아우
    터 로데스, 아펜젤 이너 로데스주는 0.5주의 투표권을 가
    진다.

기원

1848	1848 스위스 연방헌법 : 전면적인 헌법 개정을 위한 시민발의와 의무적인 국민투표
1872, 1961	입법 발의의 도입 거부됨
1874	1874년의 전면적 헌법 개정 : 법 제정에 대한 국민투표 도입으로 시민권 확대
1891	부분적인 헌법 개정을 위한 시민발의 도입

1891년 이후의 발전 상황

시민발의 도입과 함께 직접민주주의는 더욱 확대, 발전하고 있는가, 아니면 해체되고 있는가 등 그 자체로 논의의 주제가 되고 있다. 물론 국가에 의해 개혁이 이루어 질 수 있다. 1891년 이후 이루어진 주요한 발전들은 다음과 같다.

   a. 국제조약에 대한 국민투표의 도입과 확대. 여기서 국민들은 외교정책에 직접적으로 관여할 수 있게 되었다.(1921, 1977, 2003)
   b. 시민발의와 역발의가 있을 경우 양자에 모두 '예스'를 말할 수 있게 되었다.(1987, 2003)
   c. 총시민발의의 도입(2003)

스위스 연방헌법은 집단안보 기구 또는 초국가적 공동체에 가입하는 문제에 대해 국민이 최종적인 발언권을 갖는 것으로 규정하고 있다. 이에 따라 스위스 국민들은 1986년 국민투표에서는 스위스의 유엔 가입안을 부결시켰고, 2002년 국민투표에서는 가결시켰다. 그들은 또 1992년 스위스의 유럽경제지역 합류에 대해 반대표를 던졌다. 국제조약에 대한 국민투표가 없었더라면 이를 국민들에게 물어볼 필요가 없었을 것이며, 따라서 지금 스위스는 유럽연합 회원국이 되어 있을 것이다.

2003년 2월 정부와 의회의 제안으로 국제조약에 대한 국민투표는 한층 더 확대되었다. 이론적 근거는 투표자들이 중요한 이슈들을 결정하는 데 반드시 관여할 수 있어야 한다는 것과, 국제법과 국제조약들이 점점 더 자주 그런 이슈들을 제기해 왔다. 국제조약에 대한 국민투표의 도입(1921)과 그 첫 번째 확대(1977)는 시민발의와 시민운동의 결과로 얻어진 것이다.

국가 단위의 민주주의는 세계화와 유럽의 통합과 더불어 점차 중요성이 덜해지고 있다. 정치적 결정 또한 민주주의 영역 바깥에서 이루어지는 경우가 점점 더 많아지고 있다. 민주주의를 민족국가의 경계선 너머로 확대하는 것이 이 같은 도전에 대한 응답이 될 것이다. 스위스의 경우 유럽연합에의 가입이 점차적으로 직접민주주의를 해체할 것인가라는 또 하나의 질문에 봉착해 있다. 이 같은 위협은 직접민주주의를 유럽연합 차원에서도 도입함으로써 해소될 수 있을 것이다.

직접민주주의를 연방 차원으로 확대하려는 여러 시도들은 거듭 거부되었다. 1956년에는 재정문제에 대한 국민투표가, 1961년에는 법제정을 위한 시민발의가, 1978년에는 고속도로 건설에 대한 국민의 발언권이, 1979년에는 핵발전소 건설에 대한 면허 실시가, 1987년에는 군비확장에 대한 국민투표가 거부되었고, 2000년의 건설적인 국민투표도 거부되었다.

뿐만 아니라 비록 성공을 하지는 못했지만 직접민주주의를 해체하려는 시도들도 있어왔다. 1935년에는 뉴 라이트 세력이 권위주의적 질서로 민주주의를 바꿔치기하려고 했고, 직접민주주의에 속도를 제공하려고 했던 '2000년 3월 발의'도 결정적인 표차로 거부당했다. 그리고 직접민주주의를 보다 실용적인 것으로 만든다는 구실 아래에 직접민주주의를 약화시키려는 시도들이 끊임없이 전개되고 있다.

1918	하원 선거에서의 비례 대표제 도입, 세 번째 시도
1910, 1942	연방정부에 대한 직접 선거 거부됨
1956	연방 단위에서의 재정문제에 대한 국민투표 도입 시도 실패
1921	(국제조약들로 제한; 단순다수제) 국제조약에 대한 선택적 국민투표 도입, 이것은 1977년 국제기구 가입 승인을 위한 국제조약에 대한 의무적 국민투표(국민 대다수와 주의 다수의 승인이 필요한 '이중다수결'의 원칙 적용)로 보완됨.
2003	국제조약에 대한 선택적 국민투표 확대
1949	헌법에 규정되어 있지 않은 긴급 법령에 대한 의무적인 국민투표 도입. 효력 발생 후 1년 안에 의무적으로 국민투표에 회부되어야 한다. 투표자의 다수가 여기에 반대할 경우 법령은 무효화된다. 법령이 헌법에 기초하고 있을 때는 선택적 국민투표에 붙인다.
1971	여성들에게 투표권 부여(1959년에는 거부됨)
1973	예수회 수도원에 관한 헌법 51조, 52조 삭제(특정 종파 제외 조항)
1977	시민발의와 국민투표를 위한 서명자의 정족수 늘림
1978	고속도로 건설에 관한 결정에 주민과 의회의 참여를 늘리는 것을 요구하는 시민발의 거부됨
1981	남녀 평등권 헌법조항으로 통합됨
1987	군비지출에 관한 국민발언권을 요구하는 시민발의, 국민투표에서 다수표 획득에 실패
1987	시민발의와 역발의에 대한 국민투표에서의 이중의 '예스' 수용됨
2003	이중 '예스' 내용 보충
1991	선거 연령 18세로 낮추어짐(1976년에는 거부됨)
1999	4월 18일, 전면적 연방헌법 개정에 대한 연방 법령, 국민투표

통과 신헌법은 2000.1.1일자로 효력발생.

2000. 03.12	'시민발의 제출에서 국민투표에 걸리는 시간을 12개월로 단축하자는 직접민주주의의 속도내기' 시민발의 거부됨
2000. 09.24	국민투표와 역제안(건설적 국민투표)을 통한 시민권 확대를 위한 시민발의 거부됨
2000. 03.12	'연방정부(기관)에서의 여성에 대한 공정한 대표성 확보 찬성'을 위한 시민발의(3월 3일 발의) 거부됨.
2003. 02.09	일반 시민발의제, 국제조약에 대한 선택적 국민투표제, 이중의 개량된 버전 도입

스위스 투표자들은 일반적으로 정부(연방각의)와 의회(상원과 하원)가 원하는 바대로 투표한다. 예외가 있다면, 2004년 2월 8일에 있었던 세 개의 국민투표였는데, 투표자들은 정부가 원하는 것과는 정반대로 투표했다.

진화

투표행태의 진화는 특히 흥미롭다. 1900년대 중반까지만 해도 정부가 바라는 대로 국민투표의 결과가 나오는 것은 예외에 속했다. 국민투표 중 정부 뜻대로 된 것은 5개의 국민투표 중 1개 정도에 그쳤다. 그러나 그 이후부터는 투표자 다수의 의사가 점차 정부의 의사에 접근해 갔다. 정부가 바라는 바대로 투표를 하는 비율은 20% 미만에서 80% 이상으로 증가하였다. 이 같은 추세는 20세기 후반 50년 동안 국민투표의 수가 늘어나고 있는 것과 그 맥락을 같이 한다. 다시 말하면, 이는 정부가 직접민주주의의 도전에 잘 대응할 수 있음을 보여준다.

제도적 차이

의무적 국민투표, 선택적 국민투표, 시민발의 3개의 주요 제도와 관련하여 정부의 성공을 들여다보면 서로 큰 차이가 나는 것을 발견할 수 있다. 의무적 국민투표에서의 성공률은 지속적으로 증가하고 있는 데에 비해, 선택적 국민투표에서의 경험은 롤러 코스터를 타는 것처럼 등락을 거듭해 왔다. 19세기 선택적 국민투표는 정부에게 큰 문제였다. 3개 중 2개가 국민들에 의해 거부당했던 것이다. 그러나 20세기 첫 20년 사이 일대 전환이 생긴다. 이 기간 중 정부는 3개 중 2개에서 국민 지지를 확보하는 데에 성공하고 있다. 그러나 1920년대에서 30년대 사이 연방각의와 의회는 다시 5개의 국민투표 중 4개(약 80%)에서 패배했다. 1970년대 이후 선택적 국민투표에서 정부가 바라는 바대로 결과를 얻을 수 있는 기회가 다시 50% 이상으로 높아진다. 그럼에도 불구하고 정부 쪽 관점에서 볼 때 선택적 국민투표는 여전히 가장 위험스러운 국민의 권리에 속한다.

위협적이지 않은 시민발의?

선택적 국민투표에 비해 시민발의가 정부와 의회에 주는 위협은 상대적으로 덜 하다. 10개 중 9개는 정부가 바라는 대로 진행된다. 시민발의는 선거를 통해 구성된 제도 기관들보다 몇 걸음 더 나아간 그 무엇을 (거의) 항상 요구한다. 정부가 시민발의에서 거부를 권고하는 것도 이 때문이다. 그러나 정부는 직접적 혹은 간접적으로 법을 통해서 역발의를 할 수 있는 기회를 가진다. 2003년 2월 9일의 민권 개혁 이래로, 의회는 의제에 대한 더 넓은 견해를 담은 역발의를 제안할 수 있게 되었다.

역사적으로 1910년과 1920년 사이의 짧은 기간 동안에만 시민발의의 성공과 거부 숫자가 동수(각 2회)였던 적이 있었다. 그러나 1940년 이후부터는 90%에 이르는 10개의 시민발의 중 9개가 투표자들에 의해 거부당하고 있다. 그렇다고 해서 발의자들이 낙담하는 것은 아니다. 그들이 발의한 제안은 어떤 형태로든 – 일부든 조정된 형태든 – 입법화되고 있기에, 그들 또한 간접적이기는 하지만 일정한 성공을 거둔 것으로 간주한다.

왜 정부는 그렇게 성공적일까?

정부가 상대적으로 성공을 거두고 있는 주요 이유는 정부의 화합의 원칙과 최대한 합의를 도출해내고자 하는 의회의 목표에서 발견할 수 있다. 다시 말해 주요 정치세력들이 정부 안에서 더욱 밀접하게 함께 일을 하면 할수록, 특정 이슈에 대한 의회의 합의 도출 노력이 크면 클수록 국민투표에서 각의와 의회가 성공을 거둘 확률은 높아진다. 그러나 만약 특정 이슈에 대한 설득에 실패를 하고, 의회가 다수의 지지를 얻지 못한다면 사태는 미묘해진다. 이는 2004년 2월 8일의 국민투표에서 일어난 일인데 이때 투표자의 63%가 도로망의 확대에 대한 정부 측의 역발의에 반대표를 던지고, 정부가 반대를 표시한 극도로 위험하다고 판단되는 성범죄를 비롯한 폭력범에게는 종신형을 허용하자는 시민발의에 투표자의 56%가 찬성표를 던졌으며, 세입자에 대한 새로운 권리 제안에 대하여서는 64%가 반대표를 던졌다.

　국민투표에서 수용된 시민발의를 일자, 안건, 투표결과 별로 보면 다음 표와 같다.

투표일자	안건	시민 찬성 (반대)	주 찬성 (거부)
1893.08.20	마취하지 않는 동물의 도살 금지	191,527 (127,101)	10 3/2 (9 3/2)
1908.07.05	압생트(Absinthe) 술 제조 금지	241,078 (138,669)	17 6/2 (2)
1918.10.13	연방의회 비례대표제 선거	299,550 (149,035)	17 5/2 (2 1/2)
1920.03.21	카지노 설립 금지	271,947 (241,441)	11 2/2 (8 4/2)
1921.01.30	국제조약에 대한 국민투표 도입	398,538 (160,004)	17 6/2 (2)
1928.12.02	카지노	296,395 (274,528)	13 3/2 (6 3/2)
1949.09.11	직접민주주의 부활	280,755 (272,599)	11 3/2 (8 3/2)
1982.11.28	가격 조작 금지	730,938 (530,498)	16 2/2 (4 4/2)
1987.12.06	황무지 보호	1,153,448 (843,555)	17 6/2 (3)

투표일자	안건	시민 찬성 (반대)	주 찬성 (거부)
1990.09.23	핵발전소 건설 유예	946,077 (789,209)	17 5/2 (3 1/2)
1993.09.26	8월 1일 연방 공휴일 제정	1,492,285 (289,122)	20 6/2 (0)
1994.02.20	알프스 지역 보호	954,491 (884,362)	13 6/2 (7)
2002.03.03	스위스의 유엔 가입	1,489,110 (1,237,629)	11 2/2 (9 4/2)
2004.02.08	성범죄자 및 폭력범에 대한 종신형 허용	1,198,751 (934,576)	19 5/2 (1 1/2)
2005.11.27	유전자 변형 없는 식품을 위하여	1,125,835 (896,482)	20 6/2 (0)

테마	순수 대의민주주의	발달된 직접민주주의
시민의 이미지	정치적으로 미성숙한 시민, 성숙한 정치인	정치인만큼 성숙한 시민
시민과 정치인의 관계	기득권층과 아웃사이더 관계, 제도적으로 범주화된 불평등	권력의 보다 많은 분배, 범주화된 불평등 없음, 시민들이 정치과정과 정치 제안을 보다 독립적으로 통제할 가능성
정치권력 원천의 분배	정치인들이 다음을 독점 a. 실질적인 정치결정권 b. 정치의제 설정권 c. 주요 정보 접근권	정치결정과 의제설정에 있어서 정치인은 독점적이지 않음
시민의 정치적 권리	선거에서의 투표권	선거와 국민투표
참여 과정	선거, 위로부터의 국민투표(때때로 의무적 헌법 국민투표)	선거, 시민발의, 국민투표, 헌법에 보장된 모든 이슈에 대한 국민 투표(예를 들면 국제 기관 등에 대한 가입 승인을 포함하는)
시민의 역할	투표자, 수동적인 시민, 아웃사이더, 사람과 정당을 선출, 정치인들에게 의견을 개진, 정치적 외적 규제	투표자, 적극적인 시민, 일시적인 정치인, 중요한 의사결정, 정치적 공인 선출, 정치적 자율규제

테마	순수 대의민주주의	발달된 직접민주주의
정치인의 역할	의사결정자, 시민을 위한 통치, 여론 수렴자, 적극적인 시민, 기득권층(그룹의 멤버)	의사결정자, 시민과 함께 하는 통치, 시민에게 조언하는 자, 적극적인 시민
자유	소극적인 자유, 자율로서의 자유 포기	적극적인 자유, 자율로서의 자유

1950 1950년 10월 29일 실시된 베른 주 국민투표에서 찬성 69,089 표, 반대 7,280표로 주라 법령이 승인되었다. 투표율은 31% 였다. 주라 법령은 베른 주의 모든 지역에서 승인되었으며, 특히 베른 주의 다른 지역보다 주라 지역에서의 지지율은 더욱 높았다.

1959 주라 의회 구성에 관한 시민발의는 1959년 7월 5일의 국민투 표에서 반대 80,141, 찬성 23,130으로 부결되었다. 7개 주라 지구에서조차 반대가 16,352, 찬성이 15,159였다. 그와 함께 주라는 둘로 갈라졌다. 프랑스 몽타뉴, 델레몽, 포렌트뤼는 66%에서 76%에 이르는 지지율을 보인 반면, 쿠르트랠리, 라 우펜, 무티에, 노이엔슈타트에서는 반대표를 던진 투표자가 전체 투표에서 차지하는 비율이 65%에서 75%에 달했다. 투 표율은 주라 지역에서는 85%였는데 비해 베른 주의 여타 지 역에서는 31%가 채 안 되었다.

1970 1970년 베른 주헌법 개정을 통해 주라 지역에 자치권을 부 여하자는 제안을 놓고 실시된 3월 1일의 국민투표에서 90,358명이 찬성표를, 14,133명이 반대표를 던짐으로서 처음 으로 주라 지역에 자치권이 주어졌다. 투표율은 주라 지역 에서는 약 60%, 베른 주의 그 밖의 지역에서는 38%에 달했 다. 헌법 개정안에 대해 주라 지역이 특히 그러했지만 주라 이외의 베른 주 다른 지역들도 모두 지지를 보냈다.

1974 '당신은 주라가 새로운 주로 되는 것을 바랍니까'를 묻는 1974년 6월 23일의 국민투표 결과를 지구별, 찬성표, 반대표, 무효 및 공란, 투표율 순서로 살펴보면 다음 표와 같다.

지역	찬성	반대	무효/공란	투표율(%)
쿠르트랠리	3,123	10,260	288	90.03
델레몽	11,070	2,948	509	92.50
프랑스 몽타뉴	3,573	1,058	76	93.48
라우펜	1,433	4,119	51	73.16
무티에	7,069	9,330	383	91.48
노이엔슈타트	931	1,776	41	86.47
포렌트뤼	9,603	4,566	404	93.62
주라	36,802	34,057	1,752	88.67

1975   1975년 3월 16일 '당신은 계속 베른 주에 머물기를 바랍니까'를 두고 세 개의 지역에서 실시된 국민투표를 지역별, 찬성표, 반대표, 무효 및 공란, 투표율 순서로 살펴보면 다음 표와 같다.

지역	찬성	반대	무효/공란	투표율(%)
쿠르트랠리	10,802	3,268	115	92.13
무티에	9,947	7,740	113	96.02
노이엔슈타트	1,927	997	28	91.48

1978   1978년 9월 24일 주라를 스위스의 26번째 주로 인정할 것인가를 두고 연방 단위의 국민투표가 실시되었다. 여기에 대해 스위스의 모든 주가 찬성표를 던졌고, 전체 찬성표는 1,309,841, 반대표는 281,873이었으며, 투표율은 42%였다.

1815	빈 회의에서 베른 주는 보드와 아르고 주에 대한 보상으로 지금의 주라로 알려진 전 바젤 주 공국을 받는다.
1815~1945	1826년에서 1931년, 1834년에서 1839년, 1867년에서 1869년, 1913년에서 1919년 사이 주라에서 다섯 차례의 저항 운동이 일어난다. 이들 운동은 모두 단명으로 끝났으며 인민 동원에 실패한다. 주라를 하나로 통일하기보다는 둘로 나누자는 분쟁의 새로운 양상이 나타난다.
1947	뫼클리 사건의 발생. 주라 출신의 주 정부 공공사업 장관 조르쥬 뫼클리가 불충분한 독일어 실력 때문에 베른 의회에서 거부당한다. 델레몽에서 2천명의 군중이 항의 집회를 연다. 베른 주 안에서의 자치권 획득이 목표인, '무티에 커뮤니티(Comite de Moutier)'가 구성된다. 잇달아 '주라 분리주의 운동(MSJ)'이 생기고, 기관지 '자유 주라(Jura libre)'의 발간을 통해 베른으로부터의 주라의 분리를 요구한다.
1948	무티에 커뮤니티가 베른 주 정부에 주라의 자치와 베른 주의 연방화를 요구하는 21개항의 요구서를 제출한다. 베른 주 정부는 소폭의 양보 의사가 있음을 밝힌다.
1949	베른 주 정부는 마르쿠스 펠트만이 기초한 주라에 대한 최초의 보고서를 승인한다.
1950.10.29	10월 29일 실시된 국민투표는 베른 주 헌법 개정 즉 '주라 법령'을 압도적으로 지지한다. 새 헌법에 따라 베른 주 주민과는 별개인 '주라 주민'의 존재가 인정된다.
1951	베른 주정부는 주라의 문장을 인정한다. MSJ는 '주라 민회(RJ)'로 명칭을 바꾼다.
1952	무티에 커뮤니티 막을 내림. 분리주의 반대파들이 '주라 애국주의 동맹'을 결성한다.

1957	RJ가 주라 주 탄생을 요구하는 주민발의를 준비한다.
1959.07.05	7월 5일 실시된 국민투표에서 RJ의 주민발의는 부결된다.
1961	분리주의자들이 다시 4개의 주민발의를 한다. 1962년 5월 27일 국민투표가 실시된다.
1962	RJ의 청년 조직 '베리에르'가 결성된다. 이른바 '베르베라트' 사건이 터진다. 청년 장교 루맹 베르베라트가 분리주의자들의 축제에 민간인 복장으로 나타나 베른 정부를 '전제 독재정권'이라고 선언한 사건이 '베르베라트 사건'이며, 이 일로 베르베라트는 처벌을 받는다.
1963	RJ에서 독립적으로 활동했던 3명이 주축이 되어 '주라 해방전선(FLJ)'이 결성되고, FLJ에 의한 방화와 폭탄 공격이 벌어진다.
1964	'랑지에 사건'. 분리주의 시위 군중들이 스위스 군 창건 기념식장에 뛰어든 사건이다.
1967	베른 주는 주라 문제를 검토하기 위한 '24인위원회'를 구성한다. 위원회 보고서는 주라의 현상유지, 자치, 분리의 3가지 선택을 제시한다.
1968	연방정부의 제의에 따라 베른 주는 정당간의 차이를 중재한다는 의미의 '굿 서비스위원회'를 임명하였으며, 1969년 5월 13일 이 위원회의 첫 보고서가 발표된다.
1970.03.01	주라 지구에 자치권을 부여하는 내용의 베른 주 헌법을 개정하기 위한 국민투표가 3월 1일 실시된다. 그러나 주라에 자치권을 부여하려는 노력은 실패한다.
1974.06.23	6월 23일, 주라 지역 주민들을 대상으로 '당신은 주라가 하나의 새로운 주로 탄생하는 것을 원합니까'를 묻는 국민투표가 실시된다. 근소한 표차의 다수가 여기에

'예스'라고 대답한다.

1975.03.16   3월 16일, 쿠르트랠리, 무티에, 노이엔슈타트 주민들을 대상으로 '당신은 계속 베른 주 주민으로 머물기를 원합니까'를 묻는 국민투표가 실시된다. 여기에 3개 지역 주민 모두가 '예스'라고 대답한다.

1975.09.07과 14   9월 7일과 14일, 베른에 계속 머물기를 원하는가를 묻는 국민투표가 주 경계선에 위치하고 있는 여러 지역들에서 실시된다. 여기서 주민 다수가 신교도인 무티에, 그랜드발, 페르피터, 르베벨리에, 쉘텐은 베른 주에 남기로 하고, 구교도 지역인 샤티옹, 코르방, 쿠르사프와, 쿠랑들랭, 라주, 레 쥬네브, 메르벨리에, 로스메종은 주라 주에 합류하기로 결정한다.

1975.09.14   9월 14일 실시된 국민투표에서 라우펜탈은 베른 주에 속하는 것을 거부한다. 이에 따라 라우펜탈로 하여금 이웃 다른 주에의 귀속을 모색해도 좋다는 법이 11월 통과된다. 바젤 컨트리 주와 귀속 협약이 체결된다. 그러나 1983년 이 협약은 라우펜탈의 주민투표에 의해 거부된다. 그러나 이 결정은 그 후 무효판결을 받게 되고, 1989년 11월 12일 라우펜탈은 결국 바젤에 속하게 된다.

1975.10.19   독일어를 쓰며 구교지역인 로겐버그 시는 라우펜 지역으로 남기로 결정했다.

1976.03.21   3월 21일 주라 제헌의회 선거가 실시된다.

1977.03.20   3월 20일 실시된 국민투표에서 주라 주 신헌법이 승인을 받는다.

1978.09.24   9월 24일 스위스 유권자들은 주라 주가 스위스연방에 가입하는 데에 동의한다.

1979.01.01 주라 공화국과 주라 주 건설이 공식 선포된다. 이로써
스위스의 주는 26개가 된다.

1980 RJ의 코르트베르시 지부가 갑자기 해체된다. 이로서
폭력이 점차 사라진다.

1990 베른 주가 주라 통일에 관한 법 제정을 추진한 RJ의 주
민발의에 대해 연방법원에 무효화 신청을 낸다. 2년 후
연방법원은 베른 주의 손을 들어준다. 1994년 주라는
주 의회에서 통과된 '통일 법'을 공식적으로 폐기한다.

1993.03.08 3월 8일 도미니크 엔니가 1989.9.7의 페터만의 제안의
결과로서 베른 주의 프랑스어 사용자들에 대한 보고서
를 주 정부에 제출한다. 여기서 엔니는 그들과 주의 관
계 향상을 위한 수단으로서 베른 주 안의 프랑스어 사
용권(주라)에 대해 자치권을 늘려줄 것을 건의한다.

1994.01.19 1994년 1월 19일 베른 주의회는 베른 주 안의 프랑스어
사용 소수자를 지속적으로 관장하고자하는 '베른 주
주라와 비엘시의 프랑스어 사용자간의 정치 참여를 강
화하는 법'을 통과하였다.

1993.06.06 6월 6일 실시된 국민투표에서 투표자들은 1995.1. 1 자
로 효력을 발생할 베른 주 신헌법을 승인한다. 신헌법
에 따라 베른 주 안의 주라에게는 지역적 특수 지위가
부여된다. 프랑스어를 말하는 베른 주 안의 3개 주라지
구는 인구가 베른 주 전체 인구의 약 5.4%에 해당하는
51,000명에 불과한 소수 집단이다. 신헌법 5조는 베른
안의 주라에 대해 다음과 같이 규정하고 있다.

a. 쿠르트랠리, 무티에, 라 노이브빌리 지구를 고려하면
서 베른 안의 주라에게는 특수 지위가 부여된다. 이
들 지구는 그 자체의 정체성과 언어, 문화적 성격을

유지할 수 있고, 주의 정치에 적극적으로 참여할 수
있다.

b. 주는 주라 지구와 주의 여타 지구들과의 관계 강화를
위한 조치들을 취한다.

1994.03.25 3월 25일, 연방과 주라 주, 베른 주 사이에 주라 주와 베른 안의 주라 지구 간의 대화와 범 주라 의회(AIJ) 창설을 공식화하는 협정이 맺어진다. 연방정부는 베른 및 주라 주와 정기적으로 접촉을 한다. 주라 지역은 문제 해결을 위해 그 자신의 제안을 내놓아야 한다는 것이 이 협정의 기본 정신이다.

1994.01.01 1월 1일, 라우펜탈이 바젤 컨트리 주에 속하게 된다.

1996.03.10 3월 10일의 연방단위 국민투표를 통해 벨르라트 시가 주라 주에 속하게 된다.

2000.09.27 베른 안의 주라 지역에 부여된 자치권이 어떻게 이행될 수 있는가에 대한 정부 보고서가 9월 27일 제출된다.

2000.12.20 12월 20일 주라 문제가 어떻게 정치적으로 다뤄져야 하는지에 관한 범 주라 의회 결의 44가 채택된다. 결의는 문제 접근에 있어서 두 개의 단계를 설정하고 있다. 첫 2~3년간은 주라 주와 베른 주 안의 주라 지역 사이의 협력 강화를 방법과 수단 개발에 초점이 맞추어진다. 그리고 두 번째 단계 4년간은 협력의 실제적 결과들을 검토하여 자체 행정기능을 갖춘 지역 의회 구성을 위한 계획을 수립한다.

2003 '주라 자치운동(MAJ)'이 주민발의 '하나의 주라(Un seul Jura)'를 추진한다. 주라 주와 베른 안의 주라 지역들을 하나로 통일하는 데에 목표를 두고 있다. 베른 안의 3개 주라 지구와 주라 주 안의 6개 프랑스어권 지역이 주권

을 공유한다는 것이다.

2004.11.17   11월 17일, 법적 근거를 들어 반대해 줄 것을 바란다는 정부 권고에도 불구하고 주라 주 의회는 주민발의 '하나의 주라'를 승인한다.

2006.01.01   베른 주 안의 주라 지구와 비엘 지구 안의 소수 프랑스어 사용권에 부여된 특수지위가 1월 1일자로 효력을 발생한다. 베른 안의 주라에게는 특수 지위가 부여된다. 이들 지구는 그 자체의 정체성과 언어, 문화적 성격을 유지할 수 있고, 주의 정치에 적극적으로 참여할 수 있다.

2006.07.01   '하나의 주라' 법이 7월 1일자로 효력을 발생한다. 이 법은 주라 분쟁을 정치적으로 해결할 수 있는 법적 틀을 제공하고 있다. 그리고 범 주라 의회에 대해 주라 주의 재구성을 위한 연구를 과제로 맡기고 있다. 2008년 8월까지 마치도록 계획된 연구를 기초로 하여, 주권 공유의 제안이 주라 주 정부에 의해 제출될 것이다.

군(軍) 및 군행정에 관한 연방법(M6) 개정안은 수용되었다. 그 구체적
내용은 다음 표와 같다.

군(軍) 및 군행정에 관한 연방법(M6) 개정안

전체 유권자		4,764,888
해외 거주 유권자		84,216
투표자 수		2,361,382
투표율		50%
공란표		90,232
무효표		11,121
유효표		2,260,029
찬성	76.0%	1,718,452
반대	24.0%	541,577

시민발의는 아래 내용을 담고 있다.

1) 어느 누구든 출신 국가와 인종, 성, 언어, 나이, 사회적 지위, 생활 방식, 종교, 철학적 또는 정치적 견해 그리고 물리적, 정신적, 심리적 장애에 따라 차별을 받아서는 안 된다.

2) 이 법은 장애인에 대한 동등한 권리를 보장하고 동시에 지금까지의 차별을 철폐하며 차별에 따른 피해를 보상할 조치들을 규정한다.

3) 공공건물과 시설에 접근할 권리, 공공 서비스를 이용할 수 있는 권리는 추가 비용이 감당할 수 없을 정도로 발생하지 않는 한 보장되어야 한다.

시민발의 단계별 일지

2003.05.18	시민투표, 발의 거부됨
2002.12.13	의회 결정, 거부를 권고키로 함
2000.12.11	연방정부 성명
2000.02.04	시민발의에 대한 서명작업 완료
1999.08.04	공식적으로 유효함이 인정됨
1999.06.14	서명 제출
1998.08.04	서명작업 개시
1998.07.21	의회 검토

2003.5.18. 실시된 시민발의 '장애인에 대한 동등한 권리 보장'은 부결됨

총 유권자		4,764,888
해외 거주 유권자		84,216
투표자		2,367,883
투표율		50%
공란표		47,178
무효표		10,563
유효표		1,738,070
찬성	37.3%	870,249
반대	62.3%	1,439,893

아마 스위스 시민 이상으로 정치결정에 있어서 광범위한 권리를 행사하고 있는 국민은 없을 것이다. 스위스 시민은 연방 수준에서 다음과 같은 권리를 누리고 있다.

1) 선거에서의 투표

선거에 참여할 권리	투표로 선출될 권리
연방하원 선출	연방하원, 연방정부, 연방법원에의 피선 자격 (선출 가능성)
18세 이상의 모든 스위스 성인은 연방하원 대표로 선출될 자격을 가짐	18세 이상의 모든 스위스 성인 선거에 출마할 자격을 가짐

2) 국민투표에서의 투표권(일반 투표권)

스위스 안에 살거나 밖에 살거나 모든 스위스 시민은 18세에 도달하는 순간 심각한 정신적 질환이 없는 한 투표권이 주어진다. 투표권(Stimmrecht)이란 자기 의사를 표현하는 즉, 투표에 참가할 권리를 말한다. 그러나 동시에 이 말은 보다 넓게 이해되어 시민적 권리를 행사한다는 것, 정치적 권리를 부여받고 있다는 것을 뜻하기도 한다. 투표권에는 선거에 참가할 권리, 국민투표에 참가할 권리, 시민발의에 서명할 권리, 국민투표를 요구할 권리와 여타 민주적 권리를 행사할 권리들이 포함된다.

3) 발의의 권리

연방 차원에서 스위스 시민은 헌법 개정에 관해 국민투표 실시를 요구할 수 있다. 유권자 10만 명 이상이 18개월 안에 서명을 하여 이를 제출하면 공식적으로 유효한 것으로 선언된다. 발의는 일반적인 제안의 형태를 띠거나 완벽한 텍스트의 형태를 가질 수 있다.

4) 국민투표권

국민 즉 투표권을 가진 모든 사람들은 의회의 결정에 대해 결정할 권리를 가진다. 연방법, 연방 법령, 국제조약 등은 선택적 국민투표의 대상이 된다. 이는 5만 명 이상이 서명을 하여 국민투표를 요구할 경우 국민투표가 실시되어야 한다는 것을 의미한다. 의회 결정이 공표된 후 100일 안에 서명은 당국에 제출되어야 한다. 헌법 개정과 국제기구 가입의 문제는 의무적인 국민투표의 대상이 된다.

5) 청원권

투표권을 가졌을 뿐 아니라 건전한 마음을 소유한 모든 스위스 사람은 정부에 대해 직접 문서로 무엇을 요구하거나 불평하거나 청원할 권리를 갖고 있다. 정부는 이에 유의해야 한다. 모든 청원에 응답을 해야 하는 것은 아니지만 실제로는 모든 청원에 응답을 하고 있다. 일체의 국가 활동이 청원의 대상이 된다.

배경

시민권 개혁을 위한 가장 최근의 움직임은 헌법 개정으로 거슬러 올라간다. 시민권 개혁에 관한 연방정부의 포괄적인 제안들이 시민발의와 국민투표 요구에 필요한 정족수가 상향 조정됨에 따라 의회에서 부결되었던 것이다. 그 결과 정부 제안은 개헌안에 포함될 수 없었다. 그래서 의회는 뒷날 이른바 '총시민발의'의 도입을 포함하여 다시 이를 다루게 된다.

총시민발의의 목표는 무엇인가?

일반적인 제의 형태로 제출되는 지금까지의 시민발의를 대신하기 위한 것이 총시민발의이다. 그 주요 특징은 다음과 같다.

- 총시민발의는 헌법적이고 법적인 발의이다. 이는 연방헌법 개정만이 아니라 연방 법 개정을 위해서도 사용될 수 있다(연방헌법 139조). 의회가 발의의 이행을 위한 적절한 사법적 수준을 결정한다.
- 발의위원회는 발의의 목적과 내용이 의회에 의해 잘못 이해되고 있거나 왜곡되고 있다고 생각될 경우 연방법원에 항소할 수 있다.
- 의회는 총시민발의에 대한 대안으로 자체의 역발의를 제출할 수 있다. 그러나 일반 시민발의와는 정반대로 총시민발의에 대해 의회가 원칙적으로 동의를 표현할 때만 이 같은 역발의의 제출이 가능하다.
- 상하 양원이 합의 도달에 실패함으로써 인민에 의해 승인된 총시민발의가 봉쇄되는 것을 막기 위해 법은 그와 관련된 조항을 두고 있다.

실망으로 끝난 처음의 열광

2003년 2월 9일, 총시민발의 도입에 대해 시민들과 각 주 모두 명백하게 찬성을 표했다. 총시민발의를 이행하기 위해서는 정치적 권리에 관한 1976년 12월 17일의 연방법, 연방의회에 관한 2002년 12월 13일의 연방법, 연방법원에 관한 2005년 6월 17일의 연방 법을 개정해야 한다. 이에 따라 2006년 5월 31일 연방정부는 제안 설명서와 함께 관련된 연방법 개정법안을 의회에 제출했다.

그러나 총시민발의가 너무나 복잡하고 시민들에게 친숙하지 않은 것임이 점차 드러나면서 의회는 이행에 관한 법 개정에 손을 대지 않기로 결정했다. 잇달아 상하 양원의 정치제도위원회는 총시민발의를 철폐하는 데에 목표를 둔 발의위원회 구성을 추진했다. 공이 다시 시민과 주들에게 던져진 것이다. 이제 국민과 주는 다시 국민투표를 통해 총시민발의를 헌법 조항에서 삭제할 것인가의 여부에 대해 결정을 내려야 했다.

실패의 이유들

총시민발의의 이행을 위한 연방 법 개정을 둘러싼 토론에서 제기된 모든 문제들은 결국 헌법에 관계된 발의의 디자인에 관한 것들이었다. 다음과 같은 사항들이 의회에 토론되었다.

- 총시민발의는 종이 호랑이이다. 너무나 복잡하고, 절차상 요구되는 것이 너무 많다. 특히 다음과 같은 것이 그렇다.
- 상하 양원의 권리를 전면적으로 동등하게 하는 것은 어떤 위헌적 결정이 도출되는 것을 막을 수 없게 할 수 있다.
- 총시민발의에 대한 역발의의 허용은 국민투표 과정을 너무나 복잡하게 할 수 있다.
- 연방법원에의 항의 가능성
- 제출에서 의회 채택, 그리고 국민투표에 의한 최종적인 승인에

이르기까지의 너무나 긴 절차
- 동일한 기준(서명자 10만 명)으로 한다면 이미 보다 적합한 도구들이 있다. 개헌발의와 같은 것이 그런 것들이다.

여기에 대해 찬성파들은 다음과 같은 주장을 했다.
- 이미 주민투표와 주 투표에서 다수의 지지를 얻어 승인된 것이기에, 총시민발의는 실행되어져야만 한다.
- 총시민발의에 반대하는 주장(연방법원에의 항소 가능성)들은 개헌 토론 때 이미 알려진 것들이다.

사실 복잡함에 대한 주장은 새로운 것이 아니었다. 이와 비슷한 주장이 이른바 '단일 발의'를 둘러싼 토론 때도 제기된 적이 있다. 연방정부 역시 총시민발의에 대해 공식 논평을 내놓았는데 여기서 정부는 의회가 총시민발의를 채택할 가능성이 거의 없으며, 따라서 역발의를 제출할 가능성도 거의 없을 것이라는 가정 위에 보다 현실적인 태도를 보여주었다.

연방정부는 또한 총시민발의가 승인된 이후 이행 실패에 대한 위험부담이 그렇게 크지 않을 거라고 간주했다. 그럼에도 불구하고 총시민발의를 이행하는 데에 있어서 헌법 상 요구사항이 너무 많고 절차가 너무 복잡하다는 것은 인정할 수밖에 없었다. 이 복잡함이 결국은 총시민발의를 휘청거리게 했다.

1979~2000 사이에 있었던 모든 '시민적 요구'(시민발의와 국민투표)의 주역들은 다음과 같다.

1) 정당들이 모든 '시민적 요구'의 37%를 발의했다. 녹색당과 좌파가 그 중 60%, 중산층 그룹이 40%를 차지했으며, 국가기구, 재정, 조세, 사회복지, 보건 시스템이 주요 의제였다,
2) 일시적인 발의위원회가 모든 시민적 요구의 30%를 발의했다. 그들은 교통 정책과 민주주의에 역점을 두었다.
3) 연대 세력
4) 이익 단체들이 모든 시민적 요구의 10%를 발의했다. 이 중 가장 적극적인 그룹이 환경단체, 노조, 임차인, 고용주, 주택 소유자 그룹이었다. 이들은 재정, 환경, 교육문제에 역점을 두었다.
5) 새로운 사회 운동과 개인들이 모든 시민적 요구의 7%를 발의했다. 이들은 정부 시스템, 에너지, 환경에 역점을 두었다.

시민발의 발기인들의 주요 경향

1) 21세기 들어 가장 성공적이었던 발의는 좌파나 우파 정치권에서가 아니라 최근 몇 년 간 의회 선거에서 나쁜 성적을 거둔 중도파들로부터 나왔다.
2) 기득권층으로부터 발의되는 시민발의가 늘어나고 있다. 1990년대 거의 모든 시민발의를 지지하던 시민단체들이 최근에는 점차 모습을 감추고 있다.
3) 시민발의(－엑셀러레이터)는 좌파와 녹색당의 것이고, 부르주아와 우파는 선택적 국민투표(－브레이크)에 의존한다는 말은 이제 더 이상 사실이 아니다.

주제별 참고자료
연방 및 주 단위 시민발의와 국민투표의 주요 이슈

1951년 이후 연방 단위 시민발의와 국민투표에서 다루어진 주요
의제를 중요도에 따라 살펴보면 다음과 같다.

	1	2	3
1951~1960	사회복지	경제	평화
1961~1970	사회복지	경제	평화
1971~1980	사회복지	경제	환경
1981~1990	환경	경제	사회복지
1991~2000	환경	사회복지	평화
2001~2003	사회복지	환경	사회통합

1979년 이후 주 단위 시민발의와 국민투표에서 다루어진 주요 의
제를 중요도에 따라 살펴보면 다음과 같다.

거버넌스: 국가와 민주주의	부의 배분: 재정과 사회복지	환경: 에너지와 교통
프리부르크	바젤 컨츄리	아르가우
그라우뷘덴	바젤 시	바젤 컨츄리
주라	제네바	베른
옵발덴	루체른	쥬라
슈비츠	노이챠텔	루체른
위리	쌩 갈렌	쏠로턴
	샤프하우젠	주크
	투르고	
	티키노	
	발래	
	보드	
	취리히	

외국인 문제에 관련된 연방 단위 국민투표

일자	안건	결과
1866.01.14	유대인과 스위스 시민의 동등한 거주권	승인
1866.01.14	영주권자의 시 단위 투표권	거부
1866.01.14	영주권자의 조세 및 시민권	거부
1866.01.14	영주권자의 주 단위 투표권	거부
1877.10.21	영주권자와 잠정 체류자의 정치적 권리와 스위스 시민의 정치적 권리 상실에 관한 연방법	거부
1922.06.11	국적 획득에 관한 시민발의	거부
1922.06.11	외국인 추방에 관한 시민발의	거부
1925.10.25	외국인 영주권자 및 잠정 체류자에 관한 연방법령	승인
1928.05.20	외국인 수 제한 조치에 관한 연방 헌법 제44조 수정을 위한 연방법령	승인
1970.06.07	외국인 수를 줄이는 데에 대한 시민발의	거부
1974.10.20	외국인 수를 줄이는 시민발의	거부
1977.03.13	외국인 수를 줄이는 시민발의	거부
1977.03.13	외국인 국적 획득을 제한하는 시민발의	거부
1981.04.05	외국인 거주자에 대한 우호정책 시민발의	거부
1982.06.06	외국인 법	거부

일자	안건	결과
1983.12.04	헌법에 규정된 시민권 규정 개정을 위한 연방 법령	승인
1983.12.04	특정 경우 국적 획득을 쉽게 하는 데에 대한 연방 법령	거부
1987.04.05	망명법, 1986년 6월 20일 법 수정	승인
1987.04.05	외국인 거주권에 관한 연방법, 1986년 6월 20일 법 수정	승인
1988.12.04	시민발의 '이민제한에 대하여'	거부
1994.06.12	젊은 외국인의 국적 획득 간편화	거부
1994.12.04	외국인법상 강제조치에 대한 연방법	승인
1996.12.01	시민발의 '불법이민 금지'에 대한 연방 법령 역발의	거부
1999.06.13	망명 지역과 외국인에 대한 긴급조치 연방법령	거부
2000.09.24	시민발의 '이민규제'	거부
2002.11.24	시민발의 '망명권 남용 규제'	거부
2004.09.26	2003.10.3 연방법: 젊은 이민 2세 국적취득 간소화	거부
2006.09.26	2003.10.3 연방법: 이민 3세대 국적취득	승인
2006.09.24	2005.12.16: 외국인에 대한 연방법	승인
2006.09.24	망명법, 2005년 12월 16일 법 수정	승인

호수와 하천 보호에 관한 1991년 1월 24일의 연방법

1992.11.01	효력 발생
1992.05.17	국민투표
1991.06.14	국민투표 요구 유효 선언
1991.01.24	의회 결정
1987.04.29	연방각의 성명

1992.5.17일 국민투표에서 호수와 하천 보호에 관한 연방법 승인

총 유권자		4,516,994
해외 거주 유권자		14,361
투표자		1,771,843
투표율		39.22%
공란표		26,233
무효표		2,664
유효표		1,742,946
찬성	66.1%	1,151,706
반대	33.9%	591,240

연방단위 시민발의 '호수와 하천을 구하자'

시민발의의 내용은 다음과 같다:

연방헌법은 다음과 같이 개정되어야 한다.

1) 자연수의 물길은 강둑과 함께 포괄적인 보호의 대상이 되어야 한다.

2) 갖가지 압력에도 불구하고 대체로 원형을 유지하면서 환경 생태적인 기능을 하고 있는 물길의 자연적인 상태에 대한 부분적인 개입은 전역에서 금지되어야 한다. 개발의 목적으로 거의 자연상태로 남아 있는 물길을 직접적으로나 간접적으로나 개입하여 환경생태적인 그리고 형태적인 특성을 변화시키는 행위는 엄격한 환경적 압력의 대상이 되어야 한다.

3) 위에 언급된 변형된 물길은 강기슭과 지류, 수로등과 함께 복원되어야 한다. 자연 상태로의 복원은 환경생태적 이유 또는 경치상의 이유로 정당화된다. 물고기의 자유로운 이동과 동물들의 재생산 활동은 보장되어야 한다.

4) 물길 또는 강둑 위에서의 작업은 조심스럽게 해야 하며, 꼭 필요한 것에만 국한되어야 한다.

5) 하천개수사업은 사람의 생명과 건강 또는 상당한 규모의 물적자산을 보호하는데 절대 필요하다고 인정될 때에만 허용되어야 한다.

6) 댐을 막을 때나 배수를 할 때도 계속 물길 전체에 충분한 물이 흐르도록 보장해야 한다. 그 지역 동식물 공동체의 지속적인 존재를 가능케 하고, 보호되고 있는 지방의 유물과 지방의 명소들, 지하수의 질과 양을 심각하게 훼손되지 않도록 그리고 토지의 비옥도가 유지될 수 있도록 수량이 조절되어야 한다.

7) 법으로 허용된 권리가 침해당했을 때는 법에 정한 바에 따라 보

상을 해야 한다. 연방정부는 이를 위한 기금을 조성한다. 수력발
전소 소유자들은 재산권 행사에 있어서 일정한 제한을 받았을
경우 보상을 받는다.

8) 자연과 농촌, 환경보호에 참여하고 있는 조직들에게는 불만을
제기할 자격이 주어진다.

9) 물길의 이용, 개발에 대해서 불평이 제기될 경우 그 같은 행위는
중단되어야 한다.

과도기적 조치들

1) 이 법(24조)이 승인되는 시점에 아직 주요 건설작업이 시작되지
않았다면 면허 또는 승인 계획은 물길에 대한 새로운 개입으로
간주된다.

2) 법적 규정이 마련될 때까지 정부는 필요한 규정을 발표해야 하
며, 특히 사업 면허 발급과 복구 작업을 관리해야 한다. 이 법(24
조)의 승인 후 2년 안에 이 같은 규정이 발표되지 않는다면 하천
개수와 청소 이외의 일체의 작업은 허용되지 않는다.

3) 이 법(24조)과 앞서 언급된 조항들은 국민투표에서 승인되는 대
로 효력을 발생한다.

시민발의 단계

1992.05.17	국민투표(거부됨)
1989.10.06	의회 결정(주민발의 거부 권고, 간접적인 역발의)
1987.04.27	연방정부 성명
1984.11.08	공식적으로 발의의 유효성 발표
1984.12.01	서명기간 만료
1984.10.09	서명 제출
1983.05.31	서명 시작
1983.05.17	예비 검토

연방단위 시민발의 '호수와 하천을 구하자'에 대한 1992.5.17일 국민투표

총 유권자		4,516,994
해외 거주 유권자		14,361
투표자		1,771,722
투표율		39%
공란표		31,086
무효표		2,566
유효표		1,738,070
찬성	37.1%	644,083
반대	62.9%	1,093,987

연방헌법 192조 1항에는 헌법은 언제 어느 때든 전면적 또는 부분적 개정의 대상이 된다고 규정하고 있다. 전면적 개정의 경우 제안자(발의위원회)에게는 개정 그 자체의 여부만을 묻는 국민투표 실시를 요구하는 것만이 허용된다(연방헌법 138조). 반면에 부분적 개정의 경우 발의위원회는 어느 특정 내용의 변경을 제의할 수 있다. 그렇다고 해서 발의자가 완전히 자유스러운 것은 아니다. 국내법 또는 국제법에 근거하여 발의에 제한규정을 두고 있는 것이 있기 때문이다.

연방헌법 제 139조는 부분 개정의 경우 발의자가 형식 통일의 원칙, 주제 통일의 원칙, 국제법의 강제 규정을 준수하지 않는다면 연방의회는 시민발의의 전면적 또는 부분적인 무효를 선언할 수 있다고 하고 있다. 발의 자체가 무효화되면 국민투표는 실시되지 않는다.

형식 통일의 원칙에 대한 위배

연방헌법의 부분적 개정을 위한 시민발의는 일반적 제안의 형식 또는 구체적 제안의 형식 그리고 더욱 세밀하게는 초안의 형식으로 제출될 수 있다. 그러나 이 경우 하나의 선택만이 허용된다. 제안이 혼합된 형식을 취하고 있을 경우 그 발의는 형식 통일의 원칙을 위배하는 것이다.

주제 통일의 원칙에 대한 위배

투표자가 주어진 이슈에 대해 자유롭게 투표를 할 수 있으려면 연방헌법의 부분적 개정을 요구하는 발의자는 의제를 어느 한 특정 의제로 제한해야 한다. 따라서 발의된 제안들의 서로 다른 부분들 사이에는 일정한 연결성이 있어야 한다(정치적 권리에 대한 연방법 75조). 발의자가 서로 다른 내용의 제안을 하고자 하면 2개의 서로 다른 별도의 발의를 해야 한다. 하나의 발의가 서로 다른 부분으로 분리되어도 좋다는 규정은 없다. 각각의 내용이 법으로 요구되는 서명자 수를 확보했다는 것을 확인할 길이 없기 때문이다.

국제법의 강제 규정에 대한 위배

국제법의 강제 규정에 위배되는 시민발의는 무효화된다(현재의 시민발의에 대해서는 139조 2항, 현재 소개되는 일반발의에 대해서는 139a조 2항). 그러나 국제법의 강제 규정은 시민발의 제안자만이 아니라 연방의회 의원들에 대해서도 구속력을 가진다.

스위스는 일정한 원칙들을 표준화하고 있는 조약법에 대한 빈협약을 비준함으로써 국제법의 강제 규정들을 준수할 의무를 지고 있다(53조). 빈협약은 1969년 5월 23일에 체결되었으며, 스위스는 1990년 5월 7일에 비준했다. 망명정책에 대한 시민발의가 무효 선언된 것도 난민 추방을 금하고 있는 국제법의 강제 규정에 따른 것이었다.

연방정부는 1996년 11월 20일 헌법 개정에 관한 성명에서 무엇이 국제법의 강제 규정 인가를 규정하고 있다. 기본인권은 어떠한 경우든 침해할 수 없다는 식으로 국제 공동체는 국가간의 최소한의 행위의 룰을 두고 있는 것이다. 대량학살, 노예제도, 고문, 처벌의 위험이 분명한데도 난민을 본국으로 강제 송환하는 행위, 인종과 종교, 철학적 신념에 근거한 차별, 전쟁 수행의 목적으로 국제적으로 합의된 기본인권의 규정, 폭력과 공격 금지, 인권에 관한 유럽협약과 같은 것이 그런 것들이다. 이 모든 것들은 폭넓은 견지에서 볼 때 국제사회의 기본 규정을 위반하고 있는 것이다. 국제법의 강제 규범들에는 다음과 같은 것들이 있다.

- 1950년 11월 4일의 인권 및 기본적 자유의 보호에 관한 유럽협약 (스위스에서는 1974.11.28 효력 발생)
- 시민권과 정치적 권리에 관한 1966년 12월 16일의 유엔협정(스위스에서는 1992.09.18 효력 발생)
- 고문, 비인간적 · 잔인한 형벌에 반대하는 1984년 12월 10일의

유엔협약(스위스에서는 1987.6.26 효력 발생)
- 난민 지위에 관한 1951년 7월 21일의 제네바협약(스위스에서는 1955.4.21 효력 발생)

국제사회는 이 같은 강제 규정을 앞으로 더욱 정교화할 것이며, 이것들은 보편적으로 받아들여지는 규범이 될 것이다.

헌법개정에 대한 성문화되지 않은 제한

개헌발의의 내용이 법에 위배되어 허용될 수 없을 경우 어떤 일이 발생하는가? 여기에 대한 특별 규정은 비강제적인 국제법에 위배되는 경우를 제외하고는 헌법에도 없고, 법에도 없다. 시민발의의 내용이 비강제적인 국제법에 위배될 경우 발의 자체는 무효화되지 않는다. 지난 수십 년간 스위스 헌법이 헌법 개정에 대한 더 이상의 제한을 포함하는지에 대한 논쟁이 있어 왔다. 예를 들어 어떤 사람은 스위스의 기본적인 국가 형태(연방주의, 권력의 분산)는 개헌의 대상이 될 수 없는 것이라는 주장을 한다. 실제로 지금까지 인정되어 온 성문화되지 않은 제한은 오직 발의 제안에 대한 시간적인 실현 불가능성과 연관된다. 예를 들면, 무기 신규 구입에 대한 유예같은 군사비 지출에 대한 일시적 감축은 실제로 법령이 실효되었을 때는 이미 모든 것이 경과한 후였다.

무효 처리된 4가지 사례

지금까지 연방의회는 네 차례에 걸쳐 연방 단위 시민발의를 무효화했다.

1) '군사지출 삭감'
   1955.12.15. 의회 무효 선언
   이유: 시간적 집행 불가능성
   연방정부 성명 : BBI 1955 Ⅰ 527, Ⅱ 325

2) '물가인상과 인플레에 대하여'
   1977.12.16. 의회 무효 선언
   이유: 주제 통일의 원칙 위배
   연방정부 성명 : BBI 1977 Ⅱ 501

3) '보다 적은 군사비 지출과 보다 많은 평화정책에의 투자를'
   1995.6.20 의회 무효 선언
   이유: 주제 통일 원칙 위배
   연방정부 성명 : BBI 1994 Ⅲ 1201

4) '사리에 맞는 망명정책을 위하여'
   1996.3.14 의회 무효 선언
   이유: 국제법 강제 룰에 위배
   연방정부 성명 : BBI 1994 Ⅲ 1486

　　스위스가 시민의 직접적인 법 제정제도를 도입한 것은 다음과 같은 기대와 요구가 있었기 때문이다.
- 정치권력의 사용과 결정적인 통제권은 소수의 손에서 다수의 책임으로 옮겨져야 한다.
- 공화국적인 삶은 서로 입장이 다른 세력들 간의 지속적인 균형에 의존한다.
- 인민은 보다 광범위한 정치적 지식과 견해를 획득해야 한다.
- 정부와 국민의 대표, 정치인은 보통 사람들에게 그들의 생각과 신념에 대해 더 잘 알게 하기 위해서 더욱 더 노력해야 한다.
- 인민은 무엇을 그들이 필요로 하며, 무엇을 좋아하는지를 분명하게 표하면서 정부와 국민의 대표, 정치인들에 접근해야 한다.
- 인민의 도덕적이고 영적 지적인 삶은 공공의 복지 등 큰 이슈에 깊이 개입함으로써 고무되어져야만 한다.
- 우리는 국가의 운명에 영향을 미칠 문제들에 대해서 그 결정을 우리의 손으로 할 것이다. 우리는 이들 문제에 대해 어떤 형식으로든 최종적인 결정을 하길 기대한다.
- 인민의 뜻, 시대정신, 보통 사람들의 상식적 이해와 정치인들의 위대한 사상은 서로 평화적으로 협상되어지고 융화되어져야만 한다.
- 대의제를 통한 행복한 연합(union)에서의 인민지배의 창출

　　1867년에서 1869년 사이 스위스에서는 실질적인 민주혁명이 전개되었다. 취리히 주의 자유주의적 엘리트들이 물러나고 그 자리에 직접민주주의가 들어선 것이다. 당시 이 혁명의 대변인은 다음의 두 가지를 민주운동의 심장에 비교하고 있다.

　　　"민주운동의 심장은 지금까지 스위스 정치인들이 수많은

경우에서 오만하게 무시해 왔던 인민들 스스로의 심판·판단
의 능력을 헌법적 수단을 통해서 쟁취한 것이다."

　"시민은 진정한 진보를 알지 못하며 따라서 자기희생도 알
지 못한다고 하면서 인민을 왜소한 존재로 몰아붙이려는 일체
의 시도에 강력하게 항의한다. 인민에 대한 이 같은 잘못된 평
가 속에 지금 우리가 전개하고 있는 민주운동의 씨앗이 자라
고 있었다."

투표하기 전에

- 위로부터의 국민투표(Plebiscite)에 도사리고 있는 함정을 알아차릴 것

  누가 투표의 주체가 되고 있는지가 정말 중요하다. 대통령에 의해, 정부에 의해 발동된 국민투표는 헌법에 따라 인민이 발동한 국민투표보다 덜 자유롭고 덜 공정하다.

- 민주적 토론은 시간을 필요로 한다.

  국민투표 공표에서 투표일까지의 기간은 굉장히 중요하며, 최소한 6개월은 돼야 한다.

- 자금 문제!

  선거운동 기간 중의 자금 문제에 대한 투명성이 없다면 불평등하고 불공정한 행위들이 판을 치게 될 것이다. 사용내역을 공개하는 것은 굉장히 중요하다. 또한 지출 상한선을 정한다거나 국가 보조등도 유용할 수 있다.

- 선거운동은 가이드라인을 필요로 한다!

  균형 잡힌 정보의 제공(예: 모든 투표자에게 선거 공보를 발송하는 것)과 마찬가지로 미디어에 대한 평등한 접근은 결정적으로 중요하다. 독립된 기구가 이를 감시해야 한다.

투표일

- 선거와 국민투표를 동시에 실시하지 말 것

  총선과 국민투표를 동시에 실시하는 것은 정당 정치와 이슈 정치를 뒤섞는 것이다. 국민투표의 경험이 없는 나라일수록 이를 철저히 지켜야 한다.

- 투표일을 투표 기간으로 늘려라!

  국민투표는 여러 단계를 거치는 투표이다. 따라서 투표 단계가 단 하루보다 길 수 밖에 없다. 보다 많은 사람들이 가능한 쉽게

투표에 참가하게 하려면, 시민들이 투표함이든 우편으로든 2주 간 투표할 수 있어야 한다.

- 비밀을 지켜라!

투표 기간 중 모든 사람은 자신의 의사를 자유롭게 표현할 권리 를 갖고 있다. 이것은 자신의 의사를 표현하는데 있어 철저한 비 밀보장과 그 어떤 상황 설명도 필요 없음을 의미한다.

투표 이후

- 불필요한 다수결의 원칙을 피하라

민주적 결정은 단순 과반수에 근거한다. 투표율의 문턱을 25% 이상으로 할 경우 보이콧 전략을 유발시킬 수 있다.

- 구속력이 없는 결정은 결정이 아니다

국민투표의 결과가 구속력을 갖고 있지 않은 나라가 여러 나라 있다. 이는 일종의 민주주의적 모순이며, 이것은 불공정하고 불 확실한 과정을 만들어낸다. 투표 결과를 이행하는 데에 있어서 정부와 의회의 역할은 제한되어야 한다. 국민투표의 결과는 다 른 국민투표의 결과에 의해서만 변경될 수 있다.

- 자유롭고 공정한 투표 이후의 기간을 보장하라!

사법적 안전장치를 갖는 것이 결정적으로 중요하다. 예를 들어 모든 시민은 국민투표의 결과에 대해 법원에 소를 제기할 수 있 어야 한다.

　　직접민주주의가 정치과정의 성과를 다르게 하는지 아닌지를 검토해보기 위해서는 우선 공공지출과 세입의 측면을 살펴볼 필요가 있다. 재정 결정은 거의 대부분 정부의 중심적인 활동으로서 정책의 우선순위도 예산 편성의 과정에서 드러난다. 1990년 스위스 132개의 큰 자치시를 대상으로 한 조사에서, 연구자들은 예산 적자에 대한 의무적 국민투표에 대하여 고찰하였다. 적자예산편성시 이를 시민들로부터 승인을 받아야만 하는 도시의 경우 평균적으로 지출과 수입은 20% 이상 낮았고, 공공 부채 또한 30% 이상 줄어들었다.

순수한 대의민주제는 덜 효율적이다

　　서로 다른 제도 장치 아래에서 공공의 돈이 어떻게 효과적으로 사용되고 있는가는 쓰레기 청소 연구에서도 알 수 있다. 쓰레기 청소 서비스에 대한 비교 조사연구(Pommerehne, 1990)에 의하면 이 같은 서비스가 가장 저렴하게 제공되고 있는 곳이 직접민주주의가 잘 작동되고 있고, 직접민주주의를 통해 뽑은 민간기업이 이 서비스를 제공하고 있는 스위스의 시와 읍들이다. 민간기업 대신 시가 직접 쓰레기 청소의 서비스를 제공했더라면 비용이 10% 정도 높았을 것으로 나타났다. 또 순수한 대의제 민주주의의 시읍들은 직접민주주의의 시읍들에 비해 이 비용이 20% 이상 높은 것으로 나타났다. 쓰레기 청소비용이 가장 높은 곳이 대의제 민주주의적 결정에 의존하고 청소 서비스를 공공기관이 담당하고 있는 도시들이었다. 이 경우 쓰레기 청소 비용은 평균보다 30%가 높았다.

　　공공 서비스의 효율성에 관한 힌트는 스위스의 경우 경제성적이 어떻게 재정관련 국민투표와 연관관계를 갖고 있는가를 보여주는 한 연구보고서에서도 찾을 수 있다(Feld and Savioz, 1997). 1984년부터 1993년까지 모든 부문의 노동자, 주정부의 교육에 대한 지출, 보조금, 건물과 건축에 대한 자본 대체등을 포함하여 새로운 방법으로 산출한 생산함수가 산술되었으며, 이 생산함수는 다시 직접민주주의의 권리가 재정 문제에 이용 가능한 주와 아닌 주를 구분하였다. 이 보고서에 의하면 직접민주주의가 잘 되고 있는 주가 그렇지 않은 주에 비해 총생산성에 있어서 5% 이상 높았다.

총 성장 방정식에 근거하여 2004년 블럼버그는 미국의 각 주를 샘플로 하여 공공자본(철도, 교육, 시설)이 어느 정도 생산적으로 공급되고 있으며, 시민발의제가 있는 주와 없는 주 사이에 어떤 차이가 있는지를 분석한 적이 있다. 1969년에서 1986년까지 미국 48개주의 각각의 총 생산과 민간자본과 공공자본, 고용, 인구에 대한 데이터가 투입요소로 사용되었다. 시민발의제가 없는 주는 시민발의제가 있는 주와 비교해서 생산적 자본 서비스 제공 측면에서 단지 82%의 효율성을 나타내는 것으로 나타났고, 정부 지출은 20%가 높은 것으로 드러났다.

주민발의는 부패를 줄인다

사적 이익에 대한 공직의 오·남용은 공공의 부패에 대한 기자들의 인지도 조사에 근거하여 측정되었다. 시민발의가 기자들에게 인지된 부패에 통계적으로 큰 영향을 미치고 있음을 알 수 있다. 시민발의가 있는 주들이 그렇지 않은 주들에 비해 부패의 정도가 낮았으며, 그 영향이 크면 클수록 시민발의에 요구되는 서명자 수의 정족수가 낮았다.

1990년대 초 스위스에 대한 연구에서, 국민의 삶에 대한 만족도에 미치는 직접민주주의의 효과가 실증적으로 분석되었다(Frey and Stutzer, 2002). '대단히 만족'을 '10'으로 하고, '대단히 불만족'을 '1'로 하여 '당신은 오늘 얼마만큼 만족하십니까'라는 질문이 주어졌다. 응답자 수는 6,000명 이상에 달했다.

개인의 정치 참여의 제도적 권리는 주별로 측정되었고, 주에 따라

차이가 있었다. 시민들이 시민발의나 국민투표를 통하여 정치과정에
참여하는 것을 막는 다양한 장벽들을 측정하는데 광범위한 지표가
사용되었다. 조사 결과는 직접민주주의와 국민의 삶의 만족도 사이
에 눈에 띄는 긍정적인 상관관계가 있음을 보여주었다.

민주적 절차에는 많은 것이 요구된다. 그것들은 민주주의 조건의 충족 정도에 따라 작동한다. 그 조건들은 다음과 같다.

- 미디어와 공적 공간
- 법치 국가, 헌법과 기본인권 보호
- 민주적 원칙들을 내면화하고 있는 국민과 기구, 민주주의 교육
- 제도화된 민주주의의 자기비판
- 민주주의 발전과 연구(조사)

민주적 절차와 같은 환경과 기준 또한 이 보고서가 집중하는 직접민주주의에 적용된다.

직접민주주의 절차의 유용성은 그것들의 디자인에 근거한다. 그러나 잘 디자인된 직접민주주의적인 절차가 있다고 해서 반드시 이것들이 실제로 자주 이용된다는 것을 보장하지는 않는다. 직접민주주의 절차의 이용의 빈도는 사회의 구성(보다 더 혹은 덜 복잡하냐, 보다 더 혹은 덜 분쟁적이냐)과 특정사회 안에서 문제와 갈등이 처리되는 방식과 같은 것에 좌우된다. 스위스 여러 주의 직접민주주의를 비교 분석한 연구보고서에 따르면 잘 디자인된 절차가 똑 같이 있다고 하더라도, 보다 작고 보다 심플한 주보다는 복잡하고 분쟁이 많은 주가 민주적 절차를 더 자주 발동시키고 있다.

직접민주주의 절차를 만들어내는 데에 있어서의 주요 요소들

1. 서명자 수

질문	국민투표를 하려면 유권자 중 몇 사람의 서명이 필요한가?
경험	국제 경험으로 보면 필요한 서명자의 정족수가 높으면(5% 이상) 높을수록 시민들이 직접민주주의의 도구로서 시민발의나 국민투표를 사용하는 확률이 낮아진다. 정족수를 전체 유

권자의 10% 이상으로 할 때는 시민발의나 국민투표가 사실
상 불가능해진다.

권고 안건(개헌 발의, 선택적 국민투표 등)과 실시 단위(시군, 지역,
국가, 초국가)에 따라 달라지겠지만 대체로 5%를 넘지 않게
하는 것이 좋다.

2. 서명기간

질문 서명기간은 얼마로 하는 것이 좋은가?

경험 커뮤니케이션(정보 제공, 토론, 학습)은 직접민주주의의 심장이
다. 시간이 충분하게 주어지지 않고는 직접민주주의가 가능
하지 않다. 그러므로 서명기간을 정할 때 이 사실을 반영시켜
야 한다. 만약 기간이 너무 짧을 경우, 예를 들어 전국 단위의
국민투표와 같은 경우 서명기간을 3개월로 할 경우, 커뮤니케
이션의 진행이 심각하게 방해받을 수 있다.

권고 전국 단위의 시민발의의 경우 최소한 12개월의 기간이 주어
져야 한다. 더욱 좋은 것은 18개월 정도이다. 선택적 국민투표
의 경우는 2~4개월 정도면 충분하다. 국민투표의 이슈가 이미
정치적 의제가 되어 있기 때문이다.

3. 서명방식은?

질문 전혀 통제받지 않는 자유 방식이 좋은가 아니면 정부 감시 아
래에 일정한 공공 장소에서 서명을 받는 것이 좋은가?

경험 전혀 통제를 받지 않는 자유 방식은 때로 논란을 불러일으킬
수 있다. 실제로 여러 나라에서 서명방식에 일정한 제한을 두
고자 하거나 서명자의 자격을 체크하고자 한다. 오스트리아

의 경우 서명은 공공장소에서만 받을 수 있다. 반면 미국에서는 우체국 등 공공장소(정부 건물)에서 서명을 받는 것이 금지되어 있다.

권고   잘 발달된 직접민주주의는 서명방식에 특별한 제한을 두지 않는다. 서명의 합법성을 체크하는 것으로 충분하다. 활발한 토론을 유도하고 쉽게 서명할 수 있는 방법으로 서명방식이 정해지는 것이 좋다.

4. 시민발의는 어떻게 쓰는가?

질문   시민발의를 할 때 특별한 법률적 지식이 전제되어야 하는가 아니면 일상적인 언어를 사용해도 되는가?

경험   스위스의 경우 법률적 전문지식을 요하지 않으며, 일상 언어를 사용해도 상관없다. 혼란을 야기하는 내용이나, 상업 광고 또는 사적 광고의 내용이 여기에 포함하지 않는다면 어떤 제목도 선택 가능하다. 언어 표현에 있어서 요청이 있을 때 정부가 도움을 줄 수는 있지만 내용 자체에 개입할 수는 없다.

권고   시민발의 때 정부는 발의자들이 그들의 의사를 자유롭고 분명하게 표현할 수 있고, 모든 사람들이 발의 내용을 쉽게 이해할 수 있도록 도움을 주어야 한다. 여기서 두 가지 점이 요청된다. 하나는 도움을 주더라도 내용에는 간섭하지 말아야 한다는 것이고, 또 하나는 텍스트가 분명하여 이해하기 쉬워야 하며 모호하지 말아야 한다는 것이다. 전문용어는 가능한 한 피해야 한다.

5. 국민투표에서의 질문지는 어떻게 작성되는가?

질문 누가 질문지를 작성하는가? 시민발의의 타이틀이나 법의 타이틀이 질문지에 반복 사용되어도 좋은가?

경험 스위스의 경우 국민투표에서의 질문에는 시민발의의 타이틀과 국민투표에 회부되는 법의 타이틀이 포함된다.

권고 시민발의의 타이틀이 국민투표 질문지의 타이틀에 포함되어야 한다. 그래야만 투표자들은 자기들이 무엇에 대해 투표를 하고 있는지를 정확하게 알 수 있다. 그리고 질문은 승인과 거부의 '예스'와 '노'로 분명하게 답을 할 수 있는 형태로 작성되어야 한다. 도대체 무엇 때문에 투표를 하고 있는지 모르게끔 하는 그런 질문을 던져서는 안 된다.

6. 내용과 법적 요구 사항

질문 시민발의가 법적 요구사항과 내용에 관한 법령을 만족시키고 있는가를 체크하는 데에는 어떤 절차들이 있는가?

경험 국가기관(의회, 정부, 법원)의 하나가 이를 체크할 수 있다. 그러나 절차문제, 담당 기관의 문제를 둘러싸고 여전히 이견이 존재하고 있다. 스위스의 경우 시민발의의 내용이 룰을 만족시키고 있는가를 체크하는 것은 의회이다. 요구되는 정족수(10만 명)를 채운 후 시민발의가 제출된 후 의회의 체크가 시작된다. 그러나 미국에서는 사전 체크이고, 담당기관도 주에 따라 다르다. 플로리다 주는 주대법원이, 오리건 주는 주 법무장관이 시민발의의 합법성을 체크한다.

권고 합법성의 룰들은 (예를 들어 국제법과 충돌하지 않을 것, 서로 다른 이슈를 포함하지 말아야 할 것, 형식에 있어서 모호하지 말아야 할 것 등) 분명하고 투명해야 한다. 예를 들어 헌법에 룰들이 규정되어 있어야 한다. 내용에 대한 체크는 주민발의와 동시에 이루어질 수도 있고, 발의가 제출된 후에 이루어질 수도 있다. 또 헌법재판소가 이를 담당할 수도 있고, 의회나 정부 조직과 같은 정치적 국가 조직 중의 하나가 담당할 수도 있다. 담당 주체가 과연 부적절한지는 정치문화의 문제이지 전체적으로 구성되어지는 디자인의 문제일 수 없다.

7. 정부와 의회의 상호작용

질문   의회는 시민발의의 의제를 토론하고 이에 대해 의회 측 권고를 제기할 수 있는가? 의회는 역발의를 제출할 수 있는 권리를 갖고 있는가? 시민발의자와 의회 또는 정부는 상호작용을 통해 일정한 타협과 협상의 여지를 발견할 수 있는가? 철회 조항은 있는가?

경험   캘리포니아 주의 경우 주민발의는 의회를 거치지 않고 곧바로 유권자에게로 간다. 그러나 스위스에서는 그 같은 '직접 발의'는 없고, 정부와 의회를 거쳐야만 하는 '간접 발의'만이 있다. 스위스 정부와 의회는 모든 시민발의(투표)에 대해 자신의 관점을 밝히고, 공공 토론에 참가하며, 역발의를 할 수 있다. 따라서 스위스 식 '간접 발의'는 엄청난 토론을 불러일으키고, 정부와 의회, 발의자 사이에 협상의 여지를 두어 타협적인 해결을 가능하게 한다. 이를 위해 스위스에서는 시민발의를 발의자가 철회할 수 있다는 조항을 두고 있다.

권고   직접민주주의와 간접민주주의는 서로가 서로를 강화하는 방식으로 연계되어야 한다. 예를 들어 의회에 역발의의 권리를 부여하고 의회가 주민발의의 내용을 체크하며, 자체 의견을 표현할 수 있음으로써 이것이 달성될 수 있다. 또 발의와 역발의가 동시에 제출될 때 투표자들은 둘 모두에게 '예스'를 보낼 수 있다. 그리고 두 개 제안이 동시에 통과될 경우(더블 '예스') 둘 중 하나를 더 선호한다는 것을 표현할 수 있다. 철회 조항은 발의자와 정부 또는 의회 사이에 타협이 이루질 경우 발의자에게 발의를 철회할 수 있는 기회를 제공한다.

8. 정부와 의회가 입장을 밝히고 찬반 캠페인을 전개할 수 있는 기간

질문	시민발의나 국민투표를 둘러싸고 투표자와 정부, 의회가 토론을 하고 여론을 형성하는 데에 주어지는 시간은 얼마인가? 국민투표 때의 찬반 캠페인 기간은 얼마나 주어져야 하나?
경험	견해를 서로 주고받고, 대화를 하고, 학습의 시간을 갖기 위해서는 투표에 참가하는 모든 당사자들이 일정한 시간을 가져야 한다. 캠페인 기간 설정에 이 점이 고려되어야 한다.
권고	시민발의와 국민투표의 매 단계마다 충분한 시간이 허용되어야 한다는 것이 기본 룰이다. 왜냐하면 발의위원회는 서명을 받아야 하고, 정부는 발의된 안건에 대해 정부 측 입장을 밝혀야 하며, 의회는 토론의 시간을 가져야 하고, 필요할 경우 의회 측의 역발의를 제출해야 하며, 관계되는 모든 개인과 단체들은 캠페인을 전개해야 하기 때문이다. 가장 쉬운 경험 매 단계 최소한 8개월 이상의 시간이 필요하다는 것이다.

9. 국민투표의 효력 발생, 최소한의 정족수와 다수 승인의 요건

질문	국민투표의 통과에는 단순 과반수로 충분한가 아니면 일정한 기준 이상의 다수의 동의가 요구되고, 투표율에 있어서의 최

소한의 정족수를 만족시키는 것이 필요한가?

경험 국민투표의 통과에는 일정한 기준 이상의 동의와 투표율에 있어서의 최소한의 정족수를 만족시키는 것이 자주 요구된다. 반면 국회의원 선거에서는 투표율에 있어서의 최소한 정족수가 없다. 실제로 최소한의 투표율을 40% 이상으로 정하고 있는 경우가 많은데 바로 이 때문에 투표율 미달로 투표 자체가 무효화될 때가 가끔 있다. 이는 직접민주주의에 악명을 줄 수 있다. 정족수를 높게 해놓으면 거의 모든 국민투표가 통과되기 어려울 것이다.

권고 투표율 정족수를 25% 이상으로 정하는 것은 피하는 것이 좋을 것이다. 정족수를 25% 이상으로 정한다는 것은 제기된 사안이 기권과 반대표를 합산할 경우에 부결될 수 있다는 것을 뜻한다. 이는 민주적인 공개 토론에 참여하는 것을 거부하고 투표를 보이콧하려고 하는 그룹들을 돕는 결과를 빚을 것이고, 비민주적인 행태를 장려하게 될 것이다. 이는 국민투표의 통과에 일정 기준 이상의 다수로부터의 승인을 요구하는 경우에도 마찬가지이다.

10. 투표 가능한 이슈와 이슈의 배제

질문 어떤 이슈가 직접민주주의적으로 결정될 수 있고, 결정될 수 없는 것들인가?

경험 여러 나라에서 중요한 이슈는 직접민주주의적 결정에서 배제되어 있다. 이것은 직접민주주의의 토대를 약화시킬 것이다. 중요 이슈를 배제시키고 있는 것은 그 나라의 특수한 역사적 경험과 관계가 있다. 스위스에서는 어떠한 이슈도 원칙적으로 배제되고 있지 않다. 그러나 구속력을 갖는 국제법에 대치되는 시민발의는 무효 처리된다. 실제에 있어서는 국가와 민주주의 형태, 재정 및 조세정책, 복지와 건강증진의 주제가 직접민주주의의 초점이 되고 있다.

권고 시민은 그들이 선출한 의회 의원과 똑 같은 범위의 이슈에 대해 결정권을 행사할 수 있어야 한다. 어떤 특별한 이슈를 시민발의와 국민투표에서 배제하는 것은 정치에의 평등 참여의 원칙에 위배되는 것이다. 기본인권과 국제법에 근거하여 민주주의적 결정에 일정한 제한을 가하고 있다면, 이는 의회에서의 결정과 시민에 의한 결정에 똑 같이 적용되어야 한다.

11. 권고, 자문 그리고 감독

질문 시민발의와 국민투표에 감독 규정이 있는가? 이를 위한 특별한 독립기구가 있는가?

경험 국민투표 과정에서의 공정성을 확보하기 위해 아일랜드와 영국 등 몇몇 나라에서는 국민투표위원회를 설치해 두고 있다. 그러나 이 위원회의 의무와 권리는 나라에 따라 각각 다르다. 스위스에서는 연방총리실이 국민투표 과정을 총괄하고 있다. 총리실의 '정치적 권리'가 시민발의와 국민투표에 조언을 하고, 제출된 서명자 명부를 체크하며, 연방 단위의 국민투표와 연방정부 선거를 조직하고, 선거와 국민투표 결과에 대한 이의신청을 처리한다. 전자투표를 시험실시하는 책임도 여기서 지고 있다.

권고 국민투표위원회에게는 시민발의에 대한 조언, 안건에 대한 초기 검토, 서명 체크, 국민투표 캠페인 감독, 투표 관리 등의 갖가지 의무가 주어져 있다. 투표자에게 동등하고 공정한 정보 – 최소한 각 유권자에게 팸플릿이나 작은 책자 등 – 를 제공해야 하는 것도 그들의 의무이다.

12. 재정과 투명성

질문 제 정당과 단체들은 국민투표 캠페인에 사용한 돈의 액수, 출처를 밝혀야 하는가? 확실한 재원이 없는 단체들은 국민투표 과정을 보다 더 평등하게 하기 위해 자금 지원을 받아도 좋은가?

경험 국민투표에서 돈의 중요성은 일반적으로 인정되어 있다. 돈은 결정적 요소의 하나일 수 있다.

권고 투명성(예를 들어 자금원에 대한 정보)과 공정성(예를 들어 재원의 평등성, 미디어와 광고를 통한 공공에의 접근의 평등성)은 민주적인 정치 의사의 형성에 중요한 역할을 한다. 따라서 시민발의와 국민투표 제안자들은 자금 지원을 받을 수 있다. 예를 들어 서명자의 수가 일정 기준을 넘을 경우, 국민투표에서의 지지율이 일정 수준 이상일 경우, 정부로부터 사용한 돈의 전부 또는 일부를 변제받을 수 있을 것이다.

원칙

해외에 거주하고 있는 스위스 시민은 투표를 할 수 있고, 전국 단위 국민투표와 선거에 참여할 수 있으며, 시민발의와 국민투표에 서명을 할 수 있다. 그들은 연방정부, 연방의회, 연방법원 선거에 참가할 수 있을 뿐 아니라 피선거권을 갖는다. 그러나 주의회 선거의 경우 그들이 소속되어 있는 주의 법이 이를 허용하고 있을 때만 투표권을 행사할 수 있다. 스위스 연방 시스템에서 해외 거주 스위스인들은 별도의 선거구를 형성하지 않는다. 그들은 어느 한 시군을 자신의 선거구로 선택한다(그들이 선택하는 시군은 보통 자신들이 태어난 곳 또는 해외로 떠나기 전 살았던 곳이다). 해외 거주 스위스인들이 자신에게 부여된 정치적 권리를 행사하고자 할 경우 이를 자신이 선택한 선거구에 통보해야 한다. 통보는 매 4년마다 갱신되어야 한다. 투표는 우편으로 할 수도 있고, 직접 스위스로 돌아와 할 수도 있다.

몇 가지 통계

2005년 말 현재 스위스의 총유권자 수는 486만 명이고, 해외 거주 스위스인은 634,200명이다. 이들 중 약 485,100명이 투표권을 갖고 있다. 말하자면 이들은 18세를 넘었거나 정신 질환이 없는 자들이다. 2005년 말 현재 약 102,000명이 유권자로 등록했고 투표권을 가지고 있다.

해외 거주 스위스인들의 투표행태

ASO(해외거부 스위스인 조직)와 스위스 라디오 인터내셔널의 조사에 의하면 해외 거주 스위스 인들의 투표행태는 독특한 측면을 갖고 있다. 그들은 정치적 견해보다는 시각의 근대성, 코스모폴리타니즘, 변화에 대한 개방성, 외국인에 대한 관용, 자유시장에 대한 믿음과 같은 가치에 의해 더 크게 영향을 받고 있다.

해외 거주 스위스인들의 의회 진출

2003년 10월 19일 실시된 연방정부 선거에서 스위스국민당(SVP)은 해외 거주 스위스인들을 후보로 내세웠다. 그러나 지금까지 연방의회에 진출한 해외 거주 스위스인은 한 사람도 없다. 아마 그들의 잠재력이 너무나 광범하게 분산되어 있어서 그럴 것이다. 그들은 그들 자신의 선거구를 갖고 있지 못하다. 따라서 표가 스위스 26개 주로 분산된다. 2004년 스톡홀름 주재 무관이었던 생갈렌의 비트 에벌 리가 주의회 의원으로 선출된 적이 있는데 이는 해외 거주자들의 피선 가능성을 보여주는 것이기도 하다.

직접민주주의는 이론에 있어서나 실천에 있어서나 논쟁의 대상이
되어왔다. 직접민주주의를 어떻게 정의할 것인지에 대해 아직까지
어떠한 합의도 없다. 명칭과 절차형식간의 관계 또한 분명하지가 않
다. 예를 들어 국민투표(referendum)라는 똑 같은 단어가 갖가지 국민
투표 절차를 가리키는 데에 사용된다. 우리는 서로 다른 헌법에서 서
로 다른 용어법과 서로 다른 절차 규정을 발견하게 된다. 그래서 비교
를 더욱 어렵게 한다. 직접민주주의의 개념과 이 책에 사용되고 있는
용어들에 대한 설명이 그래서 필요하다.

근대 직접민주주의는 고전적인 민회민주주의와 같지 않다. 직접민
주주의는 시민들이 그들 자신의 발의에 근거하여 또는 헌법에 규정
된 강제 조항에 근거하여 정부나 의회의 뜻과는 관계없이 시민투표
의 수단을 통해 광범위한 정치 이슈에 대해 결정권을 가진다는 것을
의미한다.

여기서 직접민주주의의 첫 번째 기준이 드러난다. 직접민주주의는
사람에 대해서가 아니라 이슈에 대해 결정권을 행사하는 것이다. 따
라서 직선제나 주민소환은 직접민주주의에 속하지 않는다.

두 번째 기준은 다음과 같다. 직접민주주의는 시민들에게 결정권
을 준다. 직접민주주의적 절차는 곧 권력 배분의 절차이다. 따라서 넓
은 의미에서 직접민주주의는 시민의 권력을 강화하는 것이라고 정의
할 수 있다. 이렇게 하면 직접민주주의가 덜 딱딱해지고, 반드시 시민
의 정치 결정권만을 의미하는 것이라고만 할 필요가 없어진다. 예를
들어 시민들이 시민투표를 요구할 권리는 갖고 있으나 결정권은 갖
고 있지 못할 경우라도 우리는 이를 엄격한 의미에서는 아니지만, 넓
은 의미에서의 직접민주주의라고 할 수 있을 것이다.

이 두 가지 기준을 사용하여 정치 참여에 있어서의 직접민주주의
적 절차와 직접민주주의적이지 않은 절차간의 차이점을 다음의 표를
통해서 볼 수 있다:

지향점	이슈	시민
시민권의 강화 : 권력 분점	헌법에 규정된 절차 : • 의무적 국민투표 일정수 이상의 시민들의 시민발의 : • 선택적인 국민투표 • 시민발의 • 역발의 직접민주주의 절차	소환권
대의제 강화 : 통상정부의 권한을 확대하는 것(위로부터의 국민투표) 그리고 정부당의 소수 그룹을 강하게 하는 것	절차 사용에 있어서 정부가 독점적인 지위를 차지한다. : • 위로부터의 국민투표	직간접적인 대표선출

주민투표제를 직접민주주의와 동등하게 생각할 수는 없다. 위로부터의 국민투표(Plebiscite)와 직접민주주의적 절차 사이에는 분명히 차이가 있다. 위로부터의 국민투표는 국민투표라고 하지만 국민이 발의한 것이 아니다. 그리고 그 사용 또한 전적으로 권력의 통제 아래에 놓여 있다. 따라서 이 같은 차이를 이해한다는 것은 직접민주주의를 이해하는 데에 있어서 근본적인 것이다. 이 같은 차이는 자주 있는 일은 아니지만 때로 직접민주주의를 둘러싼 논의에 굉장한 혼란을 야기 시킨다. 그런데 문제는 이 차이의 경계선을 칼로 긋듯이 분명하지 않다는 데에 있다. 직접민주의적 요소와 위로부터의 국민투표적 요소가 혼합되어 있는 주민투표의 절차들이 있는 것이다.

앞의 표가 보여주듯이, 직접민주주의는 절차상 국민투표와 주민발의, 역발의의 3가지 형식으로 구성된다. 매 절차마다 다양한 세부 절차들이 정해질 수 있다. 그래서 이를 제도화하고 있는 방식도 다양하다.

다음 표는 주요 절차의 유형과 그에 따른 형식들에 대해 간단히 설명하고 있다. 물론 이것이 전부는 아니다. 소환에 대한 시민발의 등 직접민주의적 요소를 포함하고 있는 여러 가지 형태의 또 다른 절차들도 있는 것이다. 여기서 가장 주목해야 할 것은 직접민주주의가 대의제 민주주의를 대체하는 것이 아니라는 점이다. 대체하는 것이 아니라 보완하는 것이다. 잘 디자인되고 잘 시행되고 있는 직접민주주의는 대의제 민주주의를 더욱 대의적이게 만든다.

국민투표(referendum)

정부가 내린 결정을 국민투표의 방법을 통해 수락하거나 거부할 수 있는 시민의 권리. 투표 절차가 완전히 정부 통제 아래에 놓여 있는 국민투표는 우리가 말하는 국민투표(referendum)가 아니라 위로부터의 국민투표(plebiscite)이다.

의무적 국민투표 (Obligatory referendum, OBLR)	헌법 규정에 따라 발의된다. 대의제 민주주의에서 최종적인 결정을 투표자에게 되돌려주기 위한 것이다. 다시 말해 이는 중요하거나 가장 중요한 정치적 결정들이 시민들 스스로에 의해 내려진다는 것을 뜻한다.
국민투표 (Popular referendum, POPR)	시민들에 의해 발의된다. 정부가 내린 결정에 대해 일정 수 이상의 시민들이 국민투표를 요구할 수 있는 권리이다. 국민투표는 정부결정을 수락하거나 거부한다. 이는 대의제 민주주의에서 의회의 의사결정을 바로잡고, 의회와 정부를 체크하는 역할을 한다.

정부에 의한 국민투표 (Authorities' referendum, AR)	정부 내 다수파에 의해 발의된다. 정부가 그들이 내린 결정을 국민투표에 붙이는 권리이다. 이 경우 국민투표의 의제가 될 수 있는 결정에 한한다. 이 절차는 당국이 내린 결정에 엄청난 합법성을 부여할 수 있다.
정부 내 소수파에 의한 국민투표 (Authorities' minority referendum, AMR)	정부 내 소수파에 의해 발의된다. 정부 안의 다수파가 내린 결정을 소수파가 국민투표에 붙이는 권리이다. 이 경우 국민투표의 의제가 될 수 있는 결정에 한한다. 이는 정부 스스로의 비토권과 다름없다.
국민투표 제안 (Popular referendum proposal, POPRP)	일정 수 이상의 시민들이 국민투표의 실시를 요구할 수 있는 권리이다.

시민발의(Initiative)

일정 수 이상의 시민들이 법 제정과 개정을 전체 유권자들에게 제안할 수 있는 권리이다. 여기에 대한 결정은 국민투표를 통해 내려진다.

시민발의 (Popular initiative, POPI)	시민발의의 주체들은 그들의 안을 놓고 국민투표 실시를 요구할 수 있다. 시민들은 또한 자신들의 제안을 철회할 수 있다.
주민의제제안 (Popular proposal, Agenda Initiative, POPIP)	한 사람 또는 그 이상의 시민이 관계 당국에 법의 채택을 제안할 수 있는 권리이다. 시민발의와는 달리 이 제안에 대한 결정권자는 관계 당국이 된다.

대안 제안(Alternative Proposal)

정부 당국이나 일정 수 이상의 시민이 시민발의와 국민투표의 절차(상의 맥락) 안에서 대안의 제안을 할 수 있는 권리이다. 이 제안은 국민투표에 의해 결정이 내려진다.

시민 역제안 (Popular counter-proposal, POPCP)	일정 수 이상의 시민은 시민발의와 국민투표의 절차상의 테두리 안에서 시민발의에 대한 대안 제안을 할 수 있는 권리이다. 이는 시민발의와 함께 국민투표에 의해 결정이 내려진다.
정부 역제안 (Authorities' ACP)	정부가 제출하는 대안 제안이다. 예를 들어 시민발의와 국민투표의 절차상의 테두리 안에서 의회는 시민발의에 대해 역발의를 할 수 있다. 시민발의와 역발의는 동시에 주민투표에 의해 결정이 내려진다. 2개의 안이 함께 승인될 경우 어느 것을 채택할 것인지는 별도 방법에 의해 결정되어야 한다.

세계의 근대 직접민주주의에 대한 조사 연구

전 지구적으로 시민참여가 지속 가능한 민주적 거버넌스의 열쇠가 되고 있다. 1989년 이후 100개 이상의 국가들이 대의민주제 틀 안에서 직접적인 시민 참여의 메커니즘을 제도화하고 있다. 그 밖의 나라들 또한 지난 100년 이상 시민입법을 경험하고 있다. 갈수록 늘어나고 있는 시민발의와 정책에 대한 국민투표, 주민소환 등이 정치 역학을 크게 변화시키고 있는 것이다.

라틴 아메리카와 아프리카 국가 중 상당수가 새로운 형태의 '참여 예산' 시스템을 성공적으로 도입하고 있으며, 유럽과 아시아, 북미에서는 '안건심의 투표(deliberative poll)'와 같은 협의 방법이 복잡한 정치적 도전에 맞서기 위한 하나의 표준이 되고 있다. 전 세계적인 민주주의의 진화는 참으로 괄목할 만한 하다. 뉴질랜드, 캐나다, 브라질에서 몽골에 이르기까지 새 헌법과 법 제정을 위해 투표를 하고 있다. 참여 민주주의 혁명에 버금가는 그 무엇이 각지에서 일어나고 있으며, 이에 따라 시민들이 예산과 도덕적 가치, 도시계획과 같은 핵심 이슈를 두고 정치무대의 중심으로 나아가고 있는 것이다. 그리고 유럽에서는 유럽연합 헌법 개정 문제를 둘러싸고 역사상 최초의 초국가적인 직접민주적인 도구의 사용이 검토되고 있다.

지난 수 십 년간 국제협력과 조사연구에서 주요 이슈가 된 것이 '고전적'인 의원 선거였다면 새 천년에 접어든 후 핵심 이슈로 떠오르고 있는 것은 참여예산과 안건심의 투표와 같이 시민발의나 국민투표와 연계된 도전과 새로운 관심들이다. 이와 함께 국제조직과 선거관리기구, 아카데미, 시민사회가 그 어느 때보다 포괄적이며, 심도 있게 근대 직접민주주의의 한계와 선택 가능성에 대한 연구조사를 시작하고 있다. 그 표현 중의 하나가 '제1회 세계 직접민주주의 대회'*) 프로젝트이다. 이 회의는 전 세계적인 직접민주주의의 절차와 실천을 조사하고, 시민발의와 국민투표에 대한 토론을 활성화하는 데에 목표를

직접민주주의가 실시되고 있는 나라

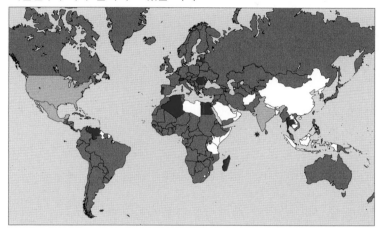

붉은색=전국 단위에서 실시되는 국가, 회색=지역 단위에서 실시되는 국가, 흰색=
실시되고 있지 않는 국가

둔 것이다. 세계은행, 유럽의회, 연방 포럼과 같은 국제기구와 국내 조
직들이 이 회의의 후원자로 나서고 있다.

2007년은 직접민주주의의 해라고 해도 좋을 만한 한해였다. 일련
의 국민투표가 지구 곳곳에서 실시된 것이다. 코스타리카에서는 중
남미 자유무역협정에 대해, 태국에서는 군사정권이 입안한 신헌법에
대해 국민투표가 실시되었고, 포르투갈에서는 투표자의 60%가 정부
발의의 국민투표를 통해 임신 10주까지는 낙태를 허용한다는 법안에
찬성을 했다. 1998년에는 동일한 안에 대해 투표자의 51%가 '반대'를
했던 것이다. 얼마 전까지만 해도 정부에 유사 합법성을 제공하기 위

---

*) 제1회 세계 직접민주주의 대회가 2008년 10월 1~3일까지 스위스 아
르가우에서 개최되었음.

2007년 세계 각국의 국민투표

국가	일자	이슈	비고
포르투갈	02.11.	임신 10주까지는 낙태를 허용함	다수당인 사회당 발의, 압도적으로 승인
안달루시아	02.18.	자치법	87%가 찬성
이집트	04.04.	선거법에 관한 개헌	캠페인 기간 1주, 투표율 10%미만, 위로부터의 국민투표
마다가스카르	04.04.	대통령 권한에 관한 개헌	투표율 42%, 통과됨
루마니아	05.19.	대통령 소환	의회 발의, 부결됨
라트비아	07.07.	안보법 개정	시민발의
태국	08.19.	신헌법	군사정권 발의
코스타리카	10.07.	중남미자유무역협정	찬성 52%로 통과
온타리오	10.10.	선거법 개정	시민의회 발의
토켈라우	10.20.	자결권	부결됨

한 가짜 국민투표가 가끔 열렸다. 또 시리아와 이집트와 같은 곳에서는 위로부터의 국민투표가 있었다. 그러나 그곳에서는 자유도 공정함도 없었고, 투표율 또한 저조했다.

유럽 대륙에서도 몇 차례의 중요한 전국적 투표가 있었다. 라트비아의 안보정책에 대한 국민투표, 루마니아의회의 대통령 탄핵결의에 대한 국민투표와 같은 것이 그러한 것들이었다. 그러나 스위스와 미

국의 캘리포니아 주, 오리건 주와 같이 시민발의와 국민투표가 일상
화되어 있는 곳에서는 국민투표 실시 비율이 평년치보다 낮았다. 국
민투표와 총선을 병행하지 않는 스위스에서는 총선이 있었고, 캘리
포니아와 오리건에서는 선거와 국민투표를 동시에 실시하는데 2007
년은 선거의 해가 아니었던 것이다.

새 천년의 첫 10년이 막바지에 이르면서 전 세계의 보다 많은 시민
들이 큰 소리로 말하고, 정치적 의제에 현안을 제기하고, 주요 이슈에
대한 결정과정에 더욱 적극적으로 참여하고 있다. 지난 25년 사이 참
여 민주주의는 하나의 거대한 붐을 경험했다. 역사상 일어났던 모든
국민투표의 절반 이상이 이 시기에 실시되었다. 단지 몇 개의 나라들
에서만 국가적이나 지역적으로 그 어떤 직접민주주의의 참여 형식이
없는 상태로 남아 있다.

전 세계적으로 10개 중 9개의 나라가 근대 참여 민주주의의 수단을
1개 이상 갖고 있다. 이러한 것들은 국민발의의 직접민주주의적 권리,
국민소환 그리고 위로부터의 국민투표 등을 포함한다.

직접민주주의의 수단이 오늘날의 대의제 민주주의의 필수적인 부
분으로 나타나는 경향은 명백해 보인다. 그러나 많은 경우 별 도움이
되지 않고, 공정하지 못한 조건에서 치뤄진다. 정보 흐름과 표현의 제
한, 시민들이 직접민주주의적 절차에 친숙해 있지 못한 점들이 그러
한 것들이다. 바로 이 점에서 시민발의와 국민투표를 대의제 민주주
의에 대한 긍정적인 보완이라고 볼 수 없는 측면이 있다. 보완이라기
보다 경쟁자 때로는 위협으로 보일 수도 있다.

예를 들어 국민투표의 경우 투표율이 50%가 되어야 안건이 통과되
는 것으로 한다면 이런 국민투표는 사실상 국민투표 자체에 대한 보
이콧과 다름없다. 찬반 캠페인에 얼마든지 기권 투쟁이 합세할 수 있
기 때문이다. 말하자면 기권이 안건에 대한 반대 의사의 표시로 집계
될 수 있는 것이다. 그 결과 투표자의 과반 수 이상이 찬성표를 던졌다

1793년 이래 실시된 국민투표 현황

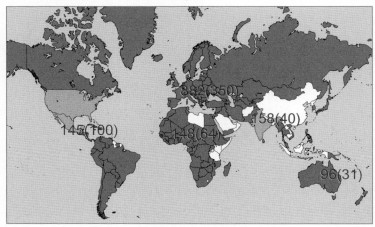

숫자는 1973년부터 현재까지 대륙별 국민투표 실시 건수, 괄호안은 1991년 이후의 국민투표 실시 건수

고 하더라도 결과는 뒤집혀진다.

또 결정적으로 비민주적인 정권이 국민투표를 하나의 도구로 사용하여 여론과 의사결정 과정을 조작할 수도 있으며, 아주 강력한 이익집단이 시민발의와 국민투표법을 그들에게 유리한 방향으로 해석하고 이를 이용할 수도 있다. 그래서 자유롭고 공정한 투표과정이 요청되는 것이다.

2007년 전 세계적으로 36건의 국민투표가 있었다. 이로써 1793년 600만명의 프랑스인들이 투표로 신헌법을 채택한 이래 1430건의 국민투표가 실시된 셈이다. 이제 주요한 결정에 인민을 끌어들인다는 발상은 전혀 새로운 것이 아니다.

19세기 말 호주 신헌법 제정의 아버지들은 새로 태어날 자신들의 나라를 위해 어떻게 하면 민주적인 정치 시스템을 만들어낼 수 있을

국민투표가 실시된 시기와 지역(1793~2007)

시기	유럽	아시아	아메리카	오세아니아	아프리카	총
1793~1900	58	0	3	0	0	61
1901~1910	14	0	0	4	0	18
1911~1920	21	0	3	5	0	29
1921~1930	36	1	2	6	0	45
1931~1940	40	0	7	6	0	53
1941~1950	36	2	3	11	0	52
1951~1960	38	13	3	5	9	68
1961~1970	44	22	4	7	19	96
1971~1980	116	50	8	14	34	222
1981~1990	129	30	12	7	22	200
1991~2000	235	24	76	15	35	385
2001~2007	115	17	24	16	29	201
총	882	159	145	96	148	1,430
비율(%)	61.7	11.2	10.1	6.8	10.2	100

까 하는 문제에 부딪쳤을때, 그들은 미국과 스위스 이민자들로부터 영감을 얻었다. 미국과 스위스의 정치사상을 원용하여 그들은 미국식 양원제를 채택하고, 스위스 모델에 따라 헌법에 의무조항으로 규정하는 국민투표제를 도입했다. 그 이후 호주인들은 전국 단위에서 48개의 이슈, 주 단위에서 29개의 이슈에 대해 투표를 하게 되었다.

1890년대 미국 오리건 주 농민들이 정치결정 과정에 농민들도 직접 참여할 수 있는 권리를 달라고 요구하고 나섰을 때, 그들이 인용한 것도 스위스 직접민주주의의 발전을 보도한 〈뉴욕 타임〉지 기자 존 설리번의 기사였다. 그들의 요구는 받아들여졌다. 그 이후 미국 서부 해안 주에서는 340차례의 시민발의와 국민투표가 실시되었다. 오리건에서 처음 꽃을 피운지 한 세기가 지난 후 직접민주주의의 사상은 근대 대의제 민주주의 주요한 한 구성요소로 세계 곳곳에서 뿌리를 깊게 내리게 된다.

　직접민주주의를 도입하는 나라가 갈수록 늘어나고 있는 것은 이제 전 지구적인 추세가 되고 있다. 이 추세는 동시에 정부조직이나 NGO든 그들에게는 하나의 도전이 되고 있는데, 이제 이 같은 새로운 사태 전개에 대의제 민주주의의 틀 안에서 적응할 수밖에 없게 됐다. 이를 활동 주체별로 살펴보면 다음과 같다.

　• 정부

　직접민주주의의 절차를 관리하고, 그 가능성과 한계에 대한 토론을 진행시키는 역할을 한다. 정부는 동시에 시민을 보다 더 가깝게 정치로 끌어들이기 위한 교육활동에서 핵심적인 역할을 담당한다. 잘 개발되어 있는 직접민주주의는 폭넓은 노하우와 풍부한 실천의 경험을 갖고 있는 데에 반해 코스타리카와 같이 국민투표를 처음 해보는 경우, 직접민주주의는 직접 해 보면서 배우는 교육적 효과에서 더 큰 의미를 찾는다.

　• 의회와 정당

　시민발의와 국민투표 과정 중 관계법과 규정들을 준비하고 이를 통과시키는 데에 중요한 역할을 한다. 또 직접민주주의의 실천에서 선출된 정치인과 정당은 공개 토론의 핵심적인 대화자로서의 역할을 담당한다. 유럽의회가 새로 제안되고 있는 유럽연합 시민발의권에 대해 아주 적극적인 태도를 보이고 있는 이유도 여기에 있다. 유럽연합 시민발의권은 초국가 단위에서의 최초의 직접민주주의적인 도구이다.

　• 법원과 법조계

　직접민주주의적 도구의 사용을 평가하는 데에 있어서 중심적인 역할을 한다. 독일과 같은 나라에서는 직접민주주의적 도구 사용의 과정에서부터 개입을 하고 있고, 이탈리아에서는 헌법재판소가 내용을 문제 삼아 이미 채택된 시민발의에 대해서도 비토를 할 수 있는 특권을 갖고 있다. 다른 한편 유권자들은 법원의 사전 개입을 차단하기 위해서 전문 법률가들에 의존한다. 경쟁력있고 견고한 법적 조언이야 말로 직접민주주의에서 모든 활동가들에게 없어서는 안 될 요소로 떠오르고 있는 것이다.

• 싱크 탱크와 서비스 제공자

직접민주주의의 실천 과정에서 보다 많은 전문 지식과 정보를 갖고 독립적인 역할을 한다. 여기서 정부와 관련하여 정치교육의 이슈가 중심 자리를 차지한다. 서비스 제공자들 또한 시민발의를 위한 서명 받기에서부터 국민투표 캠페인에 이르기까지 여러 다양한 활동가들을 지원한다. 최근에는 '시민발의 산업'이라는 말이 나올 정도로 상업적 베이스에서의 직접민주주의의 특수 분야가 등장하고 있다.

• 학계 연구자들과 미디어 종사자들

직접민주주의의 행사들을 관찰하고, 분석하며, 조사연구하고, 평론하는 데에 있어서 핵심적인 역할을 한다. 이 그룹은 활동가 그룹에 대해 무게의 중심을 바로잡게 하는 역할을 담당한다. 또 최근에는 전국적 또는 지역적 단위로 네크워크 형식의 조사연구기관들이 크게 늘어나고 있다. 여기서 앞장을 서고 있는 것이 정치기자들인데 그들이 무엇을 말하는가가 큰 중요성을 갖는다.

• 시민사회 그룹

직접민주주의를 앞으로 나아가게 하고 그 도구들을 자주 그리고 열정적으로 사용하게끔 하는 데에 있어서 최고의 자기 동기를 부여받고 있는 전문가 그룹이 이들이다. 시민사회와 정부가 효율적으로 얼굴을 맞대야 한다는 것, 그들 간의 대화의 질이 높아야 한다는 것은 최고의 중요성을 갖는다. 전 세계적으로 직접민주주의의 확산과 배양에 초점을 두는 시민사회의 출현 – 특히나 직접민주주의의 대해서

국가 또는 초국가 단위로 시민들이 국민투표를 발의하고 있는 나라들

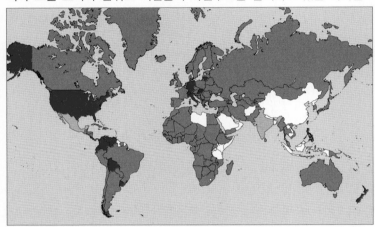

붉은색=전국 단위에서 실시되는 국가, 회색=지역 단위에서 실시되는 국가, 흰색=
실시되고 있지 않는 국가

괄목할 만한 실천적 경험을 가진 시민사회의 출현 - 이 증가하고 있
다.

　시민발의와 국민투표의 도구들을 보다 더 잘 이해하고 잘 평가하
기 위해 위에 언급된 주요 역할 담당자들은 동일한 질문들에 대한 답
을 찾아야 한다. 이를 찾는 데에 있어서 다음의 3가지 질문은 도움이
될 것이다.

　(1) 직접민주주의의 실천적 경험과 관련하여 전 세계적으로 이미
존재하고 있는 것은 무엇인가? 그 대답을 통해 근대 시민의 정치적 권
리에 대한 독특한 세계지도를 그릴 수 있을 것이다.

　(2) 지금 있는 절차들은 어떤 식으로 실천에 적용되고 있는가? 그
대답을 통해 직접민주주의의 절차들의 실천적 사용에 대한 포괄적인
분석이 가능해질 것이다.

(3) 보다 풍부하고 보다 질 높은 정보를 제공받으면서 보다 나은 토론을 하기 위해서는 어떤 수단의 개발이 필요한가? 그 대답을 통해 직접민주주의 발전에 대한 질 높은 분석과 절차적 발전의 토대가 마련될 것이다.

직접민주주의에 대한 질 높은 토론은 근대 시민권의 한계와 잠재력에 대한 평가를 보다 정확하게 하게 할 것이며, 시민발의와 국민투표 그리고 여타 시민참여의 도구들을 관계자 모두에게 이익이 되는 방향으로 한층 더 발전시키게 될 것이다.

미래를 내다 볼 때 2008년과 2009년은 매우 흥미롭고 도전적인 시민발의와 국민투표를 세계 곳곳에서 예비하고 있다.

아시아와 오세아니아

아시아는 태국과 말레이시아, 방글라데시에서 보고 있는 것처럼 권위주의적인 시기가 끝나고 민주세력이 크게 강화되는 것을 보게 될 것이다. 전 세계가 경제성장과 베이징 올림픽에 초점을 맞추고 있는 가운데 아시아 민주주의의 민주화가 그 진보(자체)의 잠재력을 드러낼 것이다. 특히 우리가 주목해야 할 나라와 지역이 이번 여름 대통령 선거가 유엔 가입안과 연계될 대만이다. 일본도 개헌안을 둘러싼 그동안의 뜨거운 논쟁들이 결국은 국민투표로 연결될 것이다. 홍콩 또한 2007년 3월 비공식적으로 그들 최초의 국민투표를 조직한 적이 있는데 이를 통해 주민들은 홍콩 총독으로부터 2012년까지는 '완전한 민주주의'를 도입하겠다는 언질을 받아내었다.

인도에서는 최근 몇 개 주가 새로운 형태의 참여 민주주의와 직접민주주의를 도입하였다. 2007년 뉴델리에서 '열린 연방주의에 대한 제4차 국제회의'가 보여주었듯이 인도의 이 새로운 경험들은 전국 단위에서 개혁의 가능성을 한층 더 높일 것이다. 아시아 지역에서 시민발의와 국민투표를 양적인 측면에서 가장 활발하게 하고 있는 나라

2008~2010년에 직접민주주의가 실시될 나라(아시아)

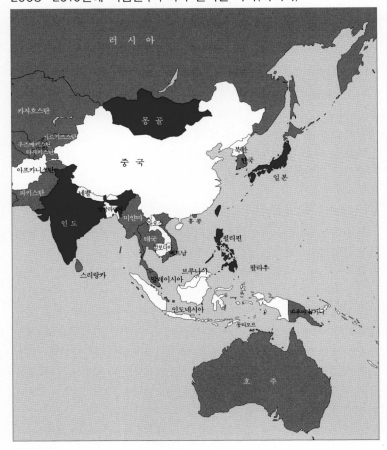

가 필리핀이다. 필리핀은 항상 풍부한 실천경험을 우리에게 제공하고 있다. 지금도 필리핀에서는 대통령 중심제에서 내각 중심제로 헌법을 바꾸기 위한 국민투표 서명 작업이 벌어지고 있다.

태국의 민주주의 진전을 주의 깊게 관찰해 볼 필요가 있다. 군사정
권이 입안하여 국민투표에서 통과시킨 신헌법에, 구헌법에 있었던
것처럼, 일종의 시민발의가 보장되어 있기 때문이다. 오세아니아의
일부 국가들은 뉴질랜드의 시민발의, 호주의 국민투표를 비롯하여
광범위한 직접민주주의적 절차들을 이미 갖고 있다. 그러나 앞으로
몇 년 사이 가장 실천적인 경험들은 팔라우, 토케라우, 뉴 칼레도니아
와 같은 작은 섬나라들로부터 보도되어질 것이다. 이들 나라에서는
식민지 이후의 자치와 독립문제가 국민투표에 의해 결정되어야 할
이슈로 떠올라 있기 때문이다.

북 아메리카

태평양을 가로 질러 미국의 여러 주들도 2008년에서 2009년 사이
12개 이상의 시민발의와 이에 따른 국민투표가 예정되어 있다. 2008
년 11월의 대통령 선거를 앞두고 수 많은 그룹들이 시민발의를 도구
로 삼아 자신들이 미는 후보 또는 자신들의 이슈를 위한 부수 효과를
노리고 있는 것이다. 캘리포니아서는 부동산 소유자와 농지 보호법,
교통(기금), 고속철도, 교육(기금), 부유세 등의 이슈가 국민투표를 기
다리고 있다. 국민투표는 통상 2월 5일(대통령 예비선거), 6월 3일(주
예비선거), 11월 4일(대통령 선거) 실시된다. 오리건 주에서는 건축
법, 어린이 건강보호를 자금지원과 관련된 헌법 개정을 두고 주민들
이 최후의 결정(발언)을 할 것이다. 좀 더 북쪽으로 올라가면 캐나다
의 브리티시 콜럼비아 주민들은 2009년 영국식 선거제도의 개정 여
부에 대한 결정의 기회를 갖게 될 것이다. 2005년 투표자의 다수결에
의해 같은 이슈가 승인되었으나 그 이행을 주정부와 의회가 하고 있
지 않은 것이다. 온타리오에서도 2007년 10월 10일 혼합된 비례대표
제로의 선거법 개정을 위한 국민투표가 있었다. 1921년 이후 처음 치
르는 이 국민투표에서 투표자들은 변화보다 현상유지를 선택했다. 투

2008~2010년에 직접민주주의가 실시될 나라(북 아메리카)

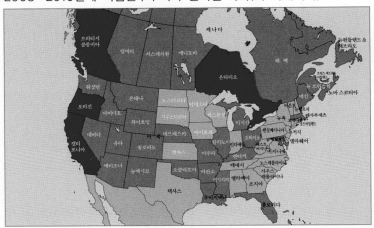

표율은 53%였으며, 기존의 선거구 다득표제가 63.3%의 지지를 얻었
다.

라틴 아메리카

라틴 아메리카 역시 직접민주주의적 도구의 폭넓은 도입과 사용을
경험했다. 우루과이 같은 나라는 1930년대 초부터 비교적 성공적으
로 이 도구들을 사용해 왔는데 비해 여타 나라들은 최근에야 이를 도
입했다. 그 대표적인 예가 국민투표를 통해 군사정권에서 벗어난 칠
레이다. 동구권 국가들이 소비에트 제국 붕괴 후 겪게 되는 현상과 비
슷하게, 대부분의 라틴 아메리카 국가들은 시민발의, 국민투표, 주민
소환 등 풀세트로 직접민주주의를 도입하고 있다.

그 결과 1978년 이후 아르헨티나, 브라질, 칠레, 페루, 우루과이, 볼
리비아, 에콰도르, 콜롬비아, 파나마, 과테말라, 코스타리카에서 100

2008~2010년에 직접민주주의가 실시될 나라(라틴 아메리카)

개 이상의 주요한 이슈들이 국민투표에 붙여졌다. 아르헨티나와 브라질과 같은 연방국가에서는 지역 단위의 시민발의와 국민투표도 자주 실시된다. 이 같은 인상적인 절차상의 발전에도 불구하고 라틴 아메리카에서의 직접민주주의에는 그 디자인과 사용에 있어서 많은 결점을 갖고 있다.

　시민발의권이 있기는 하나, 명백한 절차가 규정되어 있지 않거나 중도에서 취소될 수 있다. '국민투표' 또한 구속력 없이 그냥 국민의 의견을 한번 물어본다는 식이거나 위로부터의 국민투표일 따름이다. 예를 들어 최근 베네수엘라에서 실시된 국민투표처럼 국민투표의 초점을 이슈로부터 대통령으로 전환시키는 경우도 있다.

　그러나 라틴 아메리카 직접민주주의의 근본적인 문제는 그들의 간접민주주의가 여전히 취약하다는 데에 있다. 많은 국가들에서 최근 에콰도르의 경우처럼 대통령은 당선 순간 의회와 정당을 뛰어넘는

가능성을 갖게 된다. 대의제 민주주의를 더욱 대의제이게끔 하는 것
이 직접민주주의에 맡겨진 주요 기능 중의 하나라면, 이 기능을 제대
로 발휘하기 위해서 요구되는 것이 바로 제대로 된 의회제도와 정당
들이다. 이 점에서 주의 깊게 관찰을 해야 할 곳이 베네수엘라와 에콰
도르이다. 여기서는 대통령이 직접민주주의의 도구들을 수단으로 삼
아 끊임없이 의회와 정당을 무력화시키려고 하고 있다. 그들 최초의
국민투표의 경험을 가진 코스타리카도 관찰의 대상이다.

  칠레는 1948년에 이미 군대를 폐지하는 등 라틴 아메리카에서 가
장 평화로운 국가이고, 2003년에 직접민주주의를 광범위하게 도입한
국가이다. 칠레의 경우 미셸 바흐레트 대통령의 연립정부가 시민발
의와 국민투표 절차의 일부를 도입하겠다는 약속을 하고는 있지만,
라틴 아메리카에서 직접민주주의의 메커니즘을 결여하고 있는 국가
중의 하나이다. 볼리비아는 개헌 과정이 계속되고 있다. 이 과정을 통
해 시민들이 의회에 의해서 승인된 주요 의제와 에보 모랄레스 대통
령에 의해서 발의된 헌법적 협정에 대한 국민투표의 기회를 가질 수
있게 될 수도 있을 것이다. 마지막으로 우루과이인데 우루과이 국민
들은 지금 낙태권리에 대한 시민발의를 해놓고 서명을 받고 있다.
2009년 이것에 대한 국민투표가 있을 예정이다.

  아프리카
  아프리카 대륙 전역에 걸쳐 많은 나라들이 지난날의 식민지 종주
국들로부터 직접민주주의의 일부 형태를 유산으로 물려받고 있다.
특히 프랑스 식민지였던 서부 아프리카 국가들이 특히 그러한데 '위
로부터의 국민투표(프랑스 스타일의 국민투표, plebiscite)'가 헌법 조항
으로 규정되어 있을 뿐만 아니라 실제로도 실시되고 있다. 그러나 남
아공과 콩고 민주공화국, 잠비아, 마다가스카르와 같은 경우는 진정
한 의미에서의 국민투표라고 할 시민발의에 의한 국민투표가 점차

2008~2010년에 직접민주주의가 실시될 나라(아프리카)

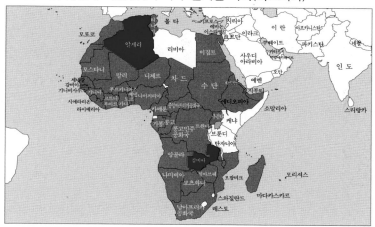

제도화되고 있으며, 이것이 이들 나라의 정치 안정에 큰 기여를 하고
있다. 이와 대조되는 것이 대부분이 이슬람 국가들인 북아프리카 국
가들이다. 이들 국가의 이슬람 지도자들은 여러 가지 방법으로 국민
투표의 도구를 오용하고 있다. 그 대표적인 예가 이집트의 호스니 무
바라크 대통령이다. 무바라크 대통령은 2007년 3월, 34개 조에 이르는
개헌안을 국민투표에 붙이면서 찬반 토론의 캠페인 기간을 7일로 한
정하고 있었던 것이다. 당시 이 투표에 참가한 투표자는 전체 유권자
의 30%에도 미치지 못 했다(위로부터의 이 국민투표는 물론 대통령
이 원하는 방향대로 되었다). 자유롭지도 공정하지도 못한 이 같은 경
험에도 불구하고 상당수의 아프리카인들은 가까운 미래에 직접민주
주의 도구를 사용하는 나라들이 크게 늘어날 것으로 내다보고 있다.
동부 아프리카 5개국으로 구성된 동아프리카공동체는 동부 아프리
카의 정치적 통합을 내걸고 2009년에서 2010년 사이 초국가적인 국민

투표 실시 계획을 세우고 있다. 더욱이 범아프리카 회의(Pan-African Council)와 전 아프리카 인민조직(All-African Organisation) 같은 경우는 보다 확대된 형태의 직접민주주의 실천을 구상 중이다. 아프리카 53개국 8억 인구가 하나의 연합정부를 수립한다는 안건을 아프리카 사람 전체가 참여하는 국민투표에 붙이자는 것이다.

유럽연합(EU)

그러나 직접민주주의가 가장 많이 실천으로 옮겨지고 있는 곳은 여전히 유럽이다. 유럽 국가 대부분이 최소한 지역단위에서라도 시민발의와 국민투표를 실시하고 있는 것이다. 그 광범한 스펙트럼의 또 다른 한쪽 끝에 27개 유럽 국가들로 구성되어 있는 유럽연합이 자리 잡고 있다. 지금 유럽연합 회원국 시민들은 함께 손을 잡고 초국가적으로 정치무대의 전면에 나설 직접민주주의 발전의 한 가운데에 서 있다. 지금 유럽연합 회원국의 경우 법의 절반 이상이 국가 단위가 아니라 유럽연합의 단위에서 제정되고 있다. 국가 주권이 유럽연합으로 이양되고 있는 것이다. 따라서 국민투표 또한 일국 단위로서는 더 이상 의미를 갖지 못하는 단계로 접어들고 있다. 이것이 키포인트이다. 물론 이것은 쉽지 않다. 국가 주권 또는 인민주권의 이념이 유럽을 보다 더 민주적으로 만들어야 한다는 필요성과 충돌하고 있는 것이다. 그럼에도 불구하고 유럽연합 헌법 개정을 둘러싸고 지금 유럽에서 진행되고 있는 토론은 수많은 초국가적인 활동들을 생산해 내고, 이것이 유럽통합 과정에 비판적인 사람들에게까지 깊은 인상을 남기고 있다.

2004년 유럽연합의 국가와 정부 수반들은 EU헌법 개정에 직접민주주의의 원칙을 도입하기로 합의를 했다. 당시 EU헌법은 국민투표에 붙여졌으나 모든 회원국에서 통과되지는 못 했다. 프랑스와 네덜란드가 반대를 했던 것이다. 그러나 참여 민주주의의 원칙은 새 '개혁

유럽 의회 선거를 넘어서: 유럽 국민투표를

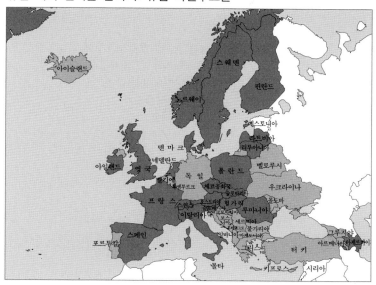

짙은 회색= 유럽 차원의 국민투표를 실시하는 나라

조약'의 일부분으로 여전히 살아 있다. '개혁조약'은 유럽연합 전역에 걸쳐 앞으로 긴 비준 과정을 기다리고 있다. '개혁조약' 2조는 1백만 명 이상의 유럽 시민들이 유럽의 새 법과 법규들을 제안할 권리를 갖는다는 규정을 제공한다.

이는 의제 제안의 권리일 뿐 그 자체로 범 유럽적인 인민투표를 전제로 하고 있는 것은 아니다. 그러나 의제 제안권에 따른 실천 규정들이 마련되기도 전에 이미 초국가적인 20개 이상의 '유럽시민발의'가 추진되고 있다. 2006년에서 2007년 사이에 추진된 이들 발의의 중심 이슈는 주로 인권과 에너지, 유럽 민주주의에 대한 것들이다.

이슈	주요 목표
원 시트 이니시아티브 (Oneseat Initiative)	브뤼셀을 유일 유럽의회 장소로 한다
모두에게 평등을	EU시민권을 EU거주자 모두에게로 확대한다
핵에너지 반대	유라톰(Euratom) 조약 폐기와 신규 핵발전소 건설 금지
유럽인의 건강	자연치료를 허용하자
터키, 멤버십 대신 파트너십을	터키의 EU 가입 반대
자유, 안보, 정의의 유럽을 위하여	정의에 대한 EU 회원국 간의 협력 강화
유럽 전역에 걸친 효율적인 112	유럽위원회는 공동의 긴급구조 서비스를 보장해야 한다
아프리카를 돕자	아프리카 에이즈 환자들에게 매년 50억 유로 를 보내자
유럽 시민 서비스를 위하여	'연대의 에라스무스'라는 이름의 범 유럽적인 시민 서비스를 설치하자
우리의 사회적 유럽을 구하자	사회적 유럽을 위한 캠페인
1백만 4장애인	입법화를 통한 장애인의 권익 보호
유전자 변형 식품에 라벨을	유전자 변형 사료로 키운 동물의 육가공품에 라벨 부착을 촉구
응용인류학 발의	응용인류학에 대한 지지 호소
공공 서비스의 고품질화	높은 품질의 공공 서비스를 모두에게 제공하자
EU 헌법에 대한 시민투표	신 EU헌법을 유럽 시민투표에 붙이자
이니시아티브를 위한 이니시아티브	시민에게 친절한 유럽 시민발의 절차 마련을 위한 제안
다르푸르를 위한 긴급 청원	다르푸르에 국제 보호군대 파견 요구
EU 개혁조약을 국민투표로	유럽에 대한 유럽의 국민투표를 발동하자
암 연합	유럽 암 환자들을 위한 행동촉구
유럽 시민권	시민, 시민사회와 함께 배우고 듣는 유럽 시민권 포럼 창설을 위하여

발의자	서명 절차	현황
벨기에 국회의원들	e-mail	제출함(2006.09.12. 서명자 1,007,838)
인권보호를 위한 유럽인 협회	e-mail	추진 중
지구의 친구들, 글로벌 2000	e-mail과 서면 서명	추진 중
라스 박사 건강재단	서면 서명	추진 중
보수적인 NGOs	e-mail	발의(2005.10.03)
프랑스 정치인들	e-mail	발의(2005.03.09)
유럽 긴급구조 번호 협회	e-mail	발의(2005.06.29)
영국 국회의원들	e-mail	발의(2004)
유럽- 프랑스 운동	e-mail	발의(2005)
오스트리아 민중 지원	e-mail	발의(2006)
유럽 장애인 포럼	e-mail, 서면 서명	발의(2007.01.23)
그린피스 인터내셔널	서면 서명	2005년 발의, 2007.02.05 제출
악티온 엘리안트	서면 서명, e-mail	발의(2006)
유럽 노조연맹(ETUC)	서면 서명, e-mail	발의(2006.11.28)
유럽연방주의연맹(UEF)	e-mail	발의(2007 봄)
NGO연맹과 학생 그룹	서면 서명, e-mail	발의(2006.11)
인권 단체들	서면 서명, e-mail/	발의(2007 봄)
국회의원 D. 월리스와 JP 본드	e-mail	발의(2007.06.20)
암 치료 관련자들	e-mail	발의(2006.10.18)
유럽 시민행동 서비스	e-mail	발의(2006. 서명자 수 발표하지 않음)

앞의 표를 보면 유럽 직접민주주의의 새로운 도구가 정치인, 인권 단체, 보수단체, 경제 재단과 NGO를 비롯하여 사회 여러 분야의 여러 그룹들에 의해 사용되고 있음을 알 수 있다. 그러나 '유럽 시민발의'라 는 개념은 아직 생소한 것이고, 유럽 시민발의의 문화와 실천 또한 유 럽 여러 나라에서 아직은 발전의 초기 단계이다. 그래서 그들은 1백만 명의 유럽 시민들로부터 서명을 받는 것을 '청원'이라고 부르고 있다.

뿐만 아니라 아직 구체적인 절차가 없다. 그래서 분명한 확인 절차 도 없이 그저 e-mail로 이름을 보내는 등 제멋대로의 방법들이 동원되 고 있다. 그러나 이는 동시에 인터넷이 시민발의를 위한 하나의 독특 한 초국가적 광장이 되고 있음을 보여준다. 또 하나 흥미로운 것이 지 금까지 추진된 시민발의의 대부분이 가능한 한 많은 언어로 작성되 고 있다는 점이다.

초기 단계이나 아주 역동적인 유럽의 이 같은 직접민주주의의 새 로운 전개는 학자와 정치인들에게 직접민주주의가 초국가의 단계로 나아가고 있는 데에 대한 평가와 실험을 가능하게 하는 많은 기회를 부여한다. 아마 가까운 장래에 시민발의의 초기 단계를 벗어나 초국 가적인 직접민주주의 기반을 다지는 문제가 진지하게 논의되기 시작 할 것이다. '유럽시민발의'를 지원, 관리하고, 테스트하며, 관찰할 선 거관리위원회나 투표자 교육 프로그램 같은 것들이 그런 인프라에 속할 것이다.

지난 10년 사이 유럽은 현대 초국가 민주주의로 첫 발을 내디뎠다. 유럽통합 작업은 국민국가를 넘어서는 민주주의의 민주화에 대한 케 이스 스터디를 가능하게 하고 있다. 이에 따라 지금까지와는 다른 전 지구적인 맥락에서 사건과 사물을 바라보는 시각을 갖게 될 것이다. 이러한 직접민주주의의 경험은 27개 유럽연합 회원국들에서 유럽 문 제들을 놓고 약 50개의 국민투표를 하게 되는 것 등을 포함한다.

서로 다른 많은 나라에서 너무나 많은 국민투표를 너무나 긴 시간에 걸쳐 실시한다는 것이 과연 효과를 가질 수 있을 것인가에 대해 최근 다방면에서 조사 연구가 이뤄지고 있다. 연구 결과는 일단 고무적이다. 중요한 결정에 참여하는 사람은 그렇지 않은 사람에 비해 우선 정보량이 많다. 피렌체 유럽대학의 한 연구팀은 유럽 문제를 놓고 유럽 시민들이 국민투표를 할 때 유럽에 대한 관심과 정보량이 급격하게 증대되고 있음을 보여주고 있다. 정치학자 앤드류 글렌크로스와 알렉산더 트레첼에 따르면 직접민주주의는 통합의 정치화에 촉진제 역할을 하는 것으로 나타나고 있다. 합리적으로 잘 디자인되고, 시민친화적인 상황이 주어질 경우 직접민주주의는 유럽연합과 같은 초국가 기관이 지금은 갖고 있지 않은 것을 제공하게 될 것이다. 공공기관과 시민간의 긴밀한 대화, 유럽에 대한 주인의식, 유럽연합의 결정에 대한 굳건한 합법성 같은 것들이 말이다.

그러나 초국가적인 직접민주주의는 그 형태가 무엇이 됐든 인권과 시민권, 법치, 다양한 차원에서의 자치, 국경을 넘어서는 성찰의 과정에 대한 지원에 뿌리를 내려야 할 것이다. 직접민주주의의 여러 도구들이 이미 잘 알려져 있고 또 사용되고 있는 지역 또는 국가 단위에서와는 달리 유럽 단위에서는 보다 많은 사람들을 이 새로운 과정에 참여시키기 위해서는 우선 이미 추진되고 있는 '유럽 시민발의'를 비롯하여 시민발의와 국민투표부터 시작하여 점차 다음 단계로 나아가는 것이 좋을 것이다.

국가 단위의 직접민주주의의 전망으로 되돌아가보면 유럽 국가들의 4분의 3이 위로부터의 국민투표(plebiscite)에 익숙해 있음을 볼 수 있다. 동시에 거의 절반 이상의 국가들이 헌법 규정에 따른 국민투표도 도입하고 있다. 이런 국민투표는 위로부터의 국민투표와 분명히 다르다. 권력자의 뜻에 따른 국민투표가 아니라 법에 따른 국민투표인 것이다. 권력을 나누어 가지는 시민이 직접 발의하는 국민투표를 실시하는 국가는 전체 국가의 3분의 1쯤 된다.

유럽 일부 국가들에서의 시민발의, 국민투표, 위로부터의 국민투표

나라	OBLR	POPR	AR	AMR	POPRP	POPI	POPIP	ACP	POPCP	APL	AMPL
오스트리아	•10						•			•	•
벨기에		[•]1								•	
불가리아										•2	
키프로스										•	
체코공화국	•11										
덴마크	•		•								•
에스토니아	•3									•	
필란드										•4	
프랑스										•5	
독일	[•]						[•]				
영국										•	
그리스										•	
헝가리		•	•		•	•	•				
아이슬랜드	[•]6	•								•	
아일랜드	•										•
이탈리아	•7	•8		•			•				
라트비아	•		•			•					
리히텐스타인		•	•				•			•	
리투아니아	•		•			•	•				
룩셈부르크										•	
몰타	•9										
네델란드							•				
노르웨이										•	
폴란드							•			•	
포르투칼						•	•			•	
루마니아			•				•			•	

나라	OBLR	POPR	AR	AMR	POPRP	POPI	POPIP	ACP	POPCP	APL	AMPL
스웨덴										•	•
스위스	•	•	•			•		•			
슬로바키아	•	•	•			•					
슬로베니아		•	•	•			•			•	•
스페인	•						•			•	•
터키										•	

약자 풀이

국민투표	OBLR	의무적 국민투표
(referendum)	POPR	국민투표
	AR	정부 발의에 의한 국민투표
	AMR	정부 안의 소수파 발의에 의한 국민투표
	POPRP	시민투표 제안
시민발의	POPI	시민발의
(Initiative)	POPIP	시민제안(의제 발의)
대안 제안	POPCP	시민에 의한 역제안
(Alternative Proposal)	ACP	정부에 의한 역제안
위로부터의 국민투표	APL	정부에 의한 것
(Plebiscite)	AMPL	정부 안 소수파에 의한 것

1. 2002 법안은 구속력이 없는 국민투표를 담고 있다.
2. 위로부터의 국민투표를 위한 총괄적인 규범
3. 제1장과 제15장 수정을 위한 헌법에 따른 의무적인 국민투표
4. 구속력이 없는 국민투표
5. 정부나 의회 제의에 의한 국민투표
6. 헌법 62조(국교 조항) 개정
7. 지역 신설 또는 합병
8. 폐기된 국민투표
9. 입법부 확대
10. 연방헌법 전면 개정
11. EU 가입

1991년 이후 유럽에서는 직접민주주의적 절차들의 원용이 극적으로 증가했다. 그러나 다른 한편으로는 절차 원용의 디자인은 허약했고, 시민발의와 국민투표를 추진하는 데에 있어서 시민들이 넘어야 할 장벽들은 여전히 높았다.

그 단적인 예가 이탈리아이다. 최소한의 정족수 50만 명으로부터 서명을 받는 데에 성공한 141개의 시민발의 중 67개가 연방법원으로부터 무효 판결을 받은 것이다(이를 이탈리아에서는 '폐기된 국민투표, abrogative referendum'라고 부른다). 또 1946년에서 2007년 사이에 실시된 75개의 전국 단위 국민투표에서 24개 이상이 투표율의 정족수인 50%를 채우지 못했다. 더군다나 유권자 명부에 기재된 1백만 명의 이름이 죽은 자들의 것임이 드러났다. 이런 부정행위들이 시민에 의한 직접 참여의 민주적 합법성을 약화시키고, 투표에 참가한 자들 대신, 참가하지 않은 자들에게 상을 주는 결과를 초래했다.

이탈리아의 대부분 정당들도 이 같은 약점을 충분히 인지하고 있다. 그러나 그들은 국민투표의 메커니즘을 통제하기 위해 계속 부정행위에 의존하고 있다. 진정한 국민투표 정당을 들어보라면 12개의 전국 단위 국민투표를 추진해왔던 급진당 정도이다. 여기서 한 가지 흥미로운 점이 대부분의 직접 민주적인 개혁들이 북부 이탈리아에서 진행되고 있다는 점이다. 예를 들어 보젠 주 주민들은 2009년 시민발의와 국민투표 시스템을 개선하기 위한 3가지 방안 중 하나를 선택할 예정이다. 투표율이 40%를 넘을 경우 다수표를 획득한 방안이 그들의 직접민주주의의 절차가 되는 것이다.

스위스의 유권자들은 의회에 의해 채택되는 새로운 법들과 여러 사회단체들에 의해 추진되는 갖가지 시민발의에 끊임없이 직면한다.
2007년 말 현재 거의 20여개의 서로 다른 연방헌법 개정안을 놓고 국
내외적으로 서명작업이 벌어졌다. 이슈로는 주로 에너지, 조세, 교통,
사회복지, 외국인 문제, 공간 계획, 무기 거래 그리고 직접민주주의 등
이 포함되어 있다. 발의위원회가 10만 명 이상의 서명을 받아내는 데
에 성공을 한다면 이들 이슈는 2010년과 2014년 사이 어느 때에 투표

스위스의 국민투표와 총선 예정일

년도	1분기	2분기	3분기	4분기
2008	2008.02.24	2008.06.01	2008.09.28	2008.11.30
2009	2009.02.08	2009.05.17	2009.09.27	2009.11.29
2010	2010.03.07	2010.06.13	2010.09.26	2010.11.28
2011	2011.02.13	2011.05.15	(2011.10.23)	2011.11.27
2012	2012.03.11	2012.06.17	2012.09.23	2012.11.25
2013	2013.03.03	2013.06.09	2013.09.22	2013.11.24
2014	2014.02.09	2014.05.18	2014.09.28	2014.11.30
2015	2015.03.08	2015.06.14	(2015.10.18)	2015.11.29
2016	2016.02.28	2016.06.05	2016.09.25	2016.11.27
2017	2017.02.12	2017.05.21	2017.09.24	2017.11.26
2018	2018.03.04	2018.06.10	2018.09.23	2018.11.25
2019	2019.02.10	2019.05.19	(2019.10.20)	2019.11.24
2020	2020.02.09	2020.05.17	2020.09.27	2020.11.29
2021	2021.03.07	2021.06.13	2021.09.26	2021.11.28
2022	2022.02.13	2022.05.15	2022.09.25	2022.11.27
2023	2023.03.12	2023.06.18	(2023.10.22)	2023.11.26
2024	2024.03.03	2024.06.09	2024.09.22	2024.11.24
2025	2025.02.09	2025.05.18	2025.09.28	2025.11.30
2026	2026.03.08	2026.06.14	2026.09.27	2026.11.29

에 붙여질 것이다. 동물 보호와 관련하여 공군 전투기의 알프스 상공 비행을 문제 삼고 있는 시민발의는 2008년에서 2009년 사이에 투표에 회부하기로 이미 결정이 내려진 상태이다. 연방상원에도 시민장전, 건강보험, 외국인 국적 취득, 마약 경찰 등 폭넓은 문제를 제기하고 있는 10개 이상의 시민발의가 의제로 올라와 있다. 수많은 직접민주주의 절차들이 진행되고 있는 가운데 이미 국민투표 예정일이 달력에 기재되어 있다. 그것도 2026년까지 말이다.

유럽문제에 관한 투표는 현재로서는 일정이 잡혀져 있지 않다. 그러나 유럽연합 100만 시민들은 2007년 회원국 국가 원수와 총리들이 합의한 새 개혁조약의 운명에 대해 곧 결정을 내릴 것이다. 얼마나 많은 나라들이 실제로 국민투표를 가질 것인지는 현재로는 의문이다. 그러나 2009년 6월에 실시되는 유럽의회 선거와 때를 맞추어 EU에 관한 이 새로운 법을 범 유럽 투표에 붙이자는 시민발의의 수가 갈수록 늘어나고 있다. 그렇다고 해서 그들이 원하는 효과가 생길 것 같지는 않지만 말이다.

영국, 폴란드, 체코와 같이 나라 안에 강력한 반 EU 세력이 존재하는 국가들에서는 정부도 정당도 새 조약 지지를 국민들에게 설득할 수 있을 것 같지 않다.

이들 나라에서의 국민투표 실시가 헌법에도, 유럽 법에도 명확하게 규정되어 있지 않을뿐더러 유권자들도 그렇고 의회도 그렇지만 다수가 소수의 통제 아래에 있는 한 국민투표는 결국 대통령과 정부, 집권당 연합을 위한 위로부터의 국민투표로 사용되고 말지 모른다.

시민발의와 국민투표를 둘러싼 가장 흥미로운 토론들이 앞으로 몇 년 안에 전개될 것이다. 이를 이미 독일은 보여주고 있다.

독일

1990년 이후 독일에는 직접
민주주의의 강한 경향이 있어
왔다. 연방 단위에서 시민발의
와 국민투표를 헌법조항으로
삼으려는 몇 차례의 시도도 있
었다. 그러나 기독교 민주당의
반대로 좌절되었다.

그렇지만 주와 시군단위에
서는 개혁이 크게 일어나고 있다. 직접민주주의적인 절차들이 모든
주와 베를린과 함부르크를 비롯한 모든 시군에 도입되었다. 그리고
아직 일부이기는 하지만 실시되고 있기도 하다. 주 단위에서는 204차
례의 시민발의(Volksbegehren)가 있었고, 시군 단위에서는 4,200차례의
시민발의와 2,000개의 국민투표가 있었다. '시민 친화성(citizen-
friendliness)'의 면에서는 주에 따라 큰 차이가 있고, 절차의 룰은 각 주
또는 각 시군의 입법부에 의해 결정되고 있다.

연방 단위

독일에는 전국(연방) 단위의 시민발의와 국민투표가 없다. 단지 하
나의 예외가 있다면 헌법 29조에 따라 주와 주 사이의 경계선을 새로
설정해야 할 때는 의무적으로 국민투표를 거쳐야 한다는 정도이다.
바이마르 공화국(1919~1933) 때는 유권자 10%로부터의 요구가 있으
면 국민투표를 실시해야 한다는 전국 단위의 직접민주주의 제도가
있었던 적이 있다. 그러나 이때도 투표율이 50% 이상이어야만 국민
투표는 효력을 발생할 수 있었다. 개헌 투표 때는 그 장벽이 더욱 높아
유권자의 50% 이상으로부터 승인을 받아야만 했다. 이 기간 중 두 차
례 국민투표가 실시되었으나 정족수 미달로 모두 실패했다.

주와 시군 단위

연방 국가에 속해 있는 16개의 주(Lander) 아래에 정부의 제3의 바퀴로서 작용하고 있는 것이 시군이다.

1) 절차

주 단위

헤센 주와 바이에른 주는 스위스와 미국 모델의 국민투표제를 갖고 있다. 주 헌법 개정은 국민투표를 통해 인민의 비준을 받아야 한다. 브레멘 주도 1994년까지는 의회가 만장일치가 아닐 경우 개헌은 국민투표의 대상이었다.

6개 주가 구속력이 없는 인민 청원제를 갖고 있다. 인민은 이를 통해 의회에 어떤 의제를 청원을 할 수 있다. 그러나 국민투표에는 붙여지지 않는다(오스트리아, 연방단위). 독일의 모든 주는 시민발의와 국민투표제를 갖고 있다. 헤센 주와 잘란트 주를 제외하고는 모든 주가 헌법상의 이슈는 시민발의의 대상으로 삼고 있다. 그러나 주정부의 예산, 조세, 공무원 봉급과 같은 여러 이슈에 대해서는 시민발의가 허용되고 있지 않다. 이러한 배제된 이슈들은 법정 사건의 대상이 되기도 한다(바로 이 때문에 법정 분쟁이 자주 발생하고 있다.)

모든 주가 절차의 룰에서는 3단계 구조를 갖고 있다. 그러나 정족수와 서명 기간에서는 큰 차이가 있다.

제1단계는 두 가지 형식으로 되어 있다. 인민청원(Volksinitiative)과 시민발의를 위한 의뢰(Antrag auf Volksbegehren)가 그것이다. 인민 청원의 경우 먼저 주 의회의 검토를 거쳐야 한다. 인민청원과 시민발의를 위한 의뢰 모두 전체 유권자의 0.4% 내지 1%의 서명이 요구된다. 그러나 노르트베스트팔라인 주는 그보다 문턱이 아주 낮은 0.02%이고, 헤센 주는 그보다 아주 높아 3%이다. 주 내무장관이 의뢰의 합법성 여부를 체크 한 뒤 시민발의의 그 다음 단계로 절차가 넘어가는데 이

때는 서명자 정족수가 높아진다. 합법성과 정족수의 요구조건이 모두 충족되면 안건은 의회 토론에 붙여진다. 의회가 이를 수용하지 않을 경우 국민투표가 벌어진다.

　스위스나 미국의 여러 주들과는 달리 대부분의 독일의 주에서는 단순 과반수로 국민투표가 결정되지 않는다. 승인을 위한 또 다른 정족수의 요구가 있는 것이다. 주의회는 항상 역발의의 권리를 갖고 있고, 시민발의와 함께 투표에 붙여진다. 다음의 표는 시민발의와 국민투표에서 충족시켜야 할 정족수와 주어진 추진 기간을 나타내고 있다.

독일 각 주의 시민발의와 국민투표

주	시민발의		국민투표	
	정족수	준비기간	법개정 승인정족수	헌법개정 승인정족수
바덴뷔르템부르크	16.6%	14일	33%	50%
바이에른	10%	14일	없음	25%
베를린	7%	2개월	25%	2/3
브란덴부르크	0.4%	4개월	25%	2/3
브레멘	10%	3개월	25%	2/3
함부르크	5%	14일	20%	2/3
헤센	20%	14일	없음	불가능
메클렌부르크	10%	무제한	33%	2/3
니더작센	10%	12개월	25%	50%
노르트라인베스팔라인	8%	8주	15%	2/3
라인란트팔라틴	10%	2개월	25%	50%
잘란트	20%	14일	50%	불가능
작센	12.5%	8개월	없음	50%
작센안할트	11%	6개월	25%	2/3
쉴레비히홀슈타인	5%	6개월	25%	2/3
튜링겐	10%	4개월	25%	40%

앞의 표는 절차의 규정들이 주에 따라 아주 서로 다름을 보여준다. 시민발의의 경우 4개 주만이 발의 정족수를 10% 아래로 하여 시민 친화적인 규정을 두고 있을 뿐이다. 자유롭게 서명을 받는 것도 때로 금지되고 있고, 서명을 받는 기간도 서로 달라 짧은 것은 14일이고 긴 것은 몇 개월이다. 국민투표에 관해서도 큰 차이가 있다. 바이에른, 헤센, 작센 주는 법 제정 또는 개정에 있어서는 정족수를 두고 있지 않으며, 그 밖의 주들도 25%로 하고 있는 주들이 많다. 또 라인라트팔라인과 노르트베스트팔라인 주는 최근 혁신적인 개혁을 단행해서 투표율 25%, 찬성률 15%의 가능성의 문을 열었다. 그러나 바이에른 주를 제외하고는 모든 주에서 시민발의와 국민투표를 통한 헌법 개정이 사실상 불가능하게 되어 있다. 거의 모든 주가 50% 찬성의 정족수를 요구하고 있는 것이다(바이에른 25%, 튀링겐 40%). 3분의 2의 절대다수를 요구하고 있는 주들도 있다.

시군 단위

1989년까지는 바덴뷔르텐부르크만이 직접민주주의의 도구를 갖고 있었다. 그러나 그 이후 모든 시들이 2005년의 베를린을 마지막으로 시민발의와 국민투표를 도입하고 있다. 바이에른과 함부르크가 가장 시민 친화적인 규정들을 갖고 있는 것은 우연이 아니다. 이곳에서는 규정 자체에 대한 결정이 시민들 스스로에 의해 정해진다. 1995년과 1998년 두 차례에 걸쳐 당시 주정부의 견해와 전혀 상반되는 결정이 내려지기도 했다. 이리하여 바이에른과 함부르크는 역할 모델이 되었으며, 새로운 시민 친화의 표준을 만들어내고 있다.

시군 단위에서의 직접민주주의의 전개 과정은 시민발의와 국민투표의 2개 단계를 제외하고는 주 단위에서의 그것과 비슷하다. 시 의회의 결정 사항들을 뒤집는 데에 목표를 둔 시민발의의 경우에만 서명 기간이 정해져 있다. 이것은 교정적 시민발의(corrective initiative)라고 불리우며, 스위스에서는 선택적 국민투표(facultative referendum)로 알려져 있다. 주 단위와 달리 시군 의회는 주민발의에 맞서는 자체의 역제안을 할 수 없다.

그러나 일부 주(바덴뷔르텐부르크, 바이에른, 브레멘, 멕클렌부르크, 작센, 작센 안할트, 쉴레비히홀슈타인)에서는 이것이 간접적으로 가능하다. 지방의회도 절대 다수(2/3)의 결의가 있을 경우 국민투표에 자신들의 역발의를 시민발의와 나란히 투표에 붙일 수 있다.

시군 단위 시민발의의 규정들

주	시민발의 시민정족수(%)	준비기간	국민투표 통과정족수
바덴뷔르텐부르크(1956)	5~10	6주	25
베를린(2005)	3	6개월	15(투표율)
바이에른(1995)	3~10	없음	10~20
브란덴부르크(1993)	10	6주	25
브레멘 시(1994)	10	3개월	25
브레메르하벤(1996)	10	6주	30
함부르크(1998)	2~3	6개월	없음
헤센(1993)	10	6주	25
멕켈(1994)	2.5~10	6주	25
니더 작센(1996)	10	3~6개월	25
노르트베스트팔라인(1994)	3~10	6주	20
라인란트팔라인(1994)	6~15	2개월	30
잘란트(1997)	5~15	2개월	30
작센(1993)	15	2개월	25
작센 안할트(1993)	6~15	6주	30
쉴레비히홀슈타인 (1990)	10	6주	25
튜링겐(1993)	13~17	4주	20~25

절차 규정들에 있어서 다음과 같은 큰 차이가 있다.

- 대부분의 주에 있어서 도시계획과 구획 획정과 같은 중요한 정책 분야는 시민발의의 대상이 되지 않는다. 함부르크, 헤센, 바이에른, 작센 주에서만 의제에 거의 제한을 두고 있지 않다.
- 많은 주들이 거의 10%에 이르는 높은 발의 정족수를 요구하고 있다. 이 점에서 가장 시민 친화적이라고 할 수 있는 주가 정족수 2~3%의 함부르크이고, 그 다음이 3%의 베를린, 3~10%의 바이에른, 노르트라인베스트팔라인이다. 바이에른과 노르트라인베스트팔라인의 경우 인구수 증가와 더불어 정족수 비율이 낮아지고 있다.
- 국민투표 통과를 위한 정족수가 함부르크, 베를린, 바이에른, 노르트라인베스트팔라인에서는 상대적으로 낮다. 그 밖의 대부분의 주들은 25~30%에 이르는 높은 정족수를 요구하고 있다. 이는 현실적으로 기권과 이슈에 대한 토론 저지, 심지어는 국민투표 자체에 대한 보이콧을 유도하는 것이나 다름없다.

2) 실행

연방 단위

독일 연방공화국은 전국 단위의 국민투표를 실시해 본 적이 없는 유럽의 몇 안 되는 국가들 중의 하나이다. 그러나 바이마르 공화국 시절 두 차례의 국민투표가 있었다.

하나는 1926년 왕자 가족(귀족)들의 재산 몰수를 위한 것이었고, 다른 하나는 1929년 '영 플랜'에 따른 전쟁 배상금 거부에 목표를 둔 것이었다. 이 두 개의 국민투표 모두 다수의 '찬성'을 받았으나 투표율에서 정족수를 채우지 못함으로써 실패했다. 투표율이 1926년에는 39.6%, 1929년에는 14.9%에 불과했다. 추진 된 총 33건의 시민발의 중 의회 심의에 붙여진 것은 13건인데 이 중 3건만이 주민투표 절차를 밟을 수 있었으며, 그 중 오직 2건만이 국민투표까지 갔다. 몇 가지의 사례 중에서 부분적인 성공만이 있었다.

나치 집권 기간(1933~1945) 중에는 세 차례의 국민투표가 있었다. 모두 여론 조작을 위한 위로부터의 국민투표였다. 하나는 1933년 국제연맹으로부터의 탈퇴를 위한 것이었고, 다른 하나는 1934년 히틀러의 총통 취임을 비준하기 위한 것이었으며, 또 다른 하나는 1938년 독일의 오스트리아 합병을 비준하기 위한 것이었다.

주 단위

주 단위에서의 실행은 아주 다르다. 204건의 실행들이 있었다. 주

주민발의, 주민투표, 주민청원

주	도입연도	주민발의 건수	주민투표 건수	추가적인 주민청원 건수
바덴뷔르텐부르크	1974	5	–	–
바이에른	1946	38	5	–
베를린	1995	10	–	2
브란덴부르크	1992	21	–	–
브레멘	1947	10	–	6
함부르크	1996	19	4	2
헤센	1946	5	–	–
메클렌부르크	1994	19	–	–
니더 작센	1993	7	–	11
노르트베스트팔렌	1950	9	–	10
라인란트팔렌	1947	4	–	–
잘란트	1979	5	–	–
작센	1992	11	1	–
작센 안할트	1992	2	1	7
쉴레비히홀슈타인	1990	15	2	–
튜링겐	1994	5	–	–

헌법 비준을 위한 국민투표 14건, 주 경계선 변경을 비준하기 위한 국
민투표 10건, 헌법 규정에 따른 의무적인 국민투표 18건(바이에른 9,
헤센 8, 브레멘 1) 등이 그것이다. 또 162건의 시민발의와 '아래로부
터'의 주민투표, 30건의 구속력 없는 주민 청원이 있었다. 이 표는 독
일 각 주들에서의 직접민주주의 실천 상황을 보여준다.

표에서 우리는 다음과 같은 결론을 이끌어낼 수 있다.
- 함부르크와 브란덴부르크 시민들이 직접민주주의의 도구를 가
  장 자주 사용했다. 그러나 브란덴부르크에서는 지금까지 한 번
  도 국민투표가 실시되고 있지 않은데, 그 까닭은 브란덴부르크
  는 자유서명을 금하고 있기 때문에 시민발의가 한 번도 서명에
  있어서 정족수를 채우지 못한 데에 있다.
- 바덴뷔텐버그, 잘란트, 메클렌부르크에서는 한 번도 국민투표가
  실시되고 있지 않다. 이는 놀랄 만 한 일이 아니다. 왜냐하면 절
  차적 장벽이 너무나 높기 때문이다.
- 아래로부터의 시민발의 국민투표는 지금까지 함부르크와 바
  이에른 주 등 단지 5개 주에서만 실시되었다.
- 수적으로 보면 거의 대부분의 시민발의와 국민투표는 바이에른
  주에서 실시되었고, 그 뒤를 함부르크가 최근 바짝 따라붙고 있다.

이를 다시 구체적으로 분석해 보면 다음과 같은 사실이 드러난다.
- 2004년에 50건의 시민발의가 있었다. 이 중 62%가 실패했다. 4개
  중 1개만이 국민투표에 붙여진 셈이다. 지나치게 높은 정족수의
  장벽과 짧은 서명 기간 그리고 자유로운 서명활동을 금하고 있
  는 것이 그 주된 이유이다.
- 교육과 문화가 제기되고 있는 의제의 30%를 차지하고, 그 다음
  이 민주주의와 국내 정치(22%), 환경보호, 사회문제, 경제가 각

10%로 뒤따르고 있다.

- 직접민주주의의 도구들은 주로 시민발의 캠페인 그룹들이 사용하고 있고, 정치 조직과 정당들은 주로 연합체나 지지 세력으로 나타난다.
- 직접민주적 절차들의 성공률은 25%이다. 간접적인 효과 (정보확산과 국민교육적 효과)는 계량화할 수 없다.

독일에서의 시군 단위 주민발의와 국민투표의 건수

(2006.12.31일 현재)

주	도입년도	시군구의 수	시민발의건수	국민투표건수
바이에른	1995	2,056	1,852	932
노르트베스트팔렌	1994	396	506	127
바덴뷔르템부르크	1956	1,110	362	195
쉴레비히홀슈타인	1990	1,125	275	127
작센	1993	525	223	107
헤센	1993	426	274	92
브란덴부르크	1993	435	192	134
라인란트팔렌	1994	2,468	126	49
니더 작센	1996	1,163	182	57
작센 안할트	1993	1,197	219	154
메켈렌 부르크	1994	964	92	32
튜링겐	1993	1,006	78	20
함부르크	1998	7	47	8
베를린	2005	12	15	2
잘란트	1997	52	10	2
브레멘	1994/1996	2	6	1
계		12,925	4,243	2,072

독일에서는 매년 약 200건의 시민발의가 있는데 그 중 절반이 바이에른 주에서 있다. 절차상의 특수성은 지방 단위에서도 영향을 미치고 있으며, 시민친화적인 주(바이에른, 함부르크, 작센)에서 직접민주주의 도구들이 잘 사용되고 있다. 바덴뷔템부르크가 표에서 높은 지위를 차지하고 있는 것은 직접민주주의의 도구들을 사용한 시기가 길기 때문이다. 튜링겐, 메클렌부르크, 작센 안할트, 라인란트팔렌 주가 저조한 것은 높은 정족수만이 아니라 이슈 제기 범위 자체가 제한되어 있는 등, 그들이 쌓아두고 있는 높은 장벽 때문이다.

3) 현재의 발전 상황
주와 시군단위에서 개혁(주와 시군단위에서 개혁의 바람이 불고 있다)

독일에서의 직접민주주의로의 개혁의 바람은 두 단계로 구분된다. 1990년에서 1998년 사이 직접민주주의의 절차들이 도입되고 개혁된 1단계와 현재 진행 중인 2단계가 그것이다. 현재의 2단계에서는 약간의 의회 개혁 논의와 현재의 법조항 개정의 논의가 포착되는데, 주된 토론의 대상은 정족수를 낮추는 것과 서명 기간을 늘리는 것이다. 이와 관련된 법규 개정을 위한 논의가 활발하다. 그러나 동시에 부정적인 상황 전개도 있다. 국민투표의 결과를 의회가 무시하고 있고 (함부르크, 쉴레비히홀슈타인 등), 직접민주주의의 성장을 가로막으려는 법원의 판결도 가끔 나오고 있는 것이다.

EU 헌법 개정에 관한 토론

전국 단위에서 시민발의와 국민투표제를 도입하려는 지금까지의 모든 시도들은 기민당에 의해 봉쇄당해 왔다. 이들 도구들은 연방헌법의 개정을 통해서만 도입이 가능한데 연방헌법 개정은 3분의 2의 절대다수의 찬성을 요구하고 있다. 따라서 기민당과 기사당의 지지가 절대적으로 요청된다. 직접민주주의를 전국 단위에서 도입하려는 첫 번째의 시도와 실패는 1990년대 초 독일 통일에 따른 헌법 개정의 과정에 있었다. 두 번째는 2002년 사민당과 녹색당의 연립정부가 직접민주주의의 도입을 들고 나왔던 것이다. 정부 안은 다수결로 의회에서 통과되었다. 그러나 3분의 2의 절대다수에 미치지 못함으로서 또 한 번의 시도와 실패가 되풀이되었다. 최근에는 자민당이 EU헌법을 국민투표에 붙일 것을 요구하고 나섬으로써 이 문제가 다시 토론의 대상이 되고 있다. 여기에 대해서는 기민당과 기사당의 보수 진영 일부로부터의 지지도 있다. 그런데 당시 독일의 지도적인 정치인들 특히 게르하르트 슈뢰더 전 총리, 요시카 피셔 전 외무장관, 안젤라 메르켈 현 총리와 같은 사람들이 국민투표의 아이디어에 강력하게 반대하고 있다. 녹-적 연합은 이를 다시 다른 방식으로 시도를 하였으나 그들의 시도는 반대파들에 의해 또 다시 봉쇄당했다. 독일에서의 보다 큰 민주주의에로의 기회를 잃은 것이다.

국민투표(referendum)

헌법 개정 또는 국가예산안에 대한 인민투표 등의 직접민주주의 절차. 이를 통해 투표자는 그것이 정부가 제출한 것이든 시민발의에 의한 것이든 제기된 안건에 대해 승인 또는 거부의 권리를 행사한다. 정부의 배타적인 통제권 아래에 있는 인민투표는 한국어로 똑 같이 국민투표라고 번역되고 있으나 referendum 이 아니라 plebiscite이다. 스위스의 경우 투표자들은 새 헌법 조항 또는 개정된 헌법 조항과 연방 법령, 그리고 여러 가지 연방의회 법규를 국민투표를 통해 받아들이거나 거부할 권리를 갖고 있다.

위로부터의 국민투표(plebiscite)

국민투표와 관련하여 '언제' '무엇을' 결정하는 것은 국민이 아니라 대통령이거나 총리이다. 이런 투표의 결과는 보통 의회와 정부에 구속력을 갖지 않으며, 국민의 의사를 물어보는 성격을 띠고 권력자의 권력을 강화하거나 권력을 유지하기 위한 도구로 많이 이용된다. 그 목표 또한 민주주의를 위한 것이 아니라 권력자의 결정에 합법성을 부여하는 데에 있다. 따라서 위로부터의 국민투표는 직접민주주의의 절차로 분류되지 않는다.

국민투표 공보(referendum booklet)

팜프렛이나 공보의 형식을 띠고 있다. 국민투표에 붙여진 안건을 설명하고, 발의자 측 의견과 정부 측 입장, 그리고 양자간 토론 내용을 투표자들에게 전하고 있다. 스위스의 경우 총리실에서 스위스의 4개 공용어로 발행하여 투표일 3-4주 전에 다른 투표 문건들과 함께 시군을 거쳐 투표자에게 송달된다.

정부에 의해 발의된 국민투표(referendum initiated by authorities)

스위스의 일부 주 헌법은 의무적인 국민투표의 대상이 되지 않은 법령에 대해서도 이를 국민투표에 회부할 수 있는 권리를 주 정부에 보장하고 있다.

국제조약에 대한 국민투표(referendum on international treaties)

스위스의 경우 전국 단위에서 기간이 정해져 있는 않은 모든 국제조약과 국제기구에의 가입, 양국간 쌍무 협력에 관한 법은 선택적으로 국민투표에 회부될 수 있다. 그러나 집단안보 기구나 초국가 기구에 가입하는 안은 국민투표가 의무적이다. 스위스의 대부분의 주들은 다른 주 또는 외국과의 주권적 조약을 체결하는 데에 있어서 국민투표를 갖는다.

공공지출에 관한 국민투표(referendum on public expenditure)
공공지출에 관한 의회 결정은 국민투표의 대상이 될 수 있다. 스위스의 경우 연방 단위로는 아직 이 같은 형태의 국민투표가 존재하고 있지 않지만 주 또는 시군 단위에서는 광범위하게 실시되고 있다.

국민투표 제안서(referendum proposal)
투표에서 시민에게 제출되는 제안 텍스트. 스위스의 경우 이는 연방 헌법의 부분 개정을 요구하는 주민발의이거나 국민투표일 수 있다.

국민투표 질문지(referendum question)
투표 텍스트의 동의어이다. 직접민주주의의 절차에 따른 국민투표에는 투표용지에 투표자가 '예스' '노'로 답할 수 있는 질문이 쓰여져 있다.

주정부가 요구하는 국민투표(referendum requested by the cantons)
스위스의 경우 8개 이상의 주들이 동일한 안건의 국민투표 실시를 요구할 경우 선택적인 국민투표가 가능하다.

국민투표 슬로건(referendum slogan)
다가오는 국민투표와 관련하여 정당과 의회, 여타 그룹들이 들고 나오는 캐치 플레이즈, 슬로건, 권고 사항

국민투표에서의 투표(referendum vote)
유권자들이 한 표를 던짐으로써 국민투표에 붙여진 안건을 수락 또는 거부할 수 있게 한 절차. 스위스의 경우 투표는 투표용지를 사용하여 투표소에서 행하거나 우편투표로 행한다.

폐기 국민투표(abrogative referendum)
이미 의회를 통과한 것이나 시행 중인 법과 법령을 폐기시키기 위해 실시되는

국민투표이다.

행정 국민투표(administrative referendum)
정부 또는 행정과 관련하여 의회에서 내려진 결정에 대해 유권자가 국민투표를 가질 수 있는 권리. 공공지출에 관한 국민투표가 그런 것 중의 하나이다.

건설적 국민투표(constructive referendum)
국민투표에 연계되어 제출된 시민들의 또 하나의 제안. 건설적 국민투표는 선택적 국민투표의 대상이 되는 법령에 대한 역제안을 할 수 있는 권리를 일부 유권자들에게 제공한다. 일부 시민들에 의한 역제안은 법령과 함께 투표에 회부된다. 스위스의 경우 건설적 국민투표는 베른 주와 니드발덴 주에서 실시되고 있다.

협의적 국민투표(consultative referendum)
정치적으로는 의미가 있으나 법적으로는 구속력이 없는 국민투표. 선거인 명부에 기재되어 있지 않은 사람들도 투표에 참가할 수 있다. 협의적 국민투표는 원칙적으로 국가가 바라는 바의 의제를 제기한다. 그 점에서 협의적 국민투표는 용어 자체가 모순적일 수 있다. 투표자의 결정에 붙이면서도 법적으로는 결정권이 아니라 조언에 그치고 있기 때문이다. 협의적 국민투표는 넓은 의미에서 plebiscite의 일종이다.

선택적 국민투표(facultative/optional referendum)
내각과 의회, 대통령 및 여타 국가기관으로부터 제기된 안건을 처리하기 위한 국민투표. 때로 일정 수 이상의 시민들도 이를 요구할 수 있다. 국가기관만이 독점적으로 투표 실시를 요구할 수 있게끔 되어 있는 경우 이는 referendum이라기보다는 plebiscite에 가깝다. 스위스의 경우 예를 들어 새 연방법, 또는 개정된 연방 법이나 국제조약에 대해 50,000명 이상의 시민, 8개 이상의 주로부터 요구가 있을 때 선택적 국민투표가 실시된다. 안건이 국민투표에서 통과되면 연방의회의 관련 법령은 효력을 가진다.

직접민주주의
용어 해설

의무적 국민투표(obligatory/madatory referendum)
헌법 조항에 따라 자동적으로 실시되는 국민투표. 스위스의 경우 연방의회가
전면적 또는 부분적 개헌을 하기로 결정할 때, 집단안보기구(유엔 등)나 초국
가 공동체에 가입하려고 할 때, 긴급한 초헌법적 법안 도입이 필요할 때 의무
적인 국민투표가 실시된다. 의무적 국민투표에서의 결정은 국민투표와 주 투
표의 두 개 투표에서의 승인을 요구한다. 연방헌법의 전면 개정을 위한 주민발
의가 있을 때도 국민투표가 의무적이다. 의무적 국민투표의 찬반 결과는 단순
과반수로 결정된다.

입법 국민투표(legislative referendum)
법에 대한 국민투표. 스위스의 경우 의회가 제정하는 모든 법은 국민투표의 대
상이 된다. 일부 주는 이를 의무사항으로 하고, 다른 주는 선택 사항으로 하고
있다.

거부의 국민투표(rejective referendum)
의회에서 통과는 되었으나 아직 효력을 발생하고 있지 않은 법 또는 법령의 철
폐를 위한 시민발의의 국민투표

시민발의 국민투표(citizen initiated referendum)
일정한 수 이상의 시민들로부터의 공식적인 요구에 의해 실시되는 국민투표

발의(initiative)
일정한 수 이상의 시민에게 입법부 검토를 위해 어떤 안건을 제안할 수 있게
하는 직접민주주의의 절차.

시민발의위원회(initiative committee)
시민발의를 하는 사람들로 구성된 위원회. 스위스의 경우 위원회는 최소한 7
인, 최대한 27인으로 구성되어야 한다. 위원회는 절대 다수의 찬성으로 제출한
발의안을 철회할 수 있다.

시민발의 서명 정족수(initial signature quorum)
주민발의에 요구되는 최소한의 서명자 수

의제 발의(agenda innitiative)
일정 수 이상의 시민에게 입법부에서 검토를 받기 위해 어떤 의제를 발의할 수
있게 하는 직접민주주의의 절차. 그러나 의제발의는 발의로 그치고 투표에는
붙여지지 않는다.

직접 발의 절차(direct initiative procedure)
주민발의를 의회 검토 없이 곧바로 투표에 붙이는 절차

총시민발의(general popular initiative)
스위스에서 10만명 이상의 유권자가 헌법과 법 조항의 폐지, 채택, 개정을 요
구할 수 있는 시민발의. 총시민발의는 2003년 2월 국민투표로 국민에 의해 승
인된 것이다. 그럼에도 불구하고 2007년 3월 의회는 총시민발의가 너무 복잡
하고 적용하기가 어렵다는 것을 근거로 그 이행을 거부했다. 이에 따라 의회는
총시민발의의 폐기 여부를 묻는 국민투표를 요구하고 있다.

시민발의(popular initiative)
일정한 수 이상의 시민들이 그들의 제안을 정치 의제에 붙이고 이에 대한 국민
투표를 발의할 수 있는 직접민주주의의 절차이자 권리이다. 헌법개정, 법안 제
출, 법의 개정과 철폐가 발의 제안에 포함될 수 있다. 발의된 안건을 투표에 붙
일 것인지 아닌지는 정부 임의대로 정할 수 없다. 그 절차에는 철회의 절차도
포함되어 있는데 예를 들어 입법부가 그들의 요구를 충족시킬 경우 발의 위원
회는 그들의 제안을 철회한다.

연방헌법의 전면적 개정을 위한 시민발의(popular initiative for a complete
revision of the federal constitute)
스위스에서 10만명 이상의 유권자가 연방헌법의 전면적 개정을 제안할 수 있
는 시민발의

직접민주주의
용어 해설

시민발의(citizens' initiative)
popular initiative의 동의어이다.

개인발의(individual initiative)
취리히에서는 개인도 발의할 수 있다. 주 의회가 이를 지지할 경우 개인발의도
투표에 붙여진다.

간접발의 절차(indirect initiative procedure)
입법부가 개입하는 발의. 발의된 안건이 투표에 붙여지기 전에 정부와 의회가
이를 사전에 검토하는 절차이다.

직접발의 절차(direct initiative procedure)
발의 제안서가 입법부를 거치지 않고 곧바로 투표에 회부되는 절차

제안서(proposal)
주민발의나 국민투표의 풀 텍스트

단일 발의(unitary initiative)
단일발의에서는 제안이 헌법과 법에 일치하는 것인지 아닌지를 취급하는 것
이 발의 그룹이 아니라 의회이다. 스위스의 경우 여러 주에서 단일발의제가 자
주 사용되고 있다. 연방단위에서의 단일발의는 시민발의 속에서 다뤄지고 있
다.

역제안(counter-proposal)
시민발의 또는 국민투표에 들어 있는 제안에 대한 대안으로서 투표에 붙여지
는 제안. 입법부나 일정 수 이상의 시민들이 역제안을 할 수 있다. 스위스에서
는 연방의회가 시민발의의 제안에 이견을 경우 그들의 불안감을 표현하고 의
회가 바라는 바를 관철시키기 위해 역제안을 발의할 수 있다. 이때 투표는 당
초의 제안과 역제안에 동시에 '예스'를 던질 수 있는 '더블 예스'투표로 진행된
다.

직접민주주의
용어 해설

대안 제안(alternative proposal)
역제안의 동의어이다

주민소환(recall)
공직자를 임기 전 그의 자리에서 물러나게 하는 문제를 두고 주민들에게 투표
실시를 요구하게 할 수 있는 절차. 스위스의 경우 다른 나라들과 달리 정부는
의회를 해산시킬 수 없고, 의회도 정부를 불신임할 수 없다. 몇 개 주에서만 시
민발의 형식의 소환절차를 두고 있다.

서명(signature)
시민발의나 국민투표에 시민이 공식적인 지지를 서명하는 것

시민발의 서명 정족수(initiative signature quorum)
주민발의를 위해 요구되는 최소한의 서명자 수

투표율 정족수(turn-out quorum)
투표가 유효한 것이 되려면 전체 유권자 중 최소한의 비율의 유권자가 투표에
참가해야 한다. 이 최소한의 비율이 투표율 정족수이다. 그러나 이를 두고 논
쟁이 거듭되고 있다. 투표율 정족수가 기권과 거부를 동일한 것으로 집계하는
결과를 빚어 국민투표의 결과가 조작될 수 있다는 것이다.

국민투표에서의 승인 정족수(approval quorum)
국민투표에서 제안된 안건의 통과에 요구되는 전체 유권자 대비 최소한의 지
지율

외국인 투표권(voting rights for foreigners)
외국인이 투표할 수 있는 권리. 스위스의 경우 연방 단위 투표와 대부분의 주
단위 투표에서는 외국인이게 투표권이 주어지지 않고 있다. 주라와 노이샤텔
주에서 예외적으로 영주권을 가진 외국인에게 투표권을 주고 있다.

직접민주주의
용어 해설

시민 친화적(citizen-friendly)
시민발의와 국민투표에서 정족수를 비롯하여 장애물과 문턱이 낮고, 공정하며 자유스러운 투표 절차가 보장될 때 이를 시민 친화적이라고 표현한다.

제안자(proponents)
시민발의 제안서에 첫 번 째로 서명하고 이를 관계 기관에 기탁하는 사람들. 스위스에서는 주민발의 위원회와 같은 말로 사용된다.

기탁(submission)
시민발의 또는 시민발의의 국민투표에서 발의자들이 지지자들로부터 받은 서명을 관계 기관에 기탁하는 행위. 스위스의 경우 연방단위의 투표에서는 총리실이 관계 기관이 된다.

강제투표(compulsory voting)
선거와 국민투표에 참가하는 것이 의무사항으로 되어 있을 때 이를 강제투표라고 한다. 투표자는 공란에 투표하여 이를 무효표로 만들 수 있다. 스위스의 경우 11개 주에서 강제투표를 실시하고 있다.

페널티(penalty)
강제투표에 불참함으로써 투표의 의무를 다 하지 않은 자에게 내리는 벌칙. 스위스에서는 샤펜하우젠 주와 그라우뷘덴 주 일부 시군이 이 제도를 두고 있다.

더블 '예스'(double yes)
시민발의의 대안으로 역제안이 제출될 경우 투표자들은 시민발의와 역제안 양자에 동시에 '예스'표를 던질 수 있으며, 양자가 똑 같이 투표에서 승인될 때 이 중 어느 것을 더 선호한다는 것을 나타낼 수 있다. 최종적으로 시민발의와 역제안 중 어느 것이 채택되느냐 하는 것은 어느 것이 더 많은 '예스' 표를 받았느냐에 달려 있다.

합의 민주주의(consensus democracy)
정당과 노조, 소수파, 사회단체를 비롯 가능한 한 보다 많은 선수들을 정치과정에 참여시키고, 합의를 통해 결정을 도출해내려고 하는 민주주의의 한 형태.
국민투표를 통해 의회 결정을 번복시키는 것은 비교적으로 쉽기 때문에 의회
와 정부 양측 모두 국민투표를 추진할 수 있는 중요한 정치 그룹들을 만족시킬
수 있는 타협적인 해결책을 모색한다. 역사적으로 합의 민주주의를 가져온 것
은 국민투표이다.

스위스 국가연합(The Swiss Confederation)
스위스 국가연합은 스위스의 공식 국명이다. 일상적으로는 스위스를 생략하
고 그냥 Confederation이라고 한다. 그러나 정부, 의회 등 국가기관을 지칭할 때
는 Federation으로 표기하기도 한다. 국가연합은 주권을 가진 여러 주가 하나의
국가를 형성하고 있다는 뜻인데 외교 · 국방을 제외한 분야는 주의 자치권에
속한다.

칸톤(Canton)
스위스 국가연합을 구성하고 있는 멤버들. 미국의 주(state)처럼 주로 번역된다.
1848년 여러 칸톤들이 연합하여 주권의 일부를 연방에 양도함으로써 지금의
스위스를 탄생시켰다. 26개 칸톤이 있다.

스위스 연방행정부(Federal Administration)
스위스 연방행정부는 연방중앙정부의 7개 부처(Department)와 내각사무처, 정
부위원회, 기타 기관들로 구성된다. 연방의회에서 제정, 발표한 법과 법령, 법
규, 시행령을 집행하고, 연방 내각에 부여된 의무를 다 하는 것이 연방행정부
의 주 임무이다.

연방정부(Federal Council, Government)
연방정부이다. 연방정부는 스위스 국가연합 최고의 집행기관으로서 양원 합
동회의에서 선출되는 7개 부처의 장관들로 구성된다. 내각사무처 처장(The
Federal Chancellor)이 내각사무처를 이끈다. 연방정부 회의는 연방대통령(The
Federal President)이 주재한다.

직접민주주의
용어 해설

내각사무처(Federal Chancellery)

연방정부의 총 관리부처로서 각 부처의 업무를 조정하며, 연방 대통령의 집무처이기도 하다. 내각사무처는 처장이 이끈다.

스위스 연방의회(Federal Parliament)

스위스 국가연합 최고 입법부로서 하원(National Council)와 상원(Council of States)의 양원으로 구성된다. 양원은 각각 연방 입법과 예산 결정, 국제조약의 업무를 맡으며, 양원의 승인을 거쳐야만 모든 법령은 효력을 발생한다. 연방정부 각 부처 장관, 연방 최고법원 법관, 연방 총리 선출을 위해 양원은 합동회의를 개최한다.

연방하원(National Council)

연방의회의 하원에 해당하는 것으로서 200명의 의원으로 구성된다. 국민의회로 불리기도 한다. 총선에서 국민의 손으로 의원들이 선출되기 때문이다.

연방상원(Council of States)

연방의회의 상원에 해당하는 것으로서 각 주를 대표한 46명의 의원으로 구성된다. 그리고 상원의원들은 각 주의 대표자로서 활동한다. 의원들이 각 주를 대표하여 행동하기 때문이다. 의원들은 각 주에서 주민에 의해 선출된다. 그러나 하원의원들과는 달리 주 법의 규정들에 따라 선출된다.

연방헌법(Federal Constitution)

스위스 국가연합 최고의 법으로서 여타 모든 법과 국가구조의 기반이 된다. 기본권과 모든 시민의 의무, 권력구조 등이 규정되어 있다. 연방헌법의 개정은 승인을 받기 위해 국민과 주들에 제출되어야 한다.

스위스의 국어(national languages)

독일어, 프랑스어, 이탈리아어와 알프스 산맥 일부 지방의 고대 라틴어 계통인 라에토 루마니아어가 공용어로 사용되고 있다.

한국의 직접민주주의 제도 도입과 운영현황

박 현 희

1987년 민주화이후 지금까지 한국은 다섯 번의 대통령선거, 여섯 번의 총선 등을 통해 대의민주주의, 특히 선거민주주의를 잘 실현해 왔다. 그러나 국민들의 정치 불신은 나날이 증가하고 있으며 투표율은 점점 감소 추세에 있는 등 대의민주주의의 한계가 여실히 드러나고 있다. 최근에 실시된 2008년 총선 투표율이 46%에 그쳐 사상최저치의 투표율을 기록했다. 유권자의 절반에도 못 미치는 선거로 당선된 국회의원이 과연 국민의 대표로서 정당성을 확보할 수 있을 것인가? 국민의 이해와 요구를 잘 반영하는 국회가 될 것인가에 관해 비관적 전망이 상당수 존재한다. 한국이 선거민주주의를 넘어 내실을 갖춘 민주주의가 되기 위해서는 그 어느 때 보다 대의민주주의의 한계를 보완하기 위한 적극적인 직접민주주의 제도 도입과 실시가 절실한 때이다. 직접민주주의 제도를 통해 정치적 무관심과 정치 혐오증에 빠진 국민들에게 정치와 민주주의에 대한 희망을 다시 불러 일으켜 줄 필요성이 있다.

한국에 도입된 직접민주주의 제도는 전국단위에서의 국민투표와 지방에서의 간접주민발의, 주민투표, 주민소환, 주민감사청구, 주민소송이 있다. 한국의 경우, 국민투표는 1954년 주권의 제약과 영토의 변경을 가져올 중대 사항에 대하여 실시하도록 도입되어 제도 변화를 거듭하면서, 1987년 제9차 개헌에서 헌법개정안과 대통령이 부의한 중요 정책에 대해 국민투표가 가능하도록 개정되었다. 국회가 의결한 헌법개정안을 의결 30일 이내에 국민투표로 유권자 과반수의 투표와 투표자 과반수의 찬성으로 확정하고, 대통령이 외교·국방·통일·기타 국가 안위에 관한 중요정책을 국민투표로 결정할 수 있도록 규정하고 있다. 지금까지 실시된 국민투표는 1975년 2월 12일 박정희의 유신체제에 대한 신임투표의 성격을 가진 유신헌법 찬반 국민투표가 있다. 또 근래에 들어와서는 한반도 대운하 건립에 대한 국민투표 부의 문제가 심심치 않게 거론되고 있다. 그러나 한국에서 국민투표는 주요 정책사항에 대해 그 실시에 관해 몇 번 언급은 되어 왔으나 실제 실행되지는 못했다. 이 뿐만 아니라 국민발안,[1] 국민소환은 여전히 법제화되지 못하고 있는 실정이다.

전국단위에서 허약한 직접민주주의 제도 도입 및 실행과는 달리, 지역단위에서 직접민주주의 제도는 1995년 민선 지방자치제 실시이후 2000년 주민발의와 주민감사청구제 시행을 시작으로

---

1) 1962년 제5차 개헌에서, 헌법개정에 대하여 국회의원선거권자 50만 인 이상의 찬성으로 제안할 수 있게 하는 국민발안제가 채택되었으나 1972년 제7차 개헌에서 폐지되었다.

주민투표(2004년), 주민소송(2006년), 주민소환(2007년) 시행에 이르기까지 꾸준히 도입·시행되었다. 그리고 지역 시민운동가들은 직접민주제도들을 활용하여 지방정치를 견제하고 지역 주민의 목소리를 정책에 반영하려는 활동을 적극적으로 펼치고 있다.

일반적으로 직접민주제도는 정치적 반응성, 책임성, 투명성을 제고하는 장치로서 대의민주의의 한계를 보완해 주는 것으로 여겨진다. 한국의 경우에도 지역에서의 직접민주주의제도의 도입과 운영은 민주주의 발전에 꼭 기여하리라고 본다. 이 장에서는 한국의 지방정치에서 직접민주주의 제도(주민직접참여제도)의 도입과정과 운영현황에 대한 소개를 함으로써 한국 민주주의의 발전적 전망에 일조함과 동시에 전국단위에서의 직접민주제도 도입의 필요성을 제기하고자 한다.

한국 직접민주주의 제도와 사례 : 주민발의, 주민투표, 주민소환, 주민소송

1. 주민발의(주민조례제·개폐청구제)[2]

(1) 제도 특성

주민발의제는 1999년 8월 지방자치법 개정으로 도입되어 2000년 3월부터 시행되었다. 주민발의제 도입논의는 1995년 민선 지방자치제 실시이후 본격적으로 시작되었다. '주민참여'와 '분권'을 주요한 구성 원리로 하는 민선 지방자치 실시는 주민직접 참여제도의 법제화를 시민사회, 학계, 지방 정치인, 중앙정부 등에서 당

---

2) 이하 내용은 박현희, 「주민조례청구운동의 정치적 동학과 효과」, 2007, pp. 58-60을 부분 수정하여 재인용.

연한 과제로 받아들이는 계기가 되었다. 제도 도입과정을 보면, 먼저, 1997년 전국시군구의회의장 대표협의회에서 제시한 지방자치법 개정안에 주민발의제가 포함되었다. 이와 동시에 시민단체, 학계, 정치권에서 주민발의제 도입의 필요성과 절차에 대한 논의를 전개하던 중에, 내무부는 지방자치발전방안 10대 과제를 선정하면서 주민발의제 도입을 천명하였다.[3]

한국의 주민발의제는 주민들이 일정 수 이상의 유권자 연서를 받아 조례제정·개정·폐기를 청구하여 의회에서 이를 심의 결정하는 제도이다. 사실상 주민은 서명 청원한 안건을 의회에 회부할 수 있을 뿐이다. 의회는 주민이 발의한 안건을 심의·결정하는 권한을 가진다. 주민발의 안건에 대해 주민투표로 결정하는 직접주민발의제도와는 상당히 거리가 있는 제도이다. 또 주민 청원안을 의회에서 심의하다가 수정되거나 거부되었을 경우 서명 청원에 의해 그 안건을 주민투표에 부의할 수 있는 제도와도 다르다. 바로 이러한 이유로 한국의 주민발의제는 직접민주주의보다는 대의민주제에 보다 가까운 제도라고 할 수 있다.

처음에 이 제도는 주민 20분의 1 이상의 연서를 그 청구 요건으로 하여 서울시만 해도 무려 14만 명 이상을 받아야 청구할 수 있었다. 이렇게 상당히 많은 수의 서명을 두 달 안에 받아야 하는 까닭에 직접참여로 주민의 이해를 반영하기에는 상당히 까다로운 제도였다. 그런데 2006년 2월 지방자치법 개정에 의하여 청구인 수가 다소 완화되었다. 청구인 수가 "50만 이상 대도시에는 19세

---

3) 행정자치부·한국지방행정연구원 외, 『민선지방자치 10년 Ⅰ』, 2005, p. 637.

이상 유권자 100분의 1이상 70분의 1이하, 시 · 군 · 자치구에서는 19세 이상 유권자 50분의 1이상 20분의 1 이하의 범위"로 각 지방자치단체들이 조례로 정하게 하였다. 경기도의 경우 청구인 수를 선거권이 있는 19세 이상 주민총수의 1%로 정하여 개정 전의 14만명 이상에서 2006년 4월부터는 약 7만 8천명의 주민 서명을 받아 청구할 수 있게 되었다.

한편 주민발의의 청구대상에서 제외된 대상은 법령을 위반하는 사항, 지방세, 사용료, 부담금의 부과 · 징수 또는 감면에 관한 사항, 행정기구의 설치 · 변경에 관한 사항 또는 공공시설의 설치를 반대하는 사항이다(지방자치법 제 13조의 3 제1항).

주민발의에 의해 청구된 조례안이 지방의회에서 의결되었을 경우라도 상급기관이 재의요구를 하거나 혹은 법원에 제소한 경우에는 일정 절차를 거쳐 조례제정 여부가 결정된다. 이는 주로 지방자치단체장이 의결된 조례안에 대해 이의를 제기할 경우와 의회 의결이 법령에 위반되거나 공익을 현저히 저해할 경우에 자치단체의 상급기관의 장이 20일 이내에 재의를 요구할 수 있다. 이때 지방의회는 재적의원 과반수의 출석과 출석의원 3분의 2이상의 찬성으로 재의결 결정을 할 수 있다. 그러나 재의결된 조례안이 법령에 위반된다고 판단할 경우에 단체장이 대법원에 제소하거나, 단체장이 안하는 경우에는 상급기관의 장이 제소를 지시하거나 직접 제소 및 집행정지 결정을 신청할 수 있다. 이와 같이 주민발의에 의해 조례안이 제정되고 시행되기까지는 단체장, 상급기관의 장 등에 의해 그 적법성이 인정될 경우에만 가능한 것이다. 주민은 조례안을 의회 심의의 안건으로 청구할 수 있을 뿐이다.

청구서 작성의 전(前)단계(주민의사의 수렴 및 형성과정) ⇒
청구서의 작성/청구대표자의 선정(먼저 조례를 작성하고 개
정이유 정리) ⇒ 청구서의 제출/대표자 증명서의 교부신청
(단체장은 요건 확인 후 증명서 교부하고 그 취지를 공표) ⇒
서명수집 할 사람(수임인)의 선정 및 신고(대표자는 수임인
의 성명 및 위임연월일을 단체장에게 신고하고 단체장은 즉
시 위임신고증 교부) ⇒ 서명수집(단체장 공표이후 기초는 3
개월, 광역은 6개월, 성명 · 주민등록번호 · 주소 및 서명일자
를 기제하고 서명 날인) ⇒ 청구인 명부의 열람 및 청구수리
⇒ 지방자치단체장이 60일 이내에 조례안을 지방의회에 부의
(지방자치단체장은 청구서의 내용에 따라 조례안을 작성하
고, 의견이 있을 경우 의견을 첨부하여 지방의회에 부의한다)

(2) 운영현황 및 사례소개

2000년 3월부터 2005년 12월 31일까지 총 청구 수는 137건이다.
연도별로 보면 2000년 4건, 2001년 12건, 2002년 2건, 2003년 49건,
2004년 29건, 2005년 41건이다. 이 중 2003년 8월부터 청구가 급증
했는데, 이는 '학교급식조례제정'운동이 전남을 비롯해 전국으로
퍼져나가면서 '학교급식관련조례제정' 청구는 2003년 40건, 2004
년 19건, 2005년 31건, 합계 90건으로 전체 주민발의조례 청구의
65.7%에 해당한다. 주민발의 운동은 그 성격상 한 지역의 조례제
정의 예가 타 지역에 확산되는 성격이 강하다고 할 수 있다. 특히
학교급식관련조례제정운동은 각 지역별 운동을 지원하는 전국적
인 운동네트워크(학교급식네트워크)가 결성되어 더 탄력을 받고
있다는 점, 전남의 학교급식조례제정을 통해 중앙의 학교급식조

례 근거 마련 등 상위법의 장애 변수가 상당부분 제거된 상태라는 점 등이 조례제정 청구에 기폭제가 되었다고 볼 수 있다. 이외에도 '영유아 보육 관련 조례'는 10건, '주거 및 상수도 시설 관련 조례' 청구는 12건, '도시계획 관련 조례' 16건, '참여예산, 시민감사관, 판공비, 주민소환 관련조례'는 7건, 기타4)가 2건이 있다.5)

한편, 청구 결과를 보면 총 137건 가운데 원안의결 15건, 수정의결 12건, 부결 14건, 폐기 7건, 진행 중 75건6)이다.

의결이 20%정도로 청구 요건을 충족시키기 위해 들이는 주민들의 노력에 비하면 의결율은 그다지 높다고 할 수 없다. 의결을 제외한 결정들은 주민 의사에 대한 경시 풍조까지도 엿볼 수 있다. 특히 의안 폐기의 경우 주민발의안에 대해 의회 심의조차 없이 보류 상태로 두고 자동 폐기된 경우가 상당수이다. 2006년 4월까지 146건의 조례 중 26건의 조례가 심의 보류 상태에 있다가 의회임기 종료와 동시에 자동폐기되었다. 2006년 현재 12건의 학교급식조례와 보육조례가 발의되었던 서울시 자치구의 주민발의조례는 7건의 자동폐기와 1건의 각하 결정이 이루어졌다. 부산지역의 경우도 14건의 학교급식조례와 보육조례에 대해 7개 지역에서 의회심의를 보류한 채 자동폐기하였다. 이러한 현상은 한국의 주민발의제도가 주민발의안의 심의에 대해 엄격한 보장을 하고 있지 못하다는 점에서 기인한다. 서구의 경우 간접발안제라고 하더

---

4) 2005년 '부산광역시 동래구교육경비보조에 관한 조례안', '경기도 성남시의료원설립 및 운영에 관한 조례안'이 있다.

5) http://mogaha.go.kr, 최종검색 2006/04/13.

6) 매년 청구현황 조사 시점에서 진행 중인 건수를 의미한다. 그리하여 진행 중 건수가 가장 많은 것으로 나타났다.

라도 의회에서 자동폐기 혹은 부결결정 내려진 주민발의안에 대해 주민찬반 투표로 결정하게 한다든가 아니면 의회 대체안과 주민발의안을 놓고 주민투표로 결정하게 하는 후속제도가 보장되어 있다. 한국의 경우에도 앞으로 상당한 수의 주민이 서명 발의한 안건에 대해 의회가 의무적으로 심의하도록 하거나 부결된 주민발의안에 대해서도 재차 심의할 수 있는 제도적 보완책을 마련해야 할 것이다.

주민발의 조례안의 내용을 살펴보면 대다수가 주민의 삶의 질을 향상시키는 것과 직접적인 관련이 있는 조례들이다. 학교급식 지원을 비롯하여 보육의 공공성 강화, 지방의료원설립, 장애인 시설 지원, 교육비 보조, 주거 및 상수도 시설관련 조례들이 대부분이다. 이를 통해 우리는 주민의 직접적인 참여에 의한 의제설정은 주민의 생활상의 문제 해결과 삶의 질 개선을 위한 조례들이 주를 이루고 있음을 알 수 있다. 지방의회 혹은 단체장이 미처 발의하지 못한 주민들의 필요를 안건으로 상정할 수 있다는 점에서 주민발의제도가 긍정적으로 활용되었다고 본다.

또 의회에서 간과하기 쉽거나 꺼리는 정책들, 즉 지방정치 개혁 의제들이 7건 청구 되었다. 판공비 공개, 시민참여예산, 주민소환, 시민감사관제 조례제정 청구 등은 모두 지방의 권력 감시와 시민의 권한 강화를 추구하는 개혁적이고 혁신적인 조례들이다. 또 이들은 국가적 규모에서 실현하기 어려운 민주주의를 작은 규모의 지역에서 보다 민주적으로 실행하고자 하는 개혁적 의제들이다. 주민에 의한 발의는 이렇게 더욱 개혁적이고 민주적인 정책을 의제로 상정할 수 있는 이점을 갖는다. 그러나 도시 건축과 관련한 사례는 일부 이해관계에 얽힌 주민들이 건폐율 관련 조례들을 청구하는 예도 있었다. 이처럼 주민발의가 일부 집단의 경제적 이득을 추구하는 도구로 전락하기 쉽다는 점에서는 우려할만하지만 그 청구수가 극히 적었기 때문에 한국의 경우에는 별반 문제가 되지 않고 있다.

〈표 1〉 주민조례제정 및 개폐청구제도 운영 현황 집계

(2005년 12월 31일 현재)

처리형태	건수(비율)	내 용	건수 (비율)
원안의결	15 (11%)	학교급식관련조례	90건 (65.7%)
수정의결	12 (8.8%)	주거 및 상수도시설 등	12건 (8.8%)
부결	14 (10.2%)	예산편성 참여제, 시민감사	7건 (5.1%)
		관제, 주민소환제 등	
각하 · 철회	14 (10.2%)	도시계획관련조례 등	16건 (11.7%)
폐기	7 (5.1%)	영유아보육관련조례	10건 (7.3%)
진행 중	75 (54.7%)	기타	2건 (1.5%)

*박현희, 「주민조례청구운동의 정치적 동학」, 서울대 박사학위논문, 2007, p. 59.

　특정집단의 경제적 이해관계를 도모하는 주민발의와는 다르게 한국에서 주민발의운동은 주로 지역시민단체와 진보정당으로 민생정치를 추구하는 민주노동당 그리고 관련 이익단체 등이 연대하여 주도하는 지역시민운동의 성격을 갖는다. '과천시 보육조례개정운동'과 '전남학교급식조례제정운동'은 전국 최초의 보육조례와 학교급식조례운동의 성공사례로서 다른 지역운동에 아주 큰 영향력을 미친 지역시민운동이다. 또 '광주주민소환조례제정운동' 사례는 상위법으로서 국민소환법이 미비한 상태에서 지역단위에서 '주민소환조례제정'을 만장일치로 의결한 사례이다. 또 '성남시립병원설립조례제정운동'은 3년 동안 두 번의 주민발의와

〈표 2〉 주민조례 제정 및 개폐 청구제도 연도별 현황

(2005년 12월 31일 기준)

연도별	구분	계	청 구 결 과						
			원안의결	수정의결	부결	각하(반려)	철회	폐기	진행중
	시도	16	3	1	–	2	–	2	8
	시군구	121	12	11	14	10	2	5	67
	총계	137	15	12	14	12	2	7	75
2000년	시도	1	–	–	–	1	–	–	–
	시군구	3	–	–	2	1	–	–	–
	계	4	–	–	2	2	–	–	–
2001년	시도	–	–	–	–	–	–	–	–
	시군구	12	2	1	2	3	2	2	–
	계	12	2	1	2	3	2	2	–
2002년	시도	–	–	–	–	–	–	–	–
	시군구	2	–	–	–	1	–	1	–
	계	2	–	–	–	1	–	1	–
2003년	시도	10	3	1	–	–	–	1	5
	시군구	39	5	4	3	4	–	2	21
	계	49	8	5	3	4	–	3	26
2004년	시도	4	–	–	–	–	–	1	3
	시군구	25	2	5	1	–	–	–	17
	계	29	2	5	1	–	–	1	20
2005년	시도	1	–	–	–	1	–	–	–
	시군구	40	3	1	6	1	–	–	29
	계	41	3	1	6	2	–	–	29

* 앞의 책, p. 62

한 번의 의원발의로 조례제정요구를 한 끝에 1,600억 규모의 시립
병원 설립을 위한 조례제정 성과를 거두었다. 14만 명의 서명으로

이루어진 '서울시학교급식조례제정운동' 사례도 몇 번의 재의 요구를 거쳐 최근 2008년 3월에 수정의결되었다. 지역시민운동의 운동역량과 전문성을 기반으로 앞의 사례들은 풀뿌리민주주의의 승리를 가져왔다. 특히 '전남학교급식' 사례와 '광주주민소환조례' 사례는 상위법을 개정하거나 제정하는 데 있어 견인차 역할을 했다. 두 사례는 상향식 참여민주주의의 모범으로 주민직접참여의 힘을 보여준 예로 평가된다. 이외에도 최근 주민발의운동은 지방정치를 견제하는데 적극 활용되고 있다. 최근 2008년 3월에 있었던 서울 송파구와 강북구의 '의정비인상반대조례개정' 청구 사례들이 그 대표적인 예이다.

지역주민의 복지 제고와 지방정치 권력의 견제를 목표로 한 한국의 주민발의 청구 사례들은 대의민주주의를 보완하기 위한 직접민주주의 장치로서 선용되고 있다. 따라서 주민들의 요구를 더 잘 반영할 수 있도록 주민발의 제도의 개선이 절실하다고 본다.

2. 주민투표

(1) 제도적 특성

한국의 주민투표제도는 1994년 지방자치법 개정으로 도입근거가 마련되었으나 2004년 법률공포가 있기까지 유명무실한 제도였다. 1994년 지방자치법 13조 2에서 "지방자치단체의 장은 지방자치단체의 폐치·분합 또는 주민에게 과도한 부담을 주거나 중대한 영향을 미치는 지방자치단체의 주요 결정사항 등에 대하여 주민 투표에 붙일 수 있다. 주민투표의 대상·발의자·발의요건·기타 투표절차 등에 관하여는 따로 법률로 정한다."고 규정하였다. 그러나 약 10년간 3차례의 국회발의가 있었으나 주민투표법을 제정하지 못하였다. 이후 참여정부의 지방분권정책의 일환으로 2003년 12월 29일 국회에서 주민투표법이 통과되어 2004년 7월부터 시행하게 되었다.

주민투표의 대상은 "① 주민에게 과도한 부담을 주거나 중대한 영향을 미치는 지방자치단체의 주요결정사항으로서 그 지방자치단체의 조례로 정하는 사항(주민투표법 제7조 1항), ② 중앙행정기관의 장이 지방자치단체의 폐치분합 또는 구역변경, 주요시설의 설치 등 국가정책수립에 관하여 주민의 의견을 듣기 위하여 필요하다고 인정한 때에 주민투표의 실시구역을 정하여 관계지방자치단체의 장에게 주민투표의 실시를 요구한 사항(8조 1항)"이다.

현재(2006년 4월) 강남구 이외의 249개 지자체는 행정자치부의 표준조례안을 일률적으로 반영하여 주민투표조례를 제정하였다.

표준 조례안에 의하면 주민투표의 대상은 "자치구가 아닌 읍·면·동·리의 명칭 및 구역변경, 폐치분합에 관한 사항, 지방자치법 제6조의 규정에 의한 사무소 소재지 변경에 관한 사항, 다수 주민의 이용에 제공하기 위한 주요공공시설의 설치 및 관리에 관한 사항, 법령상 기금 이외의 각종 기금, 지방채, 시와 민간이 공동출자하는 대규모 투자사업 등 주민에게 과도한 부담을 주는 사항, 기타 다른 법률에 주민의 의견을 듣도록 한 사항, 기타 주민의 복리·안전 등에 중대한 영향을 미치는 주요결정사항"(제4조)이다.

주민투표의 대상이 될 수 없는 사항은 "지방자치단체의 예산, 회계, 계약 및 재산 관리에 관한 사항과 지방세, 사용료, 수수료, 분담금 등 각종 공과금의 부과 또는 감면에 관한 사항, 행정기구의 설치·변경에 관한 사항과 공무원의 인사정원 등 신분과 보수에 관한 사항, 다른 법률에 의해 주민대표가 직접 의사결정 주체로서 참여할 수 있는 공공시설의 설치에 관한 사항"(주민투표법 제7조 2항의 2호, 3호, 5호) 등이다.[7]

지자체의 재정관련 사항과 행정기구 설치 및 변경, 공무원의 인사와 보수 등은 주민들의 경제적 부담과 관련된 중요한 사항이다. 주민들의 생활과 밀접하게 관련된 분야에 대해서 주민이 결정할 수 있도록 앞으로 주민투표의 대상의 범위를 확대하는 방향으로의 제도개선이 필요하다.

주민투표는 주민, 지방의회, 자치단체장, 중앙행정기관의 장이 법률이 정한 청구 요건을 갖추어 투표실시를 요구하면 해당지역에서 실시할 수 있다. 주민투표의 요구권자에 따라 청구요건이 상이하다. 먼저 주민의 경우에는 "주민투표청구권자 총수의 20분의 1이상 5분의 1이하의 범위(5~20%) 안에서 지방자치단체의 조례로 정하는 수 이상의 서명으로 그 지방자치단체의 장에게 주민투표의 실시를 청구"(제9조 2항)할 수 있다. 이 규정에 의하면 유권자 100만 이상의 대도시는 5만 명에서 20만 명 사이의 서명을 받아야 하므로 그 요건이 까다로운 편이다. 서울시의 경우 유권자의 1/20은 38만 명이다. 38만 명 이상의 서명을 90일 동안 받아야한다. 이는 스위스가 평균 2.2%인 것과 비교하면 높은 요건이라고 할 수 있다. 또 지방의회는 재적의원 과반수 출석과 출석의원 3분의 2이상의 찬성으로 지방자치단체장에게 주민투표를 청구할 수 있

---

7) 이외에도 법령에 위반되거나 재판 중인 사항, 국가 또는 다른 지방자치단체의 권한 또는 사무에 속하는 사항, 동일한 사항(그 사항과 취지가 동일한 경우 포함)에 대하여 주민투표가 실시된 후 2년이 경과되지 아니한 사항(주민투표법 7조 2항)이 투표금지 대상이다.

다.(제9조 5항) 지방자치단체장은 지방의원 과반수의 출석과 출석의원 과반수의 동의를 얻어(동법 제9조 6항) 주민투표를 실시할 수 있다. 마지막으로 국가정책에 관한 주민투표는 담당 중앙행정기관의 장이 행정자치부장관과 협의하여 지방자치단체장에게 그 실시를 요구할 수 있다(제8조). 주민의 주민투표 청구요건이 상당히 까다로운 반면에, 중앙행정기관의 장의 요구는 거의 강제적인 권한을 가지고 있다. 이렇게 볼 때 현행 주민투표법이 주민투표의 고유한 기능, 즉 주민이 지역의 중요 문제를 직접 결정할 수 있는 제도로서 기능하기보다는 중앙정부가 국가정책을 시행함에 있어 주민 의견을 청취하는 수단으로서 기능할 가능성이 높다고 하겠다.

주민투표법에 의하면 주민투표운동이 선거운동이 되는 것을 방지하기 위해 공직선거일 전 60일부터 선거일까지는 주민투표 발의를 할 수 없다.

주민투표 결과의 확정은 주민투표권자의 1/3이상이 투표하여, 유효투표수 과반수의 득표를 얻은 경우에 이루어진다. 확정된 사항에 대하여 지방자치단체장이나 지방의회는 2년 이내에 그 결과를 변경하거나 다시 주민투표에 붙일 수 없도록 규정하고 있다.

(2) 주민투표 운영현황 및 사례

지금까지 한국의 주민투표 사례는 법 시행(2004년)이전의 것과 법 시행 후 주민투표 사례로 나누어 볼 수 있다. 법시행전의 사례는 시군 통폐합을 결정하는 주민투표, 지역 내 시설 설치 및 이전에 관한 주민투표 등이 주를 이룬다. 1994년 강화군과 인천시의 통합, 1997년의 여천군과 여천시, 여수시의 통합, 밀양군과 밀양시,

천안시와 천안군의 통합은 모두 주민투표로 이루어졌다. 이 지역 외에도 통합문제를 놓고 주민투표가 있었으나 부결결정이 내려진 곳도 있다.[8] 시설설치 및 이전과 관련한 사례는 2001년 울산 북구 화장장설치, 2002년 10월 서울 광진구 지하철 입구 위치, 동년 12월 경남 통영시 케이블카 설치에 대한 주민투표가 시행되었다. 울산 북구의 경우를 제외하고는 모두 가결된 사례들이다. 이 사례들은 모두 해당자치단체에서 주관한 주민투표이다.

이와 달리 법시행전 실시된 주민이 주관한 사례는 2004년 2월 부안군의 방폐장유치에 대한 자주적인 주민투표이다. 단체장과 정부의 일방적인 부안군 방폐장 부지 결정에 대해 지역사회가 극심한 갈등과 혼란으로 치닫게 되었는데, 이를 해결하기 위해 주민들과 시민사회 단체 활동가들이 뜻을 모아 부안군 방폐장 유치에 대하여 주민 의견을 묻는 '자주적 주민투표'를 실시하였다. 주민투표로 방폐장 유치 반대 결정이 내려지고, 이로써 지역 내 극심한 혼란을 일단락 지을 수 있었다.

법제정 이후 현재까지 주민청구에 의한 주민투표 사례는 한 건도 없다. 법 시행 이후 최초로 실시된 주민투표는 2005년 7월 27일 '제주특별자치도 설치에 관한 주민투표'이다. 이 사례는 지방자치단체의 폐치분합에 관한 투표로 제주도가 행정자치부장관에게 주민투표 실시를 건의하여 실시하였다. 이와 동일한 방법으로 2005년 9월 29일 청주, 청원의 통합에 관한 주민투표가 실시되었

---

8) 목포시, 무안군, 신안군 사례, 거제군, 장승포 사례. 현행 투표제도에서는 시와 군의 통합은 중앙행정기관의 장에게 건의하여 투표를 실시할 수 있다.

다. 제주도의 경우 행정계층 통합안과 현행유지안에 대한 선호 투표에서 통합안 선호 2개 시·군, 현행유지안 선호 2개 시·군으로 투표율 36.7%와 57% 통합안 찬성으로 행정구조가 개편되었지만, 현행유지안을 지지한 남제주·서귀포시 주민의 불만은 증폭되었다. 제주도의 경우, 주민투표 시행 이후 지역 갈등이 해결되기 보다는 오히려 제주도·시군, 산남·산북 지역 간의 극심한 갈등을 유발하였다. 청주, 청원 통폐합 선거는 청주시는 투표율 35.5%, 찬성률 91%, 청원군은 투표율 42.2%에 찬성률 46.4%로 통폐합이 무산되었다. 행정구역의 통폐합 선거뿐만 아니라 그동안 지역주민과 시민단체의 반대로 여러 차례 무산되었던 방폐장[9] 부지선정을 정부는 주민투표에 의해 원활하게 추진하였다.

산업자원부 장관의 요구에 의해 방폐장 유치 지역을 결정하기 위한 동시투표를 2005년 11월 2일 경주시, 포항시, 영덕군, 군산시에서 실시하였다. 가장 높은 찬성표(투표율 70.8%, 찬성률 89.5%)가 나온 경주 지역을 방폐장 유치지역으로 선정하였다. 오랜 동안의 큰 난제였던 국책사업을 정부는 주민투표에 의해 해결할 수 있게 되었다. 그러나 지역간 동시 선거를 실시함으로써 지역간 경쟁을 부추겼고, 각 지자체들이 방폐장 유치를 목표로 불공정 시비가 일어날 만큼 투표참여를 홍보하거나 감정적이고 선동적인 행태를 보이기까지 했다.

위의 주민투표 사례가 보여주듯이 현재 한국의 주민투표법은 주로 중앙정부의 자문적 주민투표 유형으로 활용되고 있다. 주민투표가 중앙정부의 국가 정책에 대해 주민의견을 물어보는 수단

---

9) 공식 명칭은 '중·저준위 방사성폐기물 처분장'이다.

으로 기능하고 있는 것이다. 특히 방폐장 부지 선정을 위한 동시 선거는 투표과정이 민주적이기 보다는 지역간 극심한 경쟁과 지역주의 갈등을 조장하는 등 여러 가지 파행을 불러일으켰다. 이러한 양상의 원인은 앞에서 논한 주민투표제도의 주민청구요건의 장벽이 높다는 것과 주민투표 대상의 범위가 주민 경제 생활관련 분야를 포괄하지 못하고 있다는 점 등에서 찾아 볼 수 있다.

〈그림 2〉 주민투표 절차 (주민투표법 제7조)

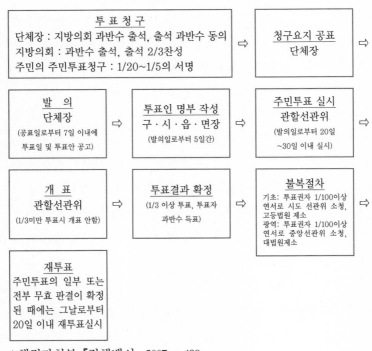

* 행정자치부, 『정책백서』, 2007, p. 498.

〈그림 3〉 주민투표 절차(제8조 중앙행정기관장 요구)

주민투표요구(중앙행정기관장: 미리 행정자치부장관과 투표실시구역, 투표시기 등 협의)→ 투표요구 사실 공표(단체장)→ 지방의회의견 수렴(단체장)→ 의견수렴 결과 및 투표실시여부 통지(단체장: 중앙행정기관에 이견 수렴의 결과 및 투표실시 여부를 통지)→ 투표요지 공표 및 선관위에 통지(단체장)→ 투표발의(단체장: 공표일로부터 7일 이내 투표일과 주민투표안 공고)→ 주민투표의 실시(관할 선관위: 발의일부터 20일~30일 이내 실시)→ 투표결과의 공표 및 통지(관할 선관위: 1/3 미만 시 개표 안함, 자치단체장에게 지원제소)→ 투표결과 보고 및 통지(단체장: 지방의회에 보고, 중앙행정기관에 통지)

3. 주민소환제

(1) 제도적 특성

주민소환제는 주민들이 지방정부의 선출직 공직자를 법이 정한 절차에 따라 임기 중에 해직시킬 수 있는 직접민주주의 제도이다. 이 제도는 단체장 및 지방 의원의 부정부패, 전횡 등을 예방하고 주민에 대한 정치적 책무성과 투명성을 높이기 위한 제도이다. 한국의 주민소환제도는 2006년 5월 24일 법률제정, 2007년 5월 23일 시행령과 관리 규칙이 제정되어 2007년 5월 25일부터 시행되었다. 주민소환제 도입은 지역시민운동 및 시민운동의 압박과 지방분권 추진정책에 힘입어 가능한 것이었다.

주민소환제 도입의 필요성은 2000년 경기 고양시 일산구 지역 주민들의 러브호텔건립 반대운동에서부터 본격적으로 제기되었다. 그 후 2003년 10월부터 광주시민단체협의회의 '주민소환조례제정운동본부' 발대식을 시작으로 시민들로부터의 주민소환제 도입을 위한 움직임이 활발하게 전개되었다. 이후 정치권에서 각종 선거의 공약으로 정당들이 주민소환제와 국민소환제 도입을 표명하였다. 이윽고 2004년 1월 '지방분권특별법'에 주민소환제 도입을 하여야 한다는 조항이 포함되었다. 2004년 광주·전남지역에서 주민발의에 의한 '주민소환조례'가 시의회 만장일치 의결로 공포되었다. 그러나 주민소환법이 부재한 상황에서 법령에 위배된다는 대법원 판결로 무효 결정이 내려졌다. 2005년 8월 24일 한국의 대표적인 시민단체 연대 기구로서 '시민사회단체연대회의'[10]는 '주민소환제 입법운동본부'를 출범하고 주민소환법률안을 제안하며 법제정을 촉구하였다. 2006년 2월 '제주특별자치설치 및국제자유도시조성'을 위한 특별법에서 주민소환제가 최초로 도입되었고, 그해 5월 '주민소환에 관한 법률'이 국회에서 제정되었다.

소환 대상은 지방자치단체장과 지방의원(비례대표 제외)이다. 단, 제주도는 '제주특별자치도법'에 의해 교육감과 교육위원까지 소환 대상에 포함된다. 그러나 한국은 지방의회의 해산청구 제도를 인정하지 않고 있다.

소환청구 사유는 제한하지 않고 있으며, 소환청구 시 반드시 청구취지와 사유를 기재하도록 되어 있다.

주민소환을 청구할 수 있는 주민은 19세 이상 지역 거주 유권자와 거주외국인(출입국관리법에 따른 영주 체류 자격을 취득한지 3년이 경과하고 당해 지방자치단체 관할구역의 외국인 등록대장

---

10) 327개 단체

에 등재되어 있는 외국인)이다. 주민들이 소환을 청구하기 위해서는 시도지사의 경우 주민소환 투표청구권자의 10% 이상의 서명, 시장 · 군수 · 구청장의 경우에는 15% 이상의 서명, 지역구 지방의원은 20%이상의 서명을 받아야 한다. 제주도는 주민소환투표청구권자 총수의 20%에서 30% 범위 내에서 조례로 정하는 숫자 이상의 서명을 받아야 한다. 서울시의 경우 시장소환투표를 청구하기 위해서는 77만 명(2004년 기준) 이상의 서명이 필요하다.

소환을 청구할 수 있는 시기는 지방선출직 임기 4년 중 임기가 시작된 지 1년 미만과 잔여임기 1년 미만을 제외한 2년이다.

지방 선출직에 대한 소환은 총 선거권자의 1/3이상이 투표한 경우에만 개표하여, 과반 수 이상 찬성표가 나올 경우에 이루어진다. 소환이후 후임자는 매년 4월과 10월의 재보궐선거로 선출한다.

주민소환투표 결과에 이의가 있는 소환대상자나 투표권자(총수의 10%이상 서명)는 투표결과 공표 후 14일 이내에 관할선거관리위원회위원장을 상대로 시도선관위에 소청을 제기할 수 있다. 그리고 이의 제기자가 소청결과에 불복할 경우 10일 이내에 고등법원에 소송을 제기할 수 있다.

현행 주민소환제도에 대해 다양한 입장이 존재한다. 대표적으로 현행 제도에 더 제한을 두자는 입장과 여러 규제를 보다 완화하자는 입장이 있다. '전국시장 · 군수 · 구청장협의회' 및 한나라당 의원 등은 주민소환제의 정치적 악용 가능성, 소신행정의 장애 등을 이유로 주민소환의 청구사유를 제한하고 소환대상자의 권한정지조항 삭제, 주민소환이 실패할 경우 청구인에게 투표관리비용 부담 등의 내용을 추가할 것을 주장하고 있다. 반면에 시민운동진영에서는 청구대상에 있어 지방의회해산 포함, 주민 서명 수의 하향조절(지방의원은 유권자 1/10, 단체장, 지방의회 해산은 8~12%)[11] 등의 제도 개선안을 제기한다.

〈그림 4〉 주민소환투표 절차

소환청구인대표자 증명서 교부신청 (소환청구인대표자) ⇨	서명요청활동 (소환청구인대표자 등) ⇨	소환투표청구 (소환투표청구권자) ⇨
청구인서명부 심사 · 확인 (관할선관위) ⇨	소명요지 및 소명서 제출 (소환투표대상자) ⇨	소환투표발의 (관할선관위) ⇨
주민소환투표 인명부작성 (구 · 시 · 읍 · 면의 장) ⇨	소환투표실시 (관할선관위) ⇨	개표 (관할선관위) ⇨
투표결과확정 ⇨	불복절차 (소환투표권자 · 소환투표대상자)	

* 행정자치부, 『정책백서』, 2007, p. 517.

---

11) 주민소환입법운동본부의 법률안

(2) 주민소환투표청구 사례

주민소환제는 가장 최근에(2007년 7월 1일) 시행된 제도로서 현재까지 주민소환투표가 성사된 사례는 단 한 건이다. 경기도 하남시의 시장과 시의원 3인 총 4명의 지방선출직을 대상으로 주민소환 투표가 청구되었다. 하남시 주민소환청구는 하남시에 광역화장장 건립을 추진하겠다는 시장의 발표와 시의회의 결정에 대한 주민들의 반발이 계기가 되었다. 반대 주민들은 시장이 주민의견 수렴과정 없이 일방적으로 정책을 밀어붙이는 것에 대해 큰 반감을 가졌고, 화장장 규모에 대한 일관성 부재, 광역화장장 설치로 인한 환경파괴 우려 등 지방정부에 대한 신뢰 하락과 혐오시설에 대한 반감이 결합하여 시장과 이를 찬동하는 시의원 3인의 소환을 청구하기에 이르렀다. 2007년 7월 2일 소환청구인대표자 증명서 교부를 필두로 하남시의 소환운동이 활발하게 전개되었다. 소환청구 21일 만에 운동진영은 3만2천여 명의 서명을 받아 23일에 주민소환투표를 청구하였다. 이에 하남시장 및 소환 대상의원들은 선관위 상대로 '주민소환투표 청구 수리처분 무효 확인 소송'을 제기하여 9월 13일 무효판결 결정이 내려져 소환투표가 무산되었다. 소환청구 사유를 기재하지 않은 주민 서명부는 무효라는 취지의 결정이었다. '주민소환대책위'는 다시 주민서명 2만7천여 명을 모아 소환청구를 했고 2007년 12월 12일 국내 최초의 소환투표가 실시되었다. 소환투표결과 시장과 시의회의장은 투표율(유권자 1/3이상 투표 시 개표) 미비로 소환이 무산되었다. 나머지 두 명의 시의원은 소환되었다.[12]

---

12) 임의원은 37.59% 투표율, 유의원은 37.62% 투표율

이외에도 몇몇 지역에서 지역현안과 관련하여 주민소환청구를 시도하였다. 서울시 강북구는 재개발과 관련하여 2007년 7월 11일 주민소환투표청구를 위한 서명 수집을 하였으나 60일 동안 법정 서명수를 채우지 못해 청구하지 못했다. 경남 함양군은 리조트 개발 사업을 추진하는 군수에 대한 주민소환운동을 2007년 9월부터 시작하였으나 서명운동에 대한 조직적 방해 상황에서 더 이상 소환청구 운동은 무의미하다고 보고 소환운동을 포기한 상태이다. 2008년 들어와 지방의회의 급격한 의정비 인상에 반대하여 의정비 인상을 주도한 의원에 대한 소환운동이 계획되고 있다.[13] 앞으로 주민소환이 더 활발해질 전망이다.

4. 기타 주민직접참여제도: 주민감사청구제 · 주민소송제
(1) 주민감사청구제

주민감사청구제도는 "지방자치단체와 그 장의 권한에 속하는 사무의 처리가 법령에 위반되거나 공익을 현저히 해한다고 인정되는 경우 시 · 도에 있어서는 주무부장관에게, 시 · 군 및 자치구에 있어서는 시 · 도지사에게 당해 주민들이 일정수의 연서를 받아 감사를 청구"할 수 있는 제도이다(지방자치법 제13조의 4). 그러나 이 제도가 실시되기 전, 즉 시민감사청구 제도를 도입한 31개 자치단체에서 약 3년간 총 128건 시민감사청구가 이루어 진 것에 비해, 법 개정 후 1999년부터 2005년 8월까지 6년간 총 51건에 불과한 감사청구가 이루어졌을 뿐이다. 이러한 수치는 주민감사

---

13) 울산 동구와 태백, 정선, 영월, 삼척 등 4개 시군 지역의 의회가 일방적으로 의정비 인상을 강행한 것에 대해 경실련회원들의 주민소환 운동계획.

청구제의 주민참여의 문턱이 시민감사제보다 더 높아졌고 그만큼 실효성이 약화되었음을 증명한다.[14]

2005년 8월 주민감사청구를 위한 서명 수는 시·도는 500명, 50만 이상 대도시는 300명, 그 밖의 시·군 및 자치구는 200명 이하의 범위에서 지방자치단체의 조례로 정하도록 개정되었다. 또 주민감사를 먼저 한 후에 주민소송을 할 수 있게 함으로써 2006년 주민감사 청구 수가 27건으로 급증하였다.

주민감사청구 대상에서 제외되는 사항은 "① 수사 또는 재판에 관여하게 되는 사항, ② 개인의 사생활을 침해할 우려가 있는 사항 ③ 다른 기관에서 감사하였거나 감사 중인 사항(다만 다른 기관에서 감사한 사항이라도 새로운 사항이 발견되거나 중요 사항이 감사에서 누락된 경우와 주민소송의 대상이 되는 경우에는 그러하지 아니하다). ④ 동일한 사항에 대하여 제13조의 5 제2항 각호의 어느 하나에 해당하는 소송이 계속 중이거나 그 판결이 확정된 사항"(지방자치법 13조 4 제1항 단서)이다.

주민감사청구 기간은 행위가 있었던 날이나 종료된 날부터 2년 이내이며, 감사기관은 감사청구를 수리한 날부터 60일 이내에 감사를 종료해야 한다.

---

14) 박현희 앞의 책, p. 48 재인용. 시민감사청구제(1998년까지)는 연서인 수가 서울은 300명, 인천 500명 정도의 수이지만, 주민감사청구제 (2005년 8월 까지)의 연서인수는 각각 50분의 1 이하의 연서로 규정. 서울 200, 서울 자치구는 100~500명, 상시구성원 수가 100인 이상으로 공익활동을 하는 시민사회단체의 대표자도 청구 가능. 최다 청구 인수는 포항의 5000명이, 최소 청구인수는 100명을 규정한 과천, 정읍, 남원 지역이다(시민사회발전위원회, 『시민사회발전을 위한 청사진』, 2004, pp. 152-153.)

<그림 5> 주민감사청구 절차

| 주민감사청구서 및 감사청구인
대표자 증명서 교부신청
청구인 대표자는 당해 사무처리가
있었던 날로부터 2년 내에
주무부장관 또는 시·도지사에게
문서로 대표자 증명서 교부 신청 | ⇨ | 청구인 명부 서명
(선거기간 중 서명 불가)
대표자 증명서 교부받은 날로부터
시도는 6개월, 시군구는 3개월 이내
읍면동별로 작성(주소, 성명,
주민등록번호, 서명일자, 서명날인) |

<표 3> 주민감사청구 주요 사례

청구 일자	청구 기관	피수감 기관	청구내용	처리 여부
2000. 06.17	전라 북도	익산시	1989년에 고시한 도시계획구역에 대하여 95년에 구성된 의회의결을 거치지 않은 채 도시계획세를 과징하여 오다가 2000.05.12 의회의결을 받은 것에 대해 부당하다고 감사청구	완료
2000. 06.22	경상 남도	김해시	건축법상 아파트의 동과 동 사이의 거리가 80m이상인데도 대형할인점과 아파트 101동과의 거리가 35m밖에 안 되는 사유 및 교통영향평가시 주민을 완전히 배제하고 할인점 위주로 평가된 사유에 대해 감사청구	완료
2000. 09.06	충청 남도	당진군	1995.3.6 당진군수가 건축허가한 건물이 1994~2001년까지 시행하는 국도 확·포장 공사구역에 편입되어 1998년 철거됨에 따라 대전지방국토관리청에서 건축주에게 보상금을 지급하여 국민의 세금을 낭비케한 것은 당진군의 건축허가가 부당한 것이므로 감사청구	완료
2000. 12.04	강원도	원주시	원주시청사가 다른 곳으로 건립위치가 변경된다는 소문만 듣고 이전하는 것이 부당하다고 감사청구	각하
2001. 04.09	서울시	송파구	2001.02월 중순 송파구에서 시행한 국제자매도시 방문은 주요목적인 자매도시 공원 개장식 참석 이외에 카지노와 온천 등 관광 목적이라는 의혹을 사기에 충분했고, 사용 예산이 공익을 위한 집행인지 여부를 판단하기 위해 감사청구	완료

2001. 12.26	경상 북도	성주군	쓰레기종합처리장 입지 자의적 변경에 따른 재 정손실금 1,134백만 원 변상 요구 군수 업무추진비 부당 사용 의혹 규명 성주 종합문화예술회관 건립의 타당성 여부와 사업비 대폭 증액 의혹규명	완료
2002. 05.06	건설 교통부	인천 광역시	사업주체가 실시한 교통영향평가조사의 적정 성 및 유통단지 내 공공시설용지의 유통업무시 설과 인접토지에 대한 세부시설 조성계획 변경 의 위법 여부, 도시 계획 변경고시 절차 부적 정, 환경영향평가대상 사업을 조례로 제정하지 않는 등 직무유기, 유통 업무시설의 용도변경 특혜 의혹에 대한 감사청구	완료

* 예산감시네트워크 주민참여법률지원단,『2006 주민참여가이드 북 주민직접참여제도 실무매뉴얼』, 2006, pp. 105-106.

(2) 주민소송제도 (2006년 1월부터 시행)

주민소송(지방자치법 제제13조의 5)은 2006년 1월부터 시행된 제도이다. 주민소송제도는 지방자치단체의 재무·회계사항에 관하여 주민감사청구인이 소송을 통해 그 위법·부당성을 시정할 수 있도록 해당기관의 장을 상대로 하여 소송을 제기할 수 있는 제도이다. 반드시 주민감사를 먼저 청구하여 상급 지자체의 감사를 받아 위법한 사실이 드러날 때 소송을 제기할 수 있다.

자치단체가 행하는 공금의 지출, 재산취득·관리·처분, 자치단체를 당사자로 하는 매매·임차·도급 그 밖의·계약의 체결·이행이 위법한 경우이거나, 지방세·사용료·수수료 등 공금의 부과·징수를 위법하게 해태한 경우가 소송대상이다.

소송을 하기 위해서는 일정 수 이상의 주민이 연서하여 상급기관에 주민감사청구를 제기해야 한다(주민감사청구 전치주의). 주민 서명 수는 시도는 500명, 50만 이상의 도시는 300명, 시군구는 200

명을 초과하지 않는 범위 내에서 자치단체조례로 규정하고 있다.

감사청구결과에 불복이 있는 경우에는 감사청구에 연서한 주민은 누구나(1인 이라도) 주민소송을 제기할 수 있다.

주민소송의 유형[15]은 당해행위의 전부 또는 일부의 중지를 구하는 소송(1호 소송), 당해행위의 취소 또는 무효확인 소송(2호 소송), 당해 해태사실의 위법확인을 구하는 소송(3호 소송), 손해배상 등을 청구할 것을 요구하는 소송(4호 소송)이 있다. 주민소송 시행 이후 7건의 주민소송이 제기되었다. 대표적인 소송 사례는 2006년 6월 '성남참여자치시민연대'의 소송이다. 이 단체는 "성남시가 공군의 반대를 무시하고 서울공항 옆 탄천변에 도로를 개설했다가 4개월 만에 4개차로 중 3곳을 폐쇄해 180억 원의 혈세를 낭비했다"고 소송을 제기했다. 이외에도 2007년 9월 기준으로 6건의 소송사례들이 있다.

〈그림 6〉 주민소송 사례(2007년 9월 기준)

경기도 성남시 탄천변 불법도로공사(2006.05.25)
경기도 광명시, 음식물쓰레기 처리시설 미가동 방치로 예산낭비 (2006.07.24)
충남서천군, 업무추진비 등 예산낭비, 대전지법(2006.08.31)
인천 부평구, 업무추진비 등 예산 낭비(2006.09.05)
서울 성북구, 업무추진비 등 예산낭비(2007.10.17, 1심 원고패소)
충남청양군, 인공폭포 조성 등 예산낭비(2007.04.16)
경기 수원시, 초과근무수당 불법지급(2007.09.03)

* 행정자치부, 『정책백서』, 2007, p.513

---

15) 지방자치법 제13조의 5 제2항

〈그림 7〉 주민소송의 절차 및 요건[16]

① 주민감사청구를 반드시 거쳐야 한다.
② 다음 각 항목의 날부터 90일 이내에 주민 소송을 제기할 수 있다.
  – 주민감사청구의 기간인 60일이 종료된 날
  – 주민감사청구 경로가 통지나 조치요구 내용에 대한 통지를
    받은 날
  – 감사결과에 의해 조치 요구가 있을 때 지정한 처리 기간이
    만료된 날
  – 감사결과에 의해 조치 요구사항을 이행했다는 결과 통지를
    받은 날
③ 지방자치단체장은 제3자 또는 당사자에게 소송제기 사실을 알
  린다.
④ 소송참가(소송제기 주민, 국가, 상급 지방자치단체, 감사청구
  서명한 다른 주민, 소송고지 받은 자)
⑤ 소송을 제기한 주민은 법원의 허가 없이 소를 취하할 수 없다.
⑥ 주민이 승소한 경우 지방자치단체장은 실비 등을 변상해야 한다.
⑦ 주민이 4호 소송에서 승소하면 지방자치단체는 책임자에게 손
  해배상 청구 등을 해야 한다.(판결 확정 후 60일 이내에 지방자
  치단체장은 당사자에게 손해배상금 지불 청구를 해야 한다. 당
  사자가 불이행시 손해배상청구소송 제기)

---

16) 예산감시네트워크 주민참여법률지원단, 『2006 주민참여가이드 북
    주민직접참여제도 실무매뉴얼』, 2006, pp. 150~153 참조.

IRI
The Initiative & Referendum Institute Europe

IRI(유럽 시민발의 및 국민투표연구소)는 유럽 전역과 세계에 근대 직접민주주의를 지원하기 위해 2001년 설립되었다. IRI의 주된 임무는 전 유럽에 걸쳐 이론과 실천 양면에서 직접민주주의에 대한 정치인과 미디어, NGO, 아카데미, 대중의 통찰력 개발에 있다. IRI 유럽은 독립된 비당파적, 비영리 조직으로서 독일 마부르크에 본부를 두고, 브뤼셀과 스위스의 뷜라흐에 대표부를 두고 있다.

새 천년 시작 순간부터 IRI는 EU 헌법 초안 작성을 지원하고 있다. 첫 번째로 유럽 총회에서, 후에는 EU 기관들과 회원국들 그리고 마침내 유럽전역의 유권자들에게 범유럽적이고 이슈에 근거한 직접민주주의의 도구를 개발하는 기회를 가지도록 지원하고 있다. IRI는 시민발의와 국민투표에 관한 유럽 제일의 교육 및 연구기관이 되고 있다.

유럽 전역에 퍼져 있는 전문가와 특파원 네트워크를 통해 IRI는 현재의 유럽이 필요로 하는 노하우와 도구들을 제공하고 있다. IRI 유럽의 교육 및 정보 제공의 자료로는 핸드북과 가이드북, 자유롭고 공정한 국민투표를 위한 도구, 학생들을 위한 직접민주주의 교재 등이 있다. 이 모든 프로젝트에서 IRI 유럽은 시민사회, 정부 기관, 국제단체들과 밀접하게 협력하고 있다.

이제 IRI 유럽은 유럽의 지평을 넘어 전 지구적인 협력 네트워크를 넓히고 있다. IRI 전문가들은 직접민주주의 메카니즘에 대한 전 세계적인 데이터베이스를 개발하고 있으며, 정부와 의회, 정당, 미디어, 아카데미, 시민사회의 실무자들을 위한 '직접민주주의 가이드북'이 '민주주의와 선거 지원을 위한 국제연구소(the International Institute for Democracy and Electoral Assistance)'에 의해 출판되고 있다.

배경이 서로 다른 여러 정당들과 서로 다른 여러 나라의 저널리스트, 정치

인, 학자, 시민사회 전문가들이 IRI 유럽을 이끌고 있다. 하나의 작은 팀이
IRI 유럽과 날로 확대되고 있는 국제 프로젝트를 조직하고 있다. 연구소는
어느 누구와도 열린 마음으로 협력을 하고 있으며, 그로 인해 유럽의 직접
민주주의 싱크탱크라는 명성을 얻고 있다.

IRI의 국제 이사회의 이사들은 다음과 같다
Prof. Theo Schiller, Marburg/Germany (의장)
Bruno Kaufman, Falun/Sweden (대표)
MEP Diana Wallis, York/UK (감사)
Adrian Schmid, Lucerne/Switzerland (회계)
Martin Buhler, Bulach/Switzerland (사무총장)
MP Heidi Hautala, Helsinki/Finland
Paul Carline, Edinburgh/Scotland (편집장)
MP Andreas Gross, St. Ursanne/Switzerland (연구소장)
Zoe Felder, Marburg/Germany
Rolf Buchi, Helsinki/Finland (교육부장)
M Dane Waters, Birmingham/US
Benjamin Ewer, Giessen/Germany
Volker Mittendorf, Marburg/Germany (지부장)
Carsten Berg, Brussel/Belgium (EU 대표)

출판물, 행사와 프로그램에 대한 더 많은 정보는 인터넷 웹사이트 www.iri-
europe.org 를 참조하거나, info@iri-europe.org 로 연락 바랍니다.

직접민주주의로의 초대

초판1쇄 발행 • 2008년 12월 15일

지은이 • 부르노 카우프만, 롤프 뷔치, 나드야 브라운
기 획 • 민주화운동기념사업회 국제사업단 · IRI유럽
편역자 • 이정옥
펴낸이 • 이재호
펴낸곳 • 리북
등 록 • 1995년 12월 20일 제13-663호

서울시 마포구 서교동 395-68 2층
T. 02-322-6435   F. 02-322-6752

정 가 • 15,000원
ISBN 978-89-87315-87-4